BIBLIOTECA DE DERECHO PROCESAL

MARCO DE CRISTOFARO
(Director)

Carlos Antonio Agurto Gonzáles
Sonia Lidia Quequejana Mamani
Manuel Enrique Valverde Gonzáles
Benigno Choque Cuenca
(Coordinadores Generales)

Antoine Garapon

Juez y democracia
Una reflexión muy actual

Edición al cuidado de
Carlos Antonio Agurto Gonzáles
Sonia Lidia Quequejana Mamani
Benigno Choque Cuenca

Ediciones Olejnik

JUEZ Y DEMOCRACIA. UNA REFLEXIÓN MUY ACTUAL.

Revisión de la traducción
LUIS M. MARCANO SALAZAR Y EQUIPO

Huérfanos 611, Santiago-Chile
E-mail: contacto@edicionesolejnik.com
Web site: http://www.edicionesolejnik.com

Primera Edición en Ediciones Olejnik: 2021

ISBN: 978-956-392-982-9

Diseño de Carátula: Ena Zuñiga
Diagramación: Janett Ruiz Rebaza

Impreso en Argentina 2021 Printed in Argentina

A Claire Marie, Pierre y Béatrice.

ÍNDICE

Segunda parte
LA JUSTICIA EN UNA DEMOCRACIA RENOVADA

PRÓLOGO

En una democracia el juez es, en realidad, más que esa "boca de la ley" de que hablara Montesquieu. Su papel es más bien —nos dice Antoine Garapon— la de un "guardián de promesas" de esas promesas que la sociedad se hace a sí misma a través de las leyes que elaboran quienes la representan. En un entorno democrático las leyes pueden en efecto ser percibidas como manifestaciones formales de intenciones, como compromisos vinculantes de actuación. Es decir, como promesas que el cuerpo social se autoformula. En consecuencia, los encargados de aplicar las leyes dejan de ser simples "decidores del derecho" (por más que este sea justamente el sentido etimológico literal del término "jurisdicción") adquieren la condición de garantes de tales promesas, de celadores de su cumplimiento. Nada menos. Pero también nada más, por más que otra cosa pudiera sugerir el nuevo y creciente papel protagonista de los jueces en la escena social. Garapon observa con preocupación la tendencia detectable en Francia (pero también en España o Italia) a estirar el brazo judicial más allá de los que es su radio de alcance natural: parecemos encaminamos, en un impulso colectivo tan intenso como probablemente inconsciente, hacia un "gobierno de los jueces". Y ello no puede sino alarmar. Los jueces aplican las leyes, pero no las hacen; velan por el cumplimiento de lo que estas prometen, pero no son los autores de tales promesas; zanjan conflictos quitando o dando la razón en derecho, pero no les corresponde gobernar. La juridificación de la vida política no consolida ni refuerza la democracia: por el contrario, la debilita. ¿Qué ocurre, en efecto, cuando las instancias políticas se muestran incapaces de metabolizar y resolver conflictos que por naturaleza les son propios y los trasladan, reformulados en clave jurídica, a la arena judicial? Pues que se da pie a un uso abusivo y espurio de los tribunales cuya función básica no es la de resolver lo que la clase política no logra solucionar. La judicialización de la vida política lejos de representar un estadio superior, más avanzado de madurez democrática constituye más bien un síntoma de la falta de aliento y escasez de reflejos de las instituciones políticas. Y ello implica, sencillamente, una carga de profundidad contra los principios mismos de la democracia representativa. Echemos, si no, una ojeada rápida a lo que está pasando en España, o Francia, o Italia. La idea de "responsabilidad política" parece haberse evaporado del tablero político: no se concibe, ni admite, otra responsabilidad que la jurídica, es decir, que la penal. Desaparece así sencillamente, de un plumazo, algo tan básico para una vida política democrática fluida y viva como es la distinción entre impropiedades políticas e impropiedades jurídicas, entre actos sancionables políticamente y actos sancionables jurídicamente. La clase política se ha hecho fuerte tras la idea —¡tan deletérea!— de que la responsabilidad política solo es exigible una vez establecida la responsabilidad jurídica: es decir, cuando ya no tiene función ni sentido. Juridificar sistemáticamente los conflictos —constantes, inevitables— de la vida pública supone, sencillamente y a la vez, una dejación de funciones por parte de la clase política y una desnaturalización de procesos e instituciones, como los judiciales, básicos en una democracia. Se trata de un auténtico fracaso de lo político que abre la puerta al fantasma de la "democracia directa mediática". Cuando las instancias puramente políticas incumplen una de sus funciones más básicas (engranar intereses contrapuestos, armonizar propuestas dispares, pactar soluciones de consenso) y opta por el más fácil —pero antipolítico— camino del "todo o nada" jurisdiccional se produce un automático cambio en las reglas del juego. Los medios de comunicación adquieren un imprevisto protagonismo como difusores de conflictos que pasan a eternizarse y que un buen día son dados por zanjados por la opinión pública, mucho antes de que sea pronunciada al respecto la última palabra jurisdiccional. Esta nueva "voz del pueblo" —una voz claramente más rápida, inmediata y directa que la parlamentaria pero en modo alguno más representativa— tiende así a suplantar, por la vía de los hechos, a las instancias formales de representación ciudadana. A su vez los tribunales se ven convertidos, de hecho y a la fuerza, en el órgano que tiene que adoptar las decisiones que las instancias representativas (a quienes estaba originariamente encomendado hacerlo) no han sabido tomar: es decir, se aparece como una especie de ejecutivo-bis. El verdadero Ejecutivo y el Parlamento quedan automáticamente al margen, reducidos a meros espectadores de una dinámica que pusieron en marcha pero que dejaron de poder controlar. Así "la posición de la justicia [en el panorama actual] es paradójica: reacciona ante una amenaza de desintegración y al hacerlo contribuye a promoverla". Inquietante, amenazadora paradoja contra la que este libro nos invita a reaccionar. Las páginas que nos ofrece aquí el juez Garapon constituyen un alegato —lúcido, brillante y oportuno— en favor de una democracia sin "rumor de togas" (ahora que el "ruido de sables" constituye, en nuestras sociedades occidentales un feliz anacronismo). Es decir, de una democracia representativa que recupere en plenitud el juego de lo político y en la que los distintos tipos de niveles de responsabilidades sean adecuadamente definidos y exigidos, en vez de mezclados, confundidos y pospuestos.

José Juan Toharia
Catedrático de Sociología
Universidad Autónoma de Madrid

NOTA DEL AUTOR

Este libro debe mucho a muchos. Ante todo a Olivier Mongin: sin su ánimo y su crítica siempre benevolentes, probablemente jamás me hubiese atrevido a lanzarme a una empresa tan audaz. A Irene Théry, que me mostró el ejemplo a seguir, a Pascal Bruckner, Xavier Galmiche y a mi hermano Paul Garapon, que han releído pacientemente el manuscrito. A Jacques Lenoble y a Jean De Munck que, por intermediación de un contrato de investigación del Centro de filosofía de la Universidad católica de Lovaina la Nueva, me han ofrecido un entorno irreemplazable. A Paul Ricoeur, finalmente, a quien debe tanto esta reflexión.

Este libro es fruto de muchos años de trabajo en el Instituto de Altos Estudios sobre la Justicia. Esta aventura no hubiese visto nunca el día sin la confianza inicial de Hubert Dalle y de Jacques Commaille, ni la de sus presidentes sucesivos —Pierre Drai, Robert Badinter y Marceau Long. No hubiese podido sobrevivir sin el apoyo activo de Myriam Ezratty y de Pierre Truche, ni la amistad de sus compañeros principales —Pierre Bouretz, Yves Dezalay, Alain Girardet, Robert Jacob, Daniel Lecrubier, Daniel Ludet, Sergio López, Raymond Verdier—, ni, finalmente, sin el equipo que lo anima: Denis Salas, cuyo diálogo cotidiano es fuente de enriquecimiento permanente, y Anne Avy, sin quien no es demasiado decir que nada de lo que se ha hecho hubiese sido posible.

Antoine Garapon

INTRODUCCIÓN

Abramos el diario de hoy. ¿Qué leemos? Que dos responsables políticos comparecerán ante un tribunal correccional por complicidad en tráfico de influencias. Que un juez español se dispone a detener al antiguo secretario de Estado para la seguridad. Que el paro multiplica el número de familias superendeudadas y que cada vez se solicita más a los jueces. Que el ministro de Justicia ha declarado que deseaba que los procuradores fuesen más autónomos. Que la cobertura de los enredos judiciales de los electos locales inquieta a los diarios íntimamente vinculados a su ciudad y habituados a una vida local más apacible. Que el Consejo de Estado ha declarado por primera vez procedentes los recursos de un militar y un detenido contra sanciones disciplinarias.

Los grandes debates de la sociedad se plantean a menudo hoy con ocasión de procesos resonantes —el del hundimiento del estadio de Furiani, el del contencioso de la sangre contaminada— que mantienen alerta a la opinión pública durante semanas. No hablemos del caso O. J. Simpson en los Estados Unidos, retransmitido en directo por televisión, que ha mantenido sin aliento a América durante más de un año. En Francia, el proceso del pequeño Gregory ha adquirido proporciones inverosímiles. En el punto álgido del proceso, muchos centenares de periodistas estaban en el lugar para cubrir lo que no es más que un suceso banal. Al articularse en tomo a un hecho real y yendo más allá de las ideologías, el combate judicial le permite a una democracia desorientada orientarse al identificarse con personas a las que la televisión hace muy próximas.

La creciente influencia de la justicia en la vida colectiva es «uno de los hechos políticos más importantes de este final del siglo XX»[1]. Nada debe escapar al control del juez. Estos últimos decenios han visto estallar los contenciosos y crecer las jurisdicciones y multiplicarse, diversificarse y afirmarse cada día

---

1 I. P. Raynaud, «Le juge, la politique et la philosophie», *Situations de la démocratie,* Gallimard-Le Seuil, París, 1993, p. 110.

un poco más su autoridad. El juez se manifiesta en un número cada vez más amplio de sectores de la vida social. En primer lugar, en la *vida política,* donde se ha visto desarrollarse un poco en todo el mundo lo que los norteamericanos llaman un «activismo judicial» *(judicial activism).* Se recurre ahora al juez como árbitro de las costumbres, o de la moralidad política: la actualidad cotidiana nos ofrece múltiples ejemplos que no conciernen más que a una sola familia política. Eso se verifica igualmente en la *vida internacional* donde, por primera vez desde 1945, la sociedad internacional ha conseguido instituir un tribunal penal internacional para los crímenes cometidos en la ex Yugoslavia, y luego para juzgar a los autores del genocidio ruandés. En la *vida económica* asimismo, aunque de manera más matizada, los negocios han preferido la confidencialidad del arbitraje a la publicidad de la justicia. Eso no impide que los departamentos jurídicos de las grandes empresas, así como los grandes gabinetes de abogados de negocios, se hayan desarrollado considerablemente estos últimos años en Francia. Se ha visto al juez desempeñar un papel importante en la *vida moral,* en el que se someten a él, especialmente en materia de bioética, cuestiones casi indecidibles. Eso es cierto en la *vida social,* donde el juez ha intervenido en cuestiones sociales importantes, como con ocasión de la huelga de pilotos de Air Inter. No se busca solo al jurista o al árbitro en el juez sino también al conciliador, al pacificador de las relaciones sociales, incluso al animador de una política pública o en materia de la prevención de la delincuencia. Se ha visto a psiquiatras y a trabajadores sociales hacerle objeto de persecuciones por no denunciar la violación o los malos tratos a un niño: ni siquiera la abnegación es ya exoneradora. Y eso se comprueba también en la *vida privada,* hasta el punto en que algunos han hablado, a partir de la ley de 1975 sobre el divorcio, de «ménage a trois». El juez de menores se considera que diferencia los métodos educativos normales de los que no lo son, y establece, caso por caso, la frontera entre la diferencia cultural aceptable y la que no lo es. El juez se convierte igualmente en un referente para el *individuo,* perdido, aislado, desarraigado que engendran nuestras sociedades, que busca en la confrontación la última referencia. Remontémonos aunque sea solo diez años atrás, en que el juez no conocía estas cosas con la misma agudeza, sea porque la ciencia no las había planteado todavía, sea porque el vínculo social era más sólido o porque el Estado estaba menos descalificado.

Esta exigencia es *absoluta.* Todo, y todo el mundo, debe ahora ser justiciable: la ley, por el Consejo Constitucional; la política económica del Gobierno, por el Tribunal de Luxemburgo; el funcionamiento de las instituciones penales y disciplinarias, por el tribunal de Estrasburgo; los ministros, por el Tribunal de justicia de la República; los hombres políticos, por la justicia penal ordinaria. La mayor parte de estas jurisdicciones no existían hace unos decenios.

La solicitación de la justicia es, a continuación, *general;* ya no hay nadie intocable. La justicia parece anclarse en un sentimiento de justicia que decenios de marxismo y de bienestar providencial habían acabado por adormecer. Esta nueva sensibilidad traduce una demanda *moral:* la espera de una instancia que defina el bien y el mal y que fije la injusticia en la memoria colectiva. El debate sobre la bioética ha revelado la inquietud de un mundo desprovisto de autoridad superior, la búsqueda de otro distinto de la democracia que apacigüe las cuestiones existenciales. Henos aquí, quizá, en un viraje moral de los regímenes liberales. Al no tener ya que plantearse la cuestión de la supervivencia, de la seguridad exterior gracias al final de la guerra fría, la democracia se considera a sí misma y se interroga sobre los fundamentos morales.

Esta demanda de justicia es, finalmente, *universal,* como lo muestra la importancia de todo punto inédita que el crimen contra la humanidad ha adquirido estos últimos años. Los procesos Barbie y Touvier, que han tenido la resonancia que se sabe, están ahí para recordarlo. Una misma justicia debe aplicarse no solo a toda relación (hombres-mujeres, señor-servidor, gobernantes-gobernados, padres-hijos), sino igualmente a todos los hombres, cualesquiera que sean su cultura y el Estado que les ha alimentado. Si todo y todos son ahora justiciables, asimismo se espera *todo* de la justicia; no solo una justiciabilidad ilimitada sino también una «justicia total». La justicia no puede ya contentarse con definir lo justo, debe a la vez instruir y decidir, acercarse y guardar las distancias, conciliar y romper, juzgar y comunicar.

Esta progresión de la justicia no es homogénea; si algunos contenciosos han estallado, otros caen en desuso, aparecen nuevos delitos y otros desaparecen. Este movimiento es paradójico; a la vez que se cantan los méritos de la desregulación, proliferan reglamentaciones de todas clases. Este incremento del poder de la justicia, finalmente, oculta dos fenómenos en apariencia muy diferentes —incluso contradictorios— cuyos efectos convergen y se refuerzan: la debilitación del Estado bajo la presión del mercado por una parte, y el hundimiento simbólico del hombre y de la sociedad democráticos por otra.

El giro judicial de la vida política —primer fenómeno— ve en la justicia el último refugio de un ideal democrático desencantado. El activismo judicial, que es el síntoma más aparente, no es más que una pieza de un mecanismo más complejo que requiere otros engranajes como la debilitación del Estado, la promoción de la sociedad civil y, por supuesto, la fuerza de los medios de comunicación. Los jueces no pueden hacer suyo ese lugar más que con la condición de encontrar una nueva espera política que no está aparentemente satisfecha por las instancias políticas tradicionales. Su lenguaje es el del derecho —derechos del hombre sobre el Continente, derechos de las minorías en Norteamérica— y su gramática el procedimiento. La debilitación del Estado no es más que la consecuencia de la mundialización de la economía: el mercado, a la vez que se burla del poder tutelar del Estado, multiplica los recursos a lo jurídico. Este doble movimiento —flujo del derecho y reflujo del Estado— se percibe con facilidad y, por otra parte, ¿es nuevo? Para algunos historiadores no supondría probablemente un gran problema encontrar precedentes históricos. Pero, deteniéndose en esta constatación, se corre el riesgo de que falte otra explicación para la ascensión del juez, menos perceptible, más antropológica y radicalmente inédita en la historia: el hundimiento del hombre democrático.

La brutal aceleración de la expansión jurídica no es coyuntural sino que está vinculada a la dinámica propia de las sociedades democráticas. «No nos hemos vuelto más procedimentales porque las barreras de los procedimientos se hayan abierto. La explosión del número de procesos no es un fenómeno jurídico sino social. Se origina en una depresión social que se expresa y se refuerza con la expansión del derecho»[2]. La promoción contemporánea del juez procede menos de una elección deliberada que de una reacción de defensa ante un cuádruple hundimiento: político, simbólico, psíquico y normativo. Tras la ebriedad de la liberación, se descubre que es toda nuestra identidad completa lo que está a punto de vacilar: la del individuo, la de la vida social y la del político. El juez aparece como un recurso contra la implosión de las sociedades democráticas que no llegan ya a controlar de otra manera la complejidad y la diversidad que engendran. El sujeto, privado de las referencias que le dan una identidad y estructuran su personalidad, busca en el contacto con la justicia un remedio contra el hundimiento interior. Ante la descomposición de lo político, es al juez a quien se le pide la salvación. Los jueces son los últimos ocupantes de una función de autoridad —clerical, o paternal— de la que han desertado sus antiguos titulares.

La mutación del Estado-providencia y la fragilidad del hombre democrático llevan al derecho ante las candilejas pero por razones diferentes. La primera busca un paliativo para la desaparición del poder tutelar del Estado para organizar el comercio entre iguales, la segunda un sustituto de la religión; una es horizontal, la otra vertical. La primera causa es de origen externo y afecta a las instituciones políticas; la segunda, interna y más antropológica, concierne a la sociedad democrática. Estos dos hechos, relativamente ajenos el uno al otro, hacen desconcertante la interpretación de este fenómeno. ¿Qué

---

2 J. K. Lieberman, *The litigious Society*, Basic Books, Nueva York, 1981, p. 186.

tienen en común el incremento del poder de los grandes despachos de abogados internacionales, las famosas *Law Firms*, y el crecimiento del número de detenidos en todas las democracias?

Desde Tocqueville se sabe que la democracia es tanto una organización política como una sociedad que coloca en su corazón la igualdad de condiciones. La judicialización ¿no traduciría un doble sufrimiento, en los dos sentidos de dolor y abandono, tanto de las instituciones como de la sociedad democrática que comparten una misma fragilidad? ¿No se ha recurrido a la justicia para protegerlas? Cuanto más se emancipa la democracia, en su doble forma de organización política y de sociedad, más busca en la justicia una especie de salvaguarda; he ahí la unidad profunda del fenómeno del ascenso de la justicia. La salvaguarda —lo recuerda la informática— se ha iniciado vinculada a la fragilidad y a la memoria. El destino de las sociedades es olvidar su tradición, rechazar su herencia para reinventar su destino, pero ¿se puede vivir sin memoria? El juez se convierte en el último guardián de las promesas, y eso tanto para el sujeto como para la comunidad política. A falta de mantener viva la memoria de los valores que las fundan, estos últimos han confiado a la justicia la custodia de sus juramentos.

Eso no impide que el entusiasmo actual por la justicia pueda conducir a un callejón sin salida. La referencia irrazonada de todas las frustraciones modernas a la justicia, el entusiasmo ingenuo por su omnipotencia, pueden jugar contra la justicia misma: eso es lo que intentaremos mostrar en la primera parte. La invocación a diestro y siniestro al derecho y a los derechos tiene como efecto someter al control del juez sectores completos de la vida privada, antes fuera de todo control público. Peor aún, esta «judicialización» acaba por imponer una versión penal a toda relación —política, administrativa, comercial, social, familiar, incluso amorosa— ahora descifrada desde la perspectiva binaria y reductora de la relación víctima-agresor. Este lenguaje jurídico simplista, al enraizarse en una lógica sacrificial que se creía definitivamente dominada, tiene como consecuencia hacer que crezca el número de detenidos en proporciones inquietantes, fenómeno que ninguna democracia llega verdaderamente a atajar. Los medios con el pretexto de asegurar una máxima transparencia, pueden privar a los ciudadanos de unas mínimas garantías —como la presunción de inocencia— al mantener la ilusión de una democracia directa. Tratándose de los jueces, ¿no iremos a entregamos atados de pies y manos a una nueva clericatura tan detestable como la antigua burocracia? ¿No acabarán por imponer los abogados un sobrecosto jurídico a toda transacción social al multiplicar barreras imaginarias? Los juristas se ven tentados a abusar de esta posición dominante —inédita en nuestro país (Francia)— para ponerle precio a la democracia. Hasta agotar la riqueza.

El inventario de estas paradojas invita a reconsiderar el lugar de la justicia en una democracia renovada: este será el tema de la segunda parte. Al tratarse de un movimiento que adquiere su fuerza de una doble crisis de las instituciones políticas y de la misma sociedad democrática, las respuestas son a la vez institucionales y societarias. La democracia no se hunde, se transforma por el derecho. Los dos modelos precedentes —derecho formal del Estado liberal, derecho material del Estado-providencia— están ahora agotados, y un nuevo modelo de derecho y de democracia está a punto de nacer. Henos aquí, pues, en un momento capital de la historia de la justicia y en un giro de nuestras democracias. Para comprenderlas y, si es posible, anticipar su evolución, la confrontación de nuestro derecho continental con el otro gran sistema, el del Common Law, será una guía preciosa. De ahí ese diálogo entre los dos modelos, que no tiene la vocación de verse concluido de una forma definitiva. El desafío es, en efecto, saber cómo la justicia podrá constituir una referencia colectiva fuerte tanto para las deliberaciones públicas como para los individuos sin amenazar los valores democráticos. Lo que obligará, para acabar, a proponer nuevas relaciones entre el juez y la comunidad política.

El de la justicia es un tema difícil, que puede convertirse con rapidez en apologética o polémica, dos géneros bastante extendidos en el día de hoy. Sin embargo es una cuestión apasionante a condición de ver en ella concentrados los sufrimientos, las contradicciones y los callejones sin salida de nuestras sociedades modernas. A través de la justicia, el anhelo democrático se enfrenta con la carne de lo social, con las pasiones democráticas, con la desmesura de los hombres, con el absurdo de la violencia y con el enigma del mal. Asumir la parte humana de la justicia llevará a hablar de las pasiones tanto como de la razón, de las emociones tanto como de la argumentación, de los medios de comunicación tanto como del procedimiento, de la cárcel tanto como de las libertades. Nuestra democracia tiene quizá menos necesidad de construcciones —o de destrucciones— teóricas que de nuevas referencias para asumir las «mediaciones imperfectas» que son nuestras jurisdicciones. Este libro de un juez que vuelve sobre su experiencia a mitad de su carrera no quiere ser académico ni polémico sino más bien político, en tanto que desea medir las resistencias con que se encuentra la virtud de la justicia en la prueba de la práctica del juicio y confrontar la intención democrática con su realización.

PRIMERA PARTE

LOS CALLEJONES SIN SALIDA DE LA DEMOCRACIA JURÍDICA

CAPÍTULO I

LA REPÚBLICA ATRAPADA POR EL DERECHO

¿Será, como se dice a menudo, por el recuerdo de lo arbitrario de nuestros antiguos Parlamentos? ¿O por la huella de un antiguo antijuridicismo francés ya perceptible en Pascal, afirmado en Voltaire y clamoroso en la obra de Victor Hugo[1], sin hablar de la hostilidad revolucionaria hacia la *aristocratie themistiquel*. No se sabe concretamente por qué es difícil en Francia tomarse la justicia en serio. Nuestro país se muestra tan dispuesto a indignarse y arrebatarse por los «pleitos» como remiso a honrar sus jurisdicciones. Podría tratarse de un rechazo en el sentido freudiano por los poderes que detenta el juez en nuestro país. Precisamente porque es crucial, la cuestión se evitaría; y la energía revolucionaria desplegada para luchar contra el juez no tendría otro equivalente que la importancia que este sigue teniendo en lo imaginario inquisitorial de nuestras instituciones, si no es en su realidad. A los extranjeros les impresiona a menudo la majestad lapidaria de los fallos del Tribunal Supremo: como si entre nosotros el juez no tuviera que justificarse. Obnubilados por el prestigio del juez inglés, olvidamos el esfuerzo de argumentación que se le exige. ¿Nos atrevemos a imaginar una reformas? Los ánimos no tardan en calentarse, y el aguafiestas se ve tachado de anglómano, es decir de mal francés. No siempre hemos conseguido modificar el procedimiento penal o constitucional, pese a múltiples intentos. El rechazo se complica, entonces, con un bloqueo.

Este carácter nacional se transforma en desventaja el día en que nos vemos miembros de una comunidad supranacional establecida según derecho y cuando lo esencial de nuestro comercio se realiza con gentes que no bromean con las normas del juego. El precio de este particularismo francés es cada día un poco más alto; en primer lugar para nuestros juristas, que no han podido resistir la invasión de los *lawyers* norteamericanos, a renglón seguido para

---

1 J.-N. Jeanneney, *L'avenir vient de loin,* Éd. du Seuil, París, 1994, pp. 137-163.

la administración, a la que le faltan de una forma desesperada juristas, y finalmente para nuestros hombres de negocios y nuestra clase política, que no parecen haber comprendido aún que un Estado moderno, un ejecutivo creíble —así como una economía fuerte— necesitan ahora una justicia respetada.

Y es que el juez sigue siendo una cuestión *políticamente incorrecta* al no haber adquirido la plena dignidad democrática. Su papel es a los ojos de muchos *jurídicamente inconsistente:* no siempre se le reconoce la posibilidad de ser en ciertos casos «decidor» del derecho. ¿Qué se gana negando la evidencia, si no es acusar el retraso con los debates extranjeros? Han sido necesarios cerca de veinte años para traducir a Dworkin o a Rawls. Porque la justicia, finalmente, ha sido relegada durante mucho tiempo al rango de una *cuestión intelectualmente inexistente,* al no constituir un «campo» autónomo para las ciencias sociales ni una auténtica fuente de interrogación filosófica. El discurso filosófico dominante hasta fecha reciente no aprehendía la cuestión jurídica más que en términos de «estrategia», como «técnicas de dominación y distinción». Estado de derecho y Estado totalitario estaban metidos en el mismo saco. En *Surveiller et punir,* que ha tenido una inmensa resonancia entre los profesionales, Foucault no considera la justicia ni la prisión más que como una «microfísica del poder». Estas tesis han encontrado un terreno particularmente favorable en nuestro país, en el que nada mediatiza el cara-a-cara entre el súbdito y el Estado. La tradición francesa pasa directamente de la filosofía moral a filosofía política sin preocuparse demasiado de la filosofía del derecho, que sigue sin enseñarse en las facultades. Lo que es peor, se ha llegado a rechazar nuestra propia tradición: autores como Duguit, Hauriou o Gurvitch no se han reeditado más que... ¡en Italia! Este «singular retraso»[2] de la filosofía con respecto a nuestro tiempo marcado por la famosa «vuelta al derecho» priva a los ciudadanos de referencias para el debate y a los profesionales de principios para la acción. «La justicia, escribe Rawls, es la primera virtud de las instituciones sociales, como la verdad es la de los sistemas de pensamiento.»[3]

EL FIN DE LA EXCEPCIÓN JACOBINA

Francia es un interesante laboratorio de la transformación de la democracia debido precisamente a su hostilidad secular con respecto al juez. Esta entrada en escena de la justicia, que tropieza de lleno con su cultura jacobina,

---

2 A. Reanut, L. Sosoe, *Philosophie du droit,* PUF, París, 1991, p. 51.

3 J. Rawls, *Théorie de la justice,* Éd. du Seuil, París, 1987 (traducción al francés de C. Audard), p. 29.

tiene tres manifestaciones principales: el fin de las inmunidades para aquellos que, como los hombres políticos, no eran justiciables para la justicia común, la necesidad de llevar en adelante los conflictos a la escena pública y la expatriación de las fuentes del derecho fuera del Estado.

El fin de las inmunidades

La opinión pública se ha visto recientemente conmovida por la acción de algunos «juececillos» que han sometido a examen a hombres políticos de envergadura nacional. El paralelo con la operación *mani pulite* en Italia es tentador; sin embargo no resiste mucho tiempo el examen. Allí, el activismo es fruto de la acción concertada de algunos miembros decididos del ministerio fiscal de Milán contra una presa determinada, la corrupción política. Aquí se meten en el mismo saco cuestiones muy dispares: ¿qué hay en común entre la falta de información del accionista minoritario, como en el caso Didier Pineau-Valencienne, y la corrupción activa? Estos casos, además, los tratan jueces que no tienen ningún vínculo entre sí, institucional o geográfico. Ello excluye a la vez la hipótesis de un complot de los jueces, por una parte, y la amalgama populista, por otra. ¿Se ha hecho la justicia más independiente? ¿Se ha extendido más la corrupción? ¿O la prensa se mete más a fondo?

Se trata menos de que el juez se haya convertido en un nuevo actor político que de que los políticos sean nuevos justiciables. Como con ellos se convierten en justiciables los empresarios, los investigadores, los médicos, los historiadores, los profesores de derecho, que descubren de la noche a la mañana que ya no están por encima de las leyes. Incluso se ha asistido a un registro en los locales de un ministerio, lo que no había ocurrido nunca en la historia de la República, y se han visto miembros del consejo de ministros investigados, como en el caso de la sangre contaminada. La acción de estos pequeños jueces no es subversiva sino legalista, lo que desconcierta a la defensa. Se dedican a los políticos y a los patronos, no con el propósito de acabar con ellos sino de someterles a la ley común. ¿Qué tiene eso de revolucionario? Se convierte en revolucionario en Francia porque, al hacerlo, los jueces combaten las inmunidades de que disfrutaban tradicionalmente los servidores —grandes o pequeños— del Estado. «No es tanto otorgar un privilegio particular a los tribunales, escribe Tocqueville, como permitirles castigar a los agentes del poder ejecutivo, cuando violan la ley. Es más retirarles un derecho natural que defenderles»[4].

---

4 A. de Tocqueville, *De la démocratie en Amérique,* Garnier- Flammarion, París, 1981 (biografía, prólogo y bibliografía de François Furet), t. I, p. 173.

La clase política parece desamparada por este fenómeno, defendiéndose inhábilmente, maldiciendo a los jueces o criticando la ley. A nuestros cargos elegidos les coge de improviso, por la magnitud de su incultura jurídica. No es que no conozcan las leyes o los engranajes de la justicia, sino que no les reconocen verdaderamente una fuerza de obligación.

Estos casos son signo de una fractura profunda. Como atestigua, entre otras, la aparición de la delación en nuestras costumbres políticas. Lo que se denomina respetuosamente periodismo de investigación no es más, a menudo, que un periodismo de delación. Todo el mundo denuncia a todo el mundo, lo que no hace más que recordar, a un nivel más alto, la guerra de todos contra todos. Los jueces reciben por correo indicios exhaustivos acerca de prácticas deshonestas. Antes, la dificultad de estas investigaciones consistía en romper la *omertà* republicana; en la actualidad consiste en determinar la oleada de información que la justicia recibe. Algunos políticos utilizan ahora la justicia para debilitar a sus adversarios. Esta utilización estratégica de la justicia con fines a muy corto plazo es reveladora del individualismo que está ganando la vida política. La solidaridad de la clase política ha estallado en fragmentos y los estados mayores de los partidos, al denunciarse de forma suicida, se acercan a lo que se constata en los Estados Unidos, donde el asesinato mediático parece ocupar el lugar del programa.[5]

Se ha retirado secretamente una inhibición. Más allá del debilitamiento del espíritu público, este fenómeno marca el final de una especie de reverencia por el Estado. Ha saltado un cerrojo simbólico y ahora el silencio ya no es respetable sino sospechoso. ¿Se formula una acusación contra un miembro de la presidencia de la República? Este se justifica inmediatamente. ¿Se pone en entredicho a un político? Este amenaza con revelar «todo lo que sabe». Las más altas personalidades del Estado se creen obligadas a justificarse cuando un terrorista les pide cuentas. Incluso los miembros de los servicios secretos, cuya primera obligación es callar, empiezan a hablar. Todos ponen por delante esta «ética de decirlo todo» que es incluso lo contrario de la ética.

La excepción francesa —capitalismo de Estado sin capitalistas que se renueven por elitismo endogámico—, a la que nos hemos acomodado bastante bien durante lustros, de repente parece anormal; peor: perversa. Una sociedad acepta tanto más los privilegios del Estado cuanto más generoso es este con ella. El desarrollo económico permite compensar el mantenimiento de una cierta «nobleza estatal» por el enriquecimiento y la ascensión social.

---

5 J.-J. Courtine, «Les dérives de la vie publique, sexe et politique aux États-Unis», *Esprit*, octubre de 1994, p. 67.

La corrupción ha existido siempre probablemente, pero pasaba desapercibida cuando a todos aprovechaba el crecimiento. Se perdona de mejor grado a un Estado que da.

Las elites republicanas no cumplen con su deber de garante moral de la justicia. Los servidores del Estado han perdido su papel de autoridad, es decir de guardianes de la República: el *spoil system*[6] se extiende cada vez más con cada cambio de mayoría, y se ve aumentar la presión sobre los mismos funcionarios para que se comprometan. La politización de los funcionarios va a la par con la funcionarización de la vida política. Los funcionarios parecen aplicar más un programa gubernamental que un proyecto de sociedad. Tal evolución recompensa el servilismo y penaliza el profesionalismo.

El Estado ya no encarna ese lugar de exterioridad, ya no insufla espíritu público, es decir el desinterés y el desapego que aseguraba la primacía del interés general sobre el interés particular. Es cierto que, para ejercer este papel, hay que aceptar el pagar el precio. El caso Habache, las escuchas en el congreso del partido socialista o, más recientemente, el rocambolesco caso Schuller-Maréchal se han saldado con la sanción de funcionarios y no de los políticos. Esta extraña responsabilidad parece obedecer a una ley no escrita: «Quien detenta el poder es también quien puede escapar de su responsabilidad en caso de problema.»[7] Es incluso lo contrario de la idea de responsabilidad. Además, en la Quinta República, es ahora ante el ejecutivo y no ya en el Parlamento donde se litiga esta responsabilidad. La práctica política le ha dado la vuelta al orden de la constitución escrita sustituyendo la responsabilidad de los ministros ante el Parlamento por la de los ministros ante el jefe del ejecutivo y por la de los funcionarios ante el ministro. La responsabilidad política se trata entre los bastidores del poder y no a la luz del día. ¿A quién le sorprenderá, en estas condiciones, que unos ministros, ante el desfallecimiento de este mecanismo político, se vean perseguidos directamente ante el Tribunal de justicia de la República por delito penal?

La externalización de los conflictos

El Estado jacobino no era justiciable: según la tradición monárquica aún perceptible en numerosas instituciones de nuestro país, el Estado, como el rey, no litiga en «tribunal súbdito». Y eso porque sigue beneficiándose de un pri-

---

6 Este es el sistema por el cual un gran número de funciones cambian de titular con cada nuevo presidente en los Estados Unidos.

7 O. Beaud, «L'introuvable responsabilité politique», *Liberation*, 22 de julio de 1994.

vilegio de jurisdicción, y no puede ser juzgado más que por una jurisdicción especial muy próxima a la administración, el Consejo de Estado. Este derecho exorbitante para el Estado, derogatorio del derecho común, no va viento en popa, al creer en la tendencia general de nuestro derecho a someter al conjunto del servicio público, cualquiera que sea su objetivo, a las reglas del derecho privado[8]. El final del monopolio de la verdad obliga ahora a la República a exponer sus litigios a la escena pública. El Consejo de Estado no veía antes más que la parte que emergía de los contenciosos, aquella en que unos particulares se quejaban de la acción del Estado. Los demás conflictos —sobre todo los que recusaban los intereses centrales del Estado— se trataban a escondidas, de la forma más confidencial. Eso no quiere decir que no se resolviesen bien, al contrario, pero se resolvían según reglas y según un código que escapaban a toda transparencia. No hace tanto tiempo, los grandes litigios que oponían a dos grandes empresas nacionalizadas se dirimían en las oficinas del director del presupuesto, o en las del propio ministro.

En Francia se prefiere la justicia ordinal a la justicia ordinaria. Cada corporación tiene su justicia: los funcionarios, los médicos, los farmacéuticos, los abogados, los procuradores se benefician de instancias ordinales poco transparentes en las que la deontología desempeña un papel por lo menos ambiguo. Un abogado, por ejemplo, ha de pedirle permiso a su decano antes de atacar a un colega... en todas estas instancias, la sanción es interna e invisible. «Al derecho le sustituye el privilegio, a la norma general el intercambio particularista, al mercado abierto el oligopolio oculto.»[9] El caso de la sangre contaminada ha mostrado el fallo de estas instancias internas de control, la incuria de la clase médica y la irresponsabilidad de la tutela ministerial. No es sorprendente, pues, que *Le Canard enchaîné* constituya *de facto* la principal instancia deontológica del Estado. Este diario es el último recurso en una República que no consigue arreglar de otra manera sus conflictos. Una de las novedades del caso de la sangre contaminada —a la que la prensa no ha sido ajena— ha consistido en someter una cuestión tan importante, recusando el funcionamiento del Estado, a la competencia de una jurisdicción judicial, bajo una cualificación penal.

La autonomización progresiva de la justicia pone fin a unas regulaciones internas y a un funcionamiento corporativista del Estado. Amenaza los privilegios, las reglas del juego falseadas y los círculos cerrados, los «sistemas

---

8 R. Chapus, «L'Administration et son juge. Ce qui change», *Raport public du Conseil d'État,* La Documentation française, París, 1992, p. 275.

9 Y. Mény, *La Corruption de la Repubblica,* Fayard, París, 1992, p. 20.

barbichette» que todos tienen en común con la placa fotográfica que se disuelven a la luz. Se comprende entonces que el papel de la justicia sea más especialmente importante en los países en los que las reglas del juego político estaban falseadas, como es el caso de Italia. «Cuando en 1989 cayó el Muro de Berlín y dejó de existir el peligro comunista, llegó la factura de estos últimos cuarenta años».[10] El crecimiento de la justicia esta directamente vinculado al final de la guerra fría y a la internacionalización de los intercambios comerciales.

La irrupción del activismo judicial no se podrá comprender mientras no se relacione con un movimiento profundo del que solo es una manifestación. No se trata de una transferencia de soberanía hacia el juez sino más bien de una transformación de la democracia. Los jueces no gozarían de tal popularidad de no encontrar una nueva inflexión política, de la que se hacen los campeones, y de no encamar una nueva manera de concebir la democracia. ¿Qué ha ocurrido, pues, durante este último decenio? El origen de este movimiento hay que buscarlo menos en el derecho mismo que en su nueva inversión debida al imaginario democrático. El derecho se ha convertido en el nuevo lenguaje con el que se formulan las demandas políticas que, decepcionadas por un Estado en retirada, se dirigen masivamente a la justicia.

LA DESNACIONALIZACIÓN DEL DERECHO

Para la teoría clásica de la democracia particularmente ilustrada por el sistema francés, la ley es la expresión de la soberanía popular. El juez no tiene ninguna influencia sobre ella y debe dedicarse a aplicarla. Esta concepción muy «legicéntrica» del derecho se ve contestada por dos fenómenos diferentes pero convergentes: por una parte, por la inflación de textos mal preparados de bajo contenido, y por otra por la integración en una comunidad política supranacional. La emancipación del juez encuentra su origen en principio en el agotamiento de la ley que aseguraba, según el planteamiento clásico, la subordinación del juez y en la posibilidad de juzgar la ley que le presentan unos textos que contienen principios de un valor superior, como la constitución o los tratados supranacionales.

La ley, ¿un instrumento caduco?

La ley era parte principal del positivismo ya que se suponía que aseguraba el vínculo entre el oficio del juez y la soberanía popular. No se suponía que

10 M. Pirani, editorialista de *La Repubblica, Le Monde*, 11 de mayo de 1994.

el juez fuese otra cosa que «la boca de la ley», según la conocida expresión de Montesquieu. Pero esta ley tan esencial para la separación de los poderes ya no es suficiente para guiar al juez en su decisión. El juez ha de recurrir a fuentes exteriores para «decir» el derecho. La ley no se confunde con el derecho; mantiene por supuesto una importancia esencial pero ya no puede pretender que se base en sí misma todo el sistema jurídico.

Los motivos para este descrédito de la ley tienen que ver en primer lugar con su forma: la ley parece prescrita en su desarrollo, «por cuestión de tecnología»; ya no se admite su espíritu abstracto, rígido, uniforme, que condena a un derecho doctrinal, alejado de la realidad. El control jurisdiccional, más casuístico y más ágil, parece más propicio para las delicadas normas que requieren nuestras complejas sociedades. Leyes-herramienta, derecho gaseoso, derecho blando, derecho indefinido...: la inflación de leyes que ni siquiera tienen siempre contenido normativo y la multiplicación de textos de sustancia volátil acaban por constituir un almacén normativo difícilmente dominable y generador de efectos perversos. Ahí se da una causa para el descrédito de la norma —la ley que se puede tirar no es respetable— y un riesgo de crack jurídico. El recurso a la reglamentación legislativa, de la que usa y abusa la política, amenaza con agotar el sistema jurídico. Hay que hacer que el derecho vuelva a encontrar su esbeltez. Y no volverá a encontrarla sino es con la condición de no concebirse ya tan solo en forma de *reglas* sino asimismo en forma de *principios.*

El legislador se atrinchera por añadidura en la gestión más que en la dirección de la ciudad. El papel adecuadamente legislativo del Parlamento se ve paralizado por la creciente tecnicidad de los textos que exigen una competencia que no tiene. En muchos países, la ley ya no la hace desde hace tiempo el Parlamento sino tecnócratas políticamente irresponsables. Lo que debilita el papel como contrapoder del legislativo y aleja un poco más al gobernante del gobernado. La eficacia de los textos parlamentarios se ve perturbada por el juego de las alianzas y de las coaliciones que convierte a la ley menos en la expresión de una voluntad que en una sustracción de rechazos múltiples. El compromiso se decanta por los términos lábiles y por las disposiciones ambiguas que no manifiestan los desacuerdos. La ley se convierte en un *producto semiacabado que el juez ha de acabar.*

La aparición de fuentes de derecho supranacionales

El debilitamiento de la ley se ha visto acelerado por la importancia que han adquirido en los sistemas jurídicos nacionales las fuentes supranacionales. El derecho comunitario y el Acuerdo europeo de salvaguarda de los derechos del hombre desempeñan un papel cada día más determinante en los derechos internos de los países miembros. Estos textos, a semejanza de la Constitución, enuncian algunos principios fundamentales que una jurisdicción deberá garantizar. Estos principios se diferencian del derecho natural por su consignación en unos textos a los que se reconoce una fuerza jurídica positiva superior a la ley. Juez y texto fundador forman entonces una pareja legítima. El texto fundador es, por definición, incompleto; es al juez a quien corresponde hacerle hablar. Este no ha de contentarse con aplicar unas leyes sino que en algunos casos tiene el deber de comprobar su conformidad con un derecho superior contenido en esos principios. La ley hace implosión y se fracciona en dos direcciones opuestas: por una parte, unos principios fuera del alcance del legislador común y, por otra, un derecho más concreto y más operativo. El juez actualiza la obra del constituyente y se convierte en un colegislador permanente. «El juez receptor y el constituyente emisor forman una especie de tándem de pares indisociables, cuya colaboración se requiere para la eclosión de la soberanía constituyente»[11].

Los derechos del hombre enunciados en textos con valor positivo, como el Acuerdo europeo de salvaguarda de las libertades fundamentales, y la integración europea han hecho pasar progresivamente al Estado proveedor de justicia a Estado justiciable. Esto es así para Francia así como para países que no tienen tribunal constitucional, como los Países Bajos[12], o no tienen constitución escrita como el Reino Unido[13]. La misma evolución se constata en Suecia[14] desde la integración europea, que tiene como efecto abrir la puerta a un cierto activismo judicial.

No es inútil recordar que la construcción europea ha sido jurídica antes de ser política. Esta construcción de un espacio político supranacional aporta la demostración de que una comunidad política puede prescindir —en apariencia— de ejecutivo. Un orden jurídico puede existir sin legislador ni ejecutivo, sin embargo no puede prescindir de un juez capaz de pronunciarse sobre la interpretación de las normas y el ordenamiento de los litigios. «Había

11 O. Cayla, *«Les deux figures du juge»*, *Le Débat*, 1993, n.º 74, p. 172.

12 J. ten Kate, P. van Koppen, «Judicialization of Politics in the Netherlands: Towards a Form of Juditial Review, *International Political Science Review*, 1994, vol. 14. n.º 2, pp. 143-151.

13 M. Sunkin, «Judicialization of Politics in the United Kingdom», *International Political Science Review,* (cit.), pp. 125-133.

14 B. Holmström, «Judicialization of Politics in Sweden», *International...* (cit.), pp. 153-164.

jueces antes de que hubiese leyes; esos jueces, en esos tiempos de ignorancia y tosquedad, eran ministros de equidad entre los hombres; y aún lo son cuando no les dirigen las leyes escritas; es decir que no pueden, con el pretexto de la oscuridad y del silencio de las leyes, suspender arbitrariamente su ministerio»[15].

Una revolución jurídica

La introducción de un nivel jurídico superior a la ley nacional ha causado una verdadera revolución jurídica en el sentido propio de la expresión, es decir una rotación al final de la cual unos elementos se encuentran en una posición exactamente opuesta. El soberano, que era ayer aún el último recurso, se ha visto superado por una instancia más alta ante la cual todos sus actos podrán ser revisados. La justicia, que era un órgano del Estado, encarna de repente el foco de legitimidad del que procede el Estado. La voluntad general ya no puede pretender el monopolio de la producción del derecho sino que debe compatibilizarse con unos principios contenidos en textos fundadores, como son la Constitución, el tratado de Roma y luego el de Maastricht, la Convención europea de los derechos del hombre, y los demás acuerdos internacionales. Así, el derecho no está a la completa disposición de la voluntad popular. La soberanía de los representantes del pueblo se ve sometida a principios albergados en estos diferentes textos de enunciado claro y conciso y de una gran densidad moral. La Ley tiene ahora dos señores: el soberano, que le da una consistencia, y el juez, que la sanciona teniendo en cuenta su conformidad con los textos fundadores y acogiéndola en el ordenamiento jurídico. No se trata de una oposición entre el soberano y un intruso sino entre dos estados de la voluntad del soberano expresados por titulares diferentes.

Estos principios comunes son la base de un nuevo pacto entre las naciones. Estos textos se convierten en la fuente de la que los jueces pueden sacar directamente la inspiración de sus juicios más allá del Estado que los ha establecido. La universalización es tanto obra de los juristas como de los servidores del Estado que temen una disolución de sus prerrogativas. La justicia supranacional ejerce un poder integrador considerable, a juzgar, por ejemplo, por la influencia del artículo 6-1 de la Convención europea de los derechos del hombre relativo al proceso equitativo[16]. No tiende a uniformizar los distintos

---

15 Portalis, discurso pronunciado el 14 de diciembre de 1801 en cuanto a la discusión del título preliminar del Código civil.

16 Sobre el tema, véase M. Delmas-Marty, *Pour un droit commun,* Éd. du Seuil, París, 1994.

derechos nacionales sino a hacerlos compatibles entre sí. Mejor aún, el derecho comunitario y la jurisprudencia del Tribunal de justicia de las comunidades europeas ponen las bases de una *cultura común* que permite a las diferentes culturas comunicarse entre ellas e incluso emanciparse de un compromiso estatista demasiado amplio. «A partir de que su competencia, sus normas de procedimiento y sus poderes vienen determinados por el sistema de los tratados y está sometido a garantías fundamentales, se pregunta Guy Canivet, ¿no manifiesta el magistrado estatista, en definitiva, un estatuto europeo gobernado tanto por el derecho de las comunidades como por la Convención europea de los derechos del hombre?»[17].

Politización del razonamiento jurídico, judicialización del razonamiento político

El poder ejecutivo requiere de un poder mayor que él. Aunque solo sea para que arbitre en sus conflictos con el otro poder, el legislativo. Así, en Bélgica, debido a la tensión entre las comunidades, la Constitución le ha confiado al Tribunal de arbitraje la tarea de garantizar «la igualdad» en el trato de los ciudadanos. Esta simple palabra ha abierto un campo inmenso de intervención ante el juez que se ha situado como garante real de las libertades fundamentales. Una especie de *dinámica jurisdiccional* tiende a transformar en verdaderas jurisdicciones instancias con competencias inicialmente limitadas, como el grupo de trabajo sobre la detención arbitraria de la Comisión de los derechos del hombre de la ONU. Se ha visto al Consejo de Estado francés evolucionar de una instancia de control de la acción administrativa a una jurisdicción de los derechos del hombre.[18] El Consejo constitucional, en Francia, no se concibió inicialmente como una jurisdicción sino como una instancia de partición de los terrenos reglamentario y legislativo para evitar los errores de la Cuarta República. El tercer poder se enriquece con la discordia de los dos primeros y se corre el peligro de que el árbitro, como Raminagrobis, acabe devorando a quienes recurren a él.

¿Cómo explicar que la ampliación del control del juez procede a menudo de una delegación del mismo poder político? Los ejemplos se multiplican en todos los países donde este último poder descarga ciertas tareas en el juez. La promoción del juez traduce menos un cambio de los titulares de la soberanía

---

17 G. Canivet, «Le droit communautaire et l'office du juge national», *Droit et société*, 1992, n.º 20-21, p. 141.

18 R. Chapus (cit.)., p. 275.

que una evolución de la referencia de la acción política, menos una rivalidad que una *influencia recíproca.*

Vallinder[19] diferencia, en efecto, dos formas de colonización del político por la justicia: sea directamente por la ampliación de la competencia de la justicia en detrimento del poder ejecutivo (colonización del exterior), sea indirectamente por la atracción que ejerce el modelo jurisdiccional sobre el razonamiento político (colonización del interior). La *politización del razonamiento judicial* no tiene más igual que la *judicialización del discurso político.* Las reivindicaciones políticas se expresan más en términos jurídicos que ideológicos, con los derechos individuales y formales suplantando los derechos colectivos y sustanciales.

Estos dos fenómenos —desnacionalización del derecho y agotamiento de la soberanía parlamentaria— marcan el meollo de la evolución, es decir la migración del centro de gravedad de la democracia hacia un lugar más exterior. La judicialización de la vida política atestigua este desplazamiento: ahora bien, es en los métodos de la justicia donde nuestra época reconoce una acción colectiva *justa.* Además, la justicia le ha proporcionado a la democracia su nuevo vocabulario, imparcialidad, proceso, transparencia, contradictorio, neutralidad, argumentación, etc. El juez —y la constelación de representaciones que gravitan a su alrededor— le procura a la democracia las imágenes aptas para darle cuerpo a una nueva ética de la deliberación colectiva. Eso explica por qué el Estado se desprende de algunas de su prerrogativas en instancias casi jurisdiccionales, como las autoridades administrativas independientes. ¿Por qué estas cuestiones las apreciarían mejor esas casi-jurisdicciones que él mismo? Quizá porque en la actualidad una instancia neutra e imparcial, la transparencia y la regularidad procedimental parecen más legítimas que el ejercicio en solitario de una voluntad política.

Así pues, es en una forma procedimental más que política donde la acción colectiva encuentra su validación. La aparición de la expresión «imparcialidad del Estado», que tanto ha marcado las últimas elecciones presidenciales francesas, ofrece una ilustración excelente de esta evolución de las expectativas políticas. La idea de imparcialidad pertenece al vocabulario de la justicia. Su aplicación al Estado es reveladora de una falla y de una transferencia. De una pérdida de crédito del político, en primer lugar, y de una

19 *Judicialization from within Judicialization from without,* T. Vallinder, «The Judicialization of Politics: Meaning, Forms, Background, Prospects», *Festfrift tillägnad Strömberg pa 75-ars dagen den 18 februari 1992,* Lund (Suecia), Akademibockhandlen i Lund, 1992, pp. 267-278.

reorientación de las expectativas políticas hacia la justicia, ya que es a ella a la que la opinión pública dirige sus demandas de arbitraje. La justicia encarna en lo sucesivo el espacio público neutro, y el derecho la referencia de la acción política, y el juez el espíritu público desinteresado.

LA NUEVA ESCENA DE LA DEMOCRACIA[20]

El derecho, tanto los derechos del hombre como el procedimiento, se ha convertido en referente mayor de la acción política. Tanto para traducir unas reivindicaciones como para organizar la acción administrativa. En lo sucesivo, el hombre de las democracias se representa la acción política bajo la forma del derecho y del procedimiento. Por eso está mal planteada la cuestión del activismo judicial. No se trata de la acción esporádica de algunos jueces descerebrados que quieren acabar con el poder político sino de una evolución de las expectativas en cuanto a la responsabilidad política. ¿Cómo explicar de otra manera que sean los parlamentos nacionales los que hayan acusado a Willy Claes, secretario general de la OTAN en el caso belga, y al ex ministro del Interior en el caso español? Estas instancias políticas han comprendido el mensaje y han actuado así por su supervivencia. El crecimiento del poder de la justicia no se debe entender como un deslizamiento de la soberanía del pueblo hacia el juez, sino como una transformación del sentido de la justicia. No se puede salir de esta «oposición dramatúrgica» entre la soberanía popular y los jueces, de la que habla Jacques Lenoble, más que a condición de ver que la transformación del papel del juez corresponde a la transformación de la misma democracia. Las transformaciones de la democracia contemporánea tienen menos que ver con la ampliación del poder efectivo del juez que con la importancia del *lugar simbólico* que está adquiriendo, es decir con la *posibilidad* misma de su intervención. El crecimiento del poder de la justicia tiene más un valor de signo de un cambio profundo de nuestra democracia que de una realidad concreta. Hablar del juez en singular como de una categoría en sí misma solo tiene sentido si se ve en él un tipo ideal al cual su existencia concreta no se adecúa nunca por completo.[21]

Así pues, el criterio de la *justiciabilidad* sustituye insidiosamente el de la positividad de la ley. El derecho se define menos por la coacción legítima de la ley que por la posibilidad de someter un comportamiento al examen de un

---

20 P. Rosanvallon, «La justice, nouvelle scene de notre démocratie», *Liberation,* 6 de abril de 1995.

21 J. Carbonnier, *Sociologie juridique,* Presses Universitaires de France, París, 1978, p. 194.

tercero. «Es la única eventualidad del juicio, el *eventus judici,* que es la justiciabilidad, no el juicio efectivo, y aún menos la condena.»[22]

A partir de ahí todo ha de poder cuestionarse ante una jurisdicción. Hasta la política exterior, territorio exclusivo de la soberanía política, tradicionalmente rebelde a cualquier recurso. ¿Imaginamos una organización no gubernamental (ONG) planteando querella ante una jurisdicción penal contra el ministro de asuntos exteriores de un país de la Unión Europea por complicidad en genocidio debido a la actitud de su gobierno durante el genocidio ruandés? Esta querella no tiene en la actualidad muchas posibilidades de prosperar, pero la base jurídica es plausible y los instrumentos jurídicos están disponibles, por no mencionar la resonancia mediática —que los gobernantes temen más que a cualquier otra cosa— que tal iniciativa podría tener.

Este recurso en adelante posible contra cualquier actividad del Estado está lleno de consecuencias. Al contrario de lo que algunos creen, la justicia no se dedica a ofrecer un recurso suplementario a los actores de la vida política. Tal promoción de la justicia autoriza a la *transposición de todas las reivindicaciones y de todos los problemas ante una jurisdicción en términos jurídicos.* «Casi no existe cuestión política en los Estados Unidos —decía ya Tocqueville— que no se resuelva tarde o temprano como cuestión judicial. De ahí la obligación en que se encuentran los partidos, en su polémica periodística, de pedir prestados a la justicia sus ideas y su lenguaje.»[23]

Puede ocurrir, por otra parte, que esta traducción a términos jurídicos crispe aún un poco más ciertos debates. Philippe Raynaud muestra a propósito del aborto que el debate no ha ganado necesariamente al plantearse en términos constitucionales. «Al darle a un derecho un alcance "constitucional" o no solo "legal" suben considerablemente las puestas y se corre el riesgo de radicalizar a los oponentes. [En Francia e Inglaterra] se ha legalizado la interrupción voluntaria del embarazo. En los Estados Unidos, el fallo *Roe vs. Wade,* cuyo objetivo era evitar que la legislatura se opusiese al aborto, hizo de este un derecho constitucional, lo que no ha dejado de provocar dos series de reacciones violentas; la primera ha consistido en plantear el problema en términos de "derechos del hombre", y a oponer los derechos del embrión a los de la madre: esta idea está en el centro de la retórica *pro life* y le ha permitido una extraordinaria dramatización de la discusión»[24].

---

22 *Ibid.,* p. 194.

23 A. de Tocqueville, *op. cit.,* p. 370.

24 «Tyrannie de la majorité, tyrannie des minorités», *Le Débat,* n.º 69, 1992, pp. 55-56.

Un lugar con visibilidad

El lugar simbólico de la democracia emigra silenciosamente del Estado hacia la justicia. En un sistema providencial, el Estado es todopoderoso, puede colmarlo todo, repararlo todo, suplirlo todo, Y he aquí que, ante sus desfallecimientos, esta esperanza se dirige a la justicia. Desde ahora es en ella, y por tanto fuera del Estado, donde se busca la consagración de la acción política. El éxito de la justicia es inversamente proporcional al descrédito que afecta a las instituciones políticas clásicas debido a la crisis de desinterés y de la pérdida del espíritu público. El tercero imparcial compensa el «déficit democrático» de una decisión política destinada ahora a la gestión y le da a la sociedad la referencia simbólica que la representación nacional le da cada vez en menor medida. Al juez se le llama al rescate de una democracia en la cual «un legislativo y un ejecutivo debilitados, obsesionados por plazos electorales siempre presentes, ocupados tan solo a plazo corto, sometidos al temor y a la seducción de los medios, intentan gobernar día a día a ciudadanos indiferentes y exigentes, replegados en sus vidas privadas, aunque esperando del político lo que no es capaz de dar, una moral, un proyecto amplio».[25]

Esta promoción parece inscrita en el desarrollo mismo de las sociedades democráticas. Es pues ahí, en la evolución de lo imaginario democrático, donde hay que buscar las raíces profundas de la ascensión del juez.

La justicia, en efecto, es ante todo una *escena*. Tan lejos como nos remontemos en el recuerdo, se la ve relacionada con un espacio circunscrito, con una suspensión del tiempo, con un debate y con la figura de un tercero. Esta escena ofrece una inagotable reserva de imágenes —y de sentidos— en la que una democracia inquieta busca sus cimientos. La escena judicial le permite a la democracia representarse en los dos sentidos del término, comprenderse y salir a escena. Le ofrece a un mundo que se hace oscuro para sí mismo y a una sociedad ciega acerca de sus proyectos la ocasión de mirarse a la cara. Los procesos circunscriben nuevas puestas, plantean problemas sociales, hacen visibles categorías de población, fabrican esperanzas, señalan los enemigos y definen la angustia. Philippe Raynaud subraya que la puesta principal de acciones judiciales de minorías ante el Tribunal Supremo norteamericano es «hacer que se admita que tal o cual grupo, en su particularidad, forma parte de la comunidad nacional, cuya diversidad interna tiene como contrapartida secreta el hecho de que no basta ser formalmente ciudadano de los Estados Unidos para ser plenamente "americano"».[26]

---

25 J. D. Bredin, «Un gouvernement des juges?», *Pouvoirs,* 1994, París, p. 81.

26 P. Raynaud, «La démocratie saisie par le droit», *op. cit.,* p. 25.

La cooperación entre los diferentes actores de la democracia no la asegura ya el Estado sino el derecho, que se plantea así como el nuevo lenguaje político en el que se formulan las reivindicaciones políticas. La justicia se convierte en *lugar de exigibilidad* de la democracia. Ofrece potencialmente a todos los ciudadanos la capacidad de interpelar a sus gobernantes, de tomarles la palabra y hacerles respetar las promesas contenidas en la ley. Les parece que la justicia ofrece una posibilidad de acción más individual, más próxima y más permanente que la representación política clásica, intermitente y lejana.

En esta nueva forma, la dimensión colectiva del político desaparece. El debate judicial individualiza las apuestas: la dimensión colectiva se expresa en él, por supuesto, pero de forma incidental, por añadidura. Favorece un compromiso más solitario que solidario. Mediante esta forma más directa de democracia, el ciudadano querellante tiene la sensación de que es más dueño de su representación. Reivindica, en efecto, ser más activo, dueño de su propio destino y ya no acepta volver a la lucha colectiva; de ahí los favores actuales para la mediación, la negociación o la conciliación, que no son más que el reverso del proceso. En un pretorio, la reivindicación no depende ya de la relación de fuerzas entre dos entidades políticas —un sindicato y el gobierno, por ejemplo— sino de la pugnacidad de un individuo que por sí mismo puede hacer claudicar a un Estado, estando los dos de forma ficticia en pie de igualdad.

Una inversión de los lugares

La justicia es objeto de una súbita inversión de tendencias: de secundaria pasa a ser primaria. Mientras el derecho solo era la moral de las relaciones frías, comerciales o políticas, tiende a convertirse en el principio de toda relación social. Nuestros contemporáneos recurren a él para que arbitre en sus conflictos más íntimos. Mientras se dedicaba a sancionar las diferencias, he aquí que se le pide al juez que ejerza un verdadero magisterio con las personas más frágiles. Mientras que el conflicto era una amenaza de disolución del vínculo social, se transforma en una ocasión de socialización. La jurisdicción es desde ahora una forma normal de gobierno. La excepción se convierte en regla, y el proceso, de ser el ordenamiento de un conflicto, se convierte en la forma ordinaria de gestión de sectores enteros, como la familia o la inmigración. Mientras se la consideraba negativa y punitiva, la justicia se hace positiva y constructiva. Mientras que la institución judicial acusaba un cierto retraso en cuanto a las costumbres, comporta desde ahora las esperanzas del cambio. Se la creía instituida, y ahora se la ve instituyente.

El paso de un derecho garantizado por el Estado como una especie de alianza entre él y sus súbditos a un juez fundador de una comunidad no es obvio. Mientras que, según la concepción clásica, el juez está sometido a la ley y solo deriva de ella el derecho de juzgar, en la actualidad el juez tiende a alzarse por encima de la ley y convertirse en «decidor» de derecho. ¿En nombre de qué puede el juez pretender ser instituyente?

Cuando la justicia no era más que el brazo armado del poder político o de las costumbres no se esperaba de ella más que una consagración: moralizar la represión o sancionar las costumbres. Cuando todos los sistemas de sentido capitulan, cuando el mundo común se disgrega, cuando el Estado se vuelve más modesto, a ella es a la que se vuelve para llenar este vacío. Al no deducirse ya grandes sistemas de sentido como las ideologías, al no poder ya apoyarse en la fuerza del Estado ni en una aplicación casi mecánica de la ley positiva, la cuestión de lo justo se plantea de una forma nueva. El derecho ya no es el instrumento de la conservación social sino de su contestación; se plantea desde ahora como la *fuente* de una sociedad que se constituye en la investigación de sí misma.

Tal inversión de lugares entre la justicia y el Estado está llena de consecuencias. Al instaurar tal distancia entre los poderes públicos y el origen del sentido, la democracia se condena a un desfase permanente que la diferencia del Estado totalitario. Al elegir la justicia como nueva escena, la democracia pone al derecho positivo en un déficit permanente. El derecho contemporáneo, emancipado en la actualidad del Estado, excede siempre lo establecido, y la justicia, especialmente la constitucional, se plantea como el lugar de arbitraje permanente entre el ideal de vivir unidos y la dificultad de la acción política.

De la celebración de la unidad a la división asumida

Ante un alejamiento de las instituciones y una desincorporación del poder, el juez aparece como la forma de poder más próxima y sobre todo más *incorporada.* Este es quizás uno de los motivos de su éxito actual. Su presencia acerca el poder, da un rostro a la autoridad de la colectividad, con su preeminencia sobre lo particular. «La noción de soberanía, escribe Pierre Bouretz, se despliega en una trayectoria de abstracción creciente o bien, si se prefiere, de desincorporación progresiva»[27]. Ya no es en la figura del rey o en la unidad de la nación donde se reconoce la sociedad democrática sino en el espectáculo de su división sublimada que presenta la escena judicial. No es la gloria del juez lo que ahí se celebra sino la capacidad de la comunidad política de crear orden a partir de una división asumida.

---

27 P. Bouretz, «Progrès du droit», *Le Débat,* n.º 74, 1993, p. 161.

La justicia no hace una representación de la paz, no inspira la idea de un orden armonioso sino, por el contrario, la del conflicto, de la dialéctica, del enfrentamiento, de la discordia. La particularidad de la escena judicial es que no celebra la armonía sino más bien la división o, más exactamente, el paso de la división a la unidad recuperada. La democracia engendra el conflicto, ésa es una de sus diferencias con el sistema totalitario. «La sociedad democrática es una sociedad que se apoya en una secreta renuncia a la unidad, en una sorda legitimación del enfrentamiento de sus miembros, en un abandono tácito de la esperanza de unanimidad política.»[28] El sistema totalitario se caracteriza, por el contrario, por el rechazo de esa división original y la afirmación de la unidad social, de la supresión de las clases, de la identidad del Estado y el pueblo. Si el totalitarismo se nutre del fantasma de la posible reabsorción de la división, la sociedad democrática asume hasta el final ese «desgarramiento interior».

Pertenece, además, a la naturaleza misma de esta nueva escena de la democracia el ser múltiple. Una jurisdicción digna de este nombre no resuelve por unanimidad en primera y en última instancia. La justicia ofrece el espectáculo de un poder desmultiplicado, él mismo dividido, siempre susceptible de recurso, apelación, revisión. Esta escena está, pues, descentralizada por esencia: se opone a la concentración del poder. No pertenece a nadie ya que cada ciudadano tiene la vocación de ser alternativamente querellante o juez. Ya no es posible seguir hablando de una escena única de la justicia que acudiría a relevar a la figura central del poder. La idea de *un* juez en singular que ocuparía él solo la escena de la democracia no es aceptable en tanto que se encuentran en la realidad *unos* jueces con funciones, legitimidades y cualidades muy distintas. Al contrario que el poder político que se concentra en las manos de un solo hombre, la justicia viene asegurada por diferentes órdenes de jurisdicciones o por unos jueces reunidos en un cuerpo. Lo que se designa de forma genérica como «poder judicial» está necesariamente compuesto por muchos órdenes de jurisdicciones de funcionamiento muy diverso. La línea de salida es cada vez diferente, pero se encuentran fronteras en todas partes: entre jurisdicciones estatales y federales en los Estados Unidos y en Alemania, administrativas y judiciales en Francia, religiosas y estatales en Israel, entre justicia no profesional en primer grado y jueces profesionales en Gran Bretaña. En ningún país existe, al parecer, un solo orden de jurisdicción, es decir, hablando con propiedad, un poder judicial. Esta multiplicidad se ve reforzada por la naturaleza misma de la decisión de justicia, siempre suscep-

---

28 M. Gauchet, «L'expérience totalitaire et la pensée du politique», *Esprit*, n.º 7-8, 1976, p. 16.

tible de recurso, que hace que se examine un caso en diferentes jurisdicciones. Estamos en los antípodas de la política tradicional, en que el único que decide expresa su voluntad de inmediato y de forma definitiva.

Una sociedad condenada a un desfase permanente

En esta nueva escena no es el orden sino el desorden lo que aparece de una forma natural. Así pues, se comprende mejor por qué el conflicto puede aparecer como una ocasión de socialización. En esta división asumida provisionalmente es donde la democracia encuentra su identidad. Esas reivindicaciones en nombre de los derechos del hombre son suficientemente heterogéneas como para que no se mantenga la ilusión de una solución global. ¿No es lo propio de la democracia abrir el espacio para una reivindicación continua, indefinida, desplazándose de un lugar a otro, transversalmente? La democracia encuentra su unidad y su permanencia en esta búsqueda perpetua de sí misma en nombre del derecho, en esta búsqueda infinita de su equilibrio y en el reconocimiento de la finitud. La renuncia a la unidad le permite a la sociedad apartarse de la tutela del Estado y acceder con lo mismo a una experiencia de sí misma plural, abundante, bajo el signo de una reconsideración permanente en nombre de la nueva referencia a los derechos del hombre.

Ese deslizamiento del centro de sentido de la democracia desde el Estado hacia el derecho y la justicia corresponde al final del sueño de la unidad y al reconocimiento de la división. Se comprende la dificultad particular que la entrada en escena de la justicia le plantea a Francia, donde la unidad política se ha establecido en torno a la imparcialidad del Estado y a su corolario, el desinterés y el amor al servicio del Estado. «En nuestro universo político, dice Joël Roman, la unidad nacional es indivisible. El menor conflicto adquiere por ello una dimensión fundamental que compromete la totalidad de la vida política, de los valores políticos referenciales. Enseguida el adversario es un mal francés. También por eso no nos gustan los partidos políticos: muestran una división que nunca hemos dejado de negar.»[29] Este temor a la fragmentación social justifica en nuestro país un ejercicio centralizado del poder. Esta concepción pone de manifiesto una concepción indivisible de la Verdad que tiene más necesidad de servidores devotos y capaces de hacer la síntesis del interés general que de discutidores que apoyen intereses privados y antagónicos. Eso explica esa especie de corrupción por proximidad que florece hoy en el círculo muy restringido de los caciques de la política y de la anarquía.

---

29 J. Roman, *Le Monde,* 15 de septiembre de 1992.

Semejante paisaje democrático no puede dejar de suponer nuevos peligros. El exceso de derecho puede desnaturalizar la democracia, el exceso de defensa paralizar cualquier toma de decisión, el exceso de garantías hacer que la justicia caiga en una especie de moratoria ilimitada. A fuerza de verlo todo a través del prisma deformador del derecho, se corre el riesgo de criminalizar el vínculo social y reactivar la vieja mecánica sacrificial. La justicia no puede sustituir al político, a riesgo de dar paso a la tiranía de las minorías, o a una especie de crisis de identidad. Dicho brevemente, un mal uso del derecho es tan amenazador para la democracia como un exceso de derecho.

La democracia jurídica ya no se puede pensar más que de una manera negativa y defensiva. Puede producirse una implosión. A fuerza de multiplicar los derechos se pierde la idea de derecho; a fuerza de pensar la libertad en términos negativos, se olvida que también es positiva, con la posibilidad —o la necesidad— de participar en el debate sobre el derecho. Por no pensar en los contrapoderes, ya no se sabe cómo pensar en la obligación, por no saber distinguir entre la violencia legítima y la violencia ilegítima, ya no se sabe determinar la deuda, es decir el derecho de entrada en la vida en común. Investida con tales poderes, la justicia corre el gran riesgo de decepcionar. Para prevenir un tal hundimiento de la democracia, que podría serle muy perjudicial, hay que analizar las paradojas con las que se enfrenta, y en primer lugar entre estas, por supuesto, el poder inédito que se atribuye a los jueces.

CAPÍTULO II

EL PODER INÉDITO DE LOS JUECES

¿Cómo evitar que el bien común que es la justicia vaya a parar a una casta de clérigos tan amenazadora para la democracia como los burócratas de antaño? ¿No se corre el riesgo de incrementar el número de procesos de los que se nutre esta corporación? ¿Cómo precaverse contra el espectro de una sociedad de litigantes? Al otro lado del Atlántico, algunos cobran conciencia de la amenaza que hace pesar sobre la democracia el exceso de derecho y de justicia. ¿No debiéramos inspirarnos en ellos antes de que el mal sea irreversible entre nosotros? En Francia, muchos se niegan a tomarse en serio el peligro, considerándose protegidos por nuestra cultura. ¿No hay que anticiparse a la enfermedad e inmunizarse? Si es que sí, ¿de qué manera?

El papel de los guardianes de la virtud pública se les da a los juristas y más particularmente a los jueces, que se convierten de forma bastante evidente en la conciencia moral de la vida social, política y económica. Así ven estos su alejamiento de la política y del dinero, de lo que aún se quejaban amargamente, convertirse súbitamente en ventaja. Quieren presentarse como el último refugio de la virtud y del desinterés en una República abandonada por sus sacerdotes. Esta demanda despierta al viejo demonio inquisitorial siempre presente en la imaginación latina. Estas nuevas apuestas sorprenden a una magistratura poco preparada para este papel. De ahí los desbordamientos, poco numerosos, es cierto, pero que sin embargo merecen que se los analice, aunque solo sea para conjurarlos.

Gobierno de los jueces, activismo jurisdiccional, protagonismo judicial, tentación de la justicia redentora... No faltan palabras para designar los nuevos peligros que la justicia puede hacer que corra la democracia. ¿Cómo progresar en este debate pasional, a menudo exagerado, entre justicia y democracia? La expresión inglesa *judicial discretion* —literalmente «aquello que se deja a la discreción del juez»— parece más adecuada para designar el poder de este último, que si bien nunca es inexistente, tampoco es total. El actual presidente del Tribunal Supremo de Israel. Aharon Barak[30], advierte oportunamente que no se puede hablar de activismo del juez cuando este tiene que elegir entre una solución jurídicamente correcta y otra que no lo es. Entonces no se trata ya de activismo sino de incompetencia. El activismo empieza cuando entre muchas soluciones posibles la elección del juez se ve animada por el deseo de acelerar el cambio social o, por el contrario, de frenarlo.

El juez puede interferir en la vida política de dos maneras: bien directamente por una decisión, o bien indirectamente mediante la intermediación del cuerpo al que pertenece. El juez no existe, de hecho, fuera de una institución. Las formas de intervención no son homogéneas y cambian de una cultura a otra. El «protagonismo judicial» de los pequeños jueces, que florece en la Europa latina (Francia, España, Italia, Bélgica) no se encuentra en culturas impregnadas desde hace tiempo por la justicia. En los países del *Common Law,* la influencia política de los jueces es quizá menos visible porque es más antigua. El activismo adopta entonces dos formas: bien la de nueva clerecía de juristas si el cuerpo de los jueces es poderosos, o bien, a la inversa, la de algunas individualidades apuntaladas por los medios de comunicación si la magistratura no tiene una gran tradición de independencia.

Exceso de distancia al soberano, abolición de toda mediación institucional: estas dos derivas tienen algo de simétrico. Se perciben con más facilidad los peligros de una justicia falta de independencia que los de una justicia demasiado aislada del soberano. Denunciar a una justicia sometida al poder siempre es de hecho criticar al Estado. Pero ¿cómo limitar las amenazas procedentes de los mismos contrapoderes? Se siguen organizando las garantías del Estado democrático a partir de la hipótesis implícita de un riesgo procedente del centro (presión sobre los jueces, solapamiento del ejecutivo con lo judicial, etc.) cuando el peligro procede igualmente, de forma absolutamente inesperada, de los *excesos de la descentralidad.*

LA DERIVA ARISTOCRÁTICA

Las relaciones entre justicia y política se pueden organizar según dos modelos. El primero, burocrático, está extendido sobre todo en los sistemas de derecho continental, mientras que el segundo, profesional, se encuentra en los países del *Common Law.* Estos dos tipos, que nunca se encuentran en estado puro, están en la actualidad en plena evolución.

---

30 A. Barak, *Judicial Discretion,* Yale University Press, New Haven. 1989.

En el modelo burocrático más frecuente en el Continente, los jueces se eligen por oposición abierta entre los estudiantes, por lo general inmediatamente después de los estudios universitarios. La organización está jerarquizada. La promoción, que supone una cierta competencia a lo largo de toda la carrera, se produce sobre la base de la antigüedad y del mérito. En el segundo, que se puede denominar aristocrático, los jueces se reclutan a mitad de la carrera entre la pequeña corporación de los abogados *(barristers)* para ocupar directamente un puesto elevado que, en la mayoría de los casos, no abandonarán. Este modelo casi no conoce jerarquía interna ni tampoco, pues, promoción.

El dualismo francés

El sistema francés parece, así, a primera vista, encamar el modelo burocrático más puro. En realidad, este monolitismo de la fachada esconde una combinación bastante original de los modelos burocrático y aristocrático. Tras un análisis, la justicia administrativa, compuesta por el Consejo de Estado, tribunales administrativos de apelación y tribunales administrativos, resulta mucho más emparentada con el modelo aristocrático que con el modelo burocrático.

Son numerosas las características comunes entre la justicia inglesa y el Consejo de Estado. En primer lugar, su historia: el camino desde el centro a las provincias (la creación de los tribunales administrativos de apelación es muy reciente) contrasta con el proceso inverso seguido por lo judicial (el Tribunal de Casación solo vino a ver la luz siglos después que los Parlamentos del Antiguo Régimen). Su papel en la construcción del Estado de derecho ha sido también determinante[31]. Su reclutamiento es idéntico ya que la alta jurisdicción administrativa incorpora asimismo, además de las mejores

31 Para B. Barret-Kriegel, el Estado de derecho ha sido obra de la administración en Francia, mientras que en Inglaterra ha sido fruto de la acción centralizadora de los jueces itinerantes. «Inglaterra es un Estado de derecho "puro", Francia no es más que un Estado de derecho aproximado. La centralización se produjo entre nosotros tardíamente por la vía administrativa de los comisarios reales y los intendentes financieros, contra el personal de la justicia que se había convertido en un cuerpo intermediario y rebelde a la autoridad central; la centralización se produjo en Inglaterra precozmente por la vía jurídica entre los jueces reales, agentes celosos de la autoridad monárquica. Aunque no es el juez el que detenta entre nosotros la autoridad, es el funcionario y, entre todos los funcionarios, el recaudador de contribuciones.» B. Barret-Kriegel, *L'État et les esclaves,* Payot, París, 1989, p. 128.

cabezas de la Escuela nacional de administración, a algunos miembros de la flor y nata de la función pública en plena carrera al final de un proceso exento hasta fecha reciente de toda transparencia y muy explícitamente político[32]. Tal proximidad a una casta profesional —los *barristers* para los jueces ingleses, la alta función pública para el Consejo de Estado— secretará dos sensibilidades opuestas: el origen de los jueces del *Common Law* —la práctica liberal— hace que estos sean más sensibles a los problemas de los gobernados que a los de los gobernantes, al contrario que los jueces del Palais-Royal, que se identifican, a la inversa, más con el administrador que con el administrado. Eso tiene como consecuencia que, en un caso, la justicia aparezca como el amparo contra la intrusión del Estado y en el otro como la corrección del poder benefactor y tutelar del Estado. En los dos casos, el corto número, que permite a cada uno conocer personalmente a todos sus colegas, establece una disciplina muy eficaz. La jerarquía interna es muy débil o inexistente debido al bajo número de grados que ascender y a la ausencia de ascensos por motivos distintos a la antigüedad (no se hace carrera en el Consejo de Estado, se es o no se es...). La naturaleza del derecho, finalmente, es muy parecida, a saber un «*judge made law*».

Estos dos cuerpos de jueces desafían los criterios racionales de una buena justicia: cuando se podría temer que esa proximidad constituyese un menoscabo de la independencia, lo que ocurre es todo lo contrario. No hay jueces más independientes de los *barristers* que los jueces ingleses, ni árbitros más imparciales para los funcionarios que los consejeros de Estado. La autoridad del Consejo de Estado no parece menoscabarse por la ausencia casi total de un estatuto ni por contar en su seno con algunos hombres políticos de envergadura nacional, ni por la confusión entre la función contenciosa y la función consultiva que a un observador alejado podría sorprenderle a justo título; por el contrario, esta proximidad a la cosa política parece darle un conocimiento muy íntimo de la materia, y esta debilidad orgánica se convierte en fuerza política. Nadie habla del activismo del Consejo de Estado, y sin embargo este ha sido particularmente activo en la construcción del Estado de derecho en Francia.

Dos rasgos caracterizan esta forma de funcionamiento: por una parte, el control es más sociológico que político, y por otra parte, si bien la independencia externa está muy consolidada, a menudo es al precio de un fuerte control interno en el cuerpo.

---

32 Por ejemplo, tres antiguos ministros socialistas, y no de menor importancia (Finanzas, Interior y Justicia) han sido nombrados para el Consejo de Estado con ocasión del cambio de mayoría en 1992.

Control sociológico y vínculo político

Las relaciones entre la justicia y el Estado no generan solo tensiones políticas, enfrentan también diferentes categorías sociales. Estas relaciones deben considerarse de manera a la vez orgánica y sociológica. En el trasfondo de las competencias, el conflicto del juez y del poder político expresa la rivalidad de fuerzas sociales diferentes. «La burocracia de la monarquía francesa defendía no solo la prerrogativa real, sino, a través de ella, su propio poder y su prestigio social contra el cuerpo de los hombres del Parlamento. Debates comparables enfrentaban en la Inglaterra del siglo XVIII, por una parte, a la burguesía terrateniente con la Corona y los Lores, y por otra, a la clase media mercantil con los tribunales de justicia.»[33]

En el modelo aristocrático, el control sobre los jueces es más bien de naturaleza sociológica. Se ejerce de dos maneras: en primer lugar, por medio de un cuerpo judicial muy restringido y muy homogéneo, y luego mediante el reclutamiento de los jueces en el seno de una misma clase social, la alta burguesía o la aristocracia. La proporción de personas surgidas del mismo molde es tan alta en un caso como en otro: los *Inss of Court* en Inglaterra, la ENA (Escuela Normal de Administración) en Francia. Este doble control –poco visible– le asegura sin embargo al mundo político la homogeneidad del cuerpo y lo previsible de sus orientaciones generales[34]. La neutralidad política queda garantizada, aunque al precio de un reclutamiento opaco y poco democrático. La designación de los jueces en Gran Bretaña era hasta fecha muy reciente absolutamente secreta, al contrario que en Francia, donde los jueces se eligen al final de una oposición abierta a todos.

El gran reconocimiento de que disfrutan los jueces ingleses o los miembros del Consejo de Estado les viene dado quizá por la comunicación privilegiada que mantienen con las elites, a saber los abogados en Gran Bretaña, los altos funcionarios en Francia. El incremento de poder del magistrado judicial en Francia, que no pertenece precisamente a estas elites, podría analizarse como la reivindicación de una nueva burguesía de negocios que no se siente representada ni por la clase política ni entre los altos funcionarios, que están tan próximos. Algunos sienten la tentación de ver en los «casos» que han florecido estos últimos años en Francia la acción de un nuevo tercer estado movido a la vez por una nueva moral y por un deseo de promoción social,

---

33 G. Lavau, «Juge et pouvoir politique», *La Justice*, Presses Universitaires de France, París, 1961, P. 65.

34 C. Guarnieri, «Justice et politique: le cadre institutionnel», *Les Cahiers français*, La Documentation française, París, 1994, n.° 268, p. 58.

buscando sus portavoces —como en 1789— en la nobleza de toga encamada por el poder judicial. Los jueces sería la vanguardia de una revolución social que desea convertirse en política. Ambición que mantienen los magistrados, y posteriormente vuelta en contra de ellos, como todas las revoluciones dispuestas a devorar a sus propios hijos. «Es en parte la rebelión de una nueva burguesía media de una nueva clase ascendente, asustada y voluntariosa. Una burguesía que ya no confía en los partidos clásicos después de la desaparición de la amenaza exterior del comunismo. La clase media expresa así su miedo a verse desclasada, de la misma manera que sus hijos irán por el extranjero; de esa manera es el mismo miedo lo que se expresa, el del desclasamiento. Se trata pues de una rebelión de una parte de la burguesía contra la otra»[35].

Independencia interna e independencia externa

Tradicionalmente se distinguen la independencia externa, que es la libertad de la que disfruta globalmente la magistratura en relación con los demás órganos políticos, y la independencia interna, que es la que disfrutan sus miembros en el interior del cuerpo. En las magistraturas del *Common Law*, como la inglesa, la independencia externa queda bien asegurada, pero la independencia interna es muy pequeña. La independencia de la magistratura es muy grande... en detrimento de la del juez. La cohesión del derecho se asegura de dos maneras: mediante la homogeneidad del cuerpo y mediante una centralización judicial muy rigurosa. La influencia del Tribunal de apelación, un colegio único situado en Londres, se impone, especialmente en materia penal, en la que las penas vienen indicadas de forma conminatoria en los conocidos *Guidelines*[36]. El juez continental es mucho más libre, y si en ciertos aspectos goza de menos prestigio, tiene más poder.

No se concibe en Francia una misma unidad sociológica para un cuerpo de casi ocho mil magistrados reclutados por oposición anónima. Las disparidades sociales, ideológicas y geográficas son mucho más marcadas. Toda magistratura, dijo Rousseau, «se debilita, como el gobierno, debido a la multiplicación de sus miembros»[37]. Un cuerpo respetado necesita una cultura común

---

35 B. Spinelli, «Édouard Balladur y los cuarenta ladrones, una revuelta del tercer estado contra los enarcas y los notables», *La Stampa* (Turín), reproducido en *Le Courrier international,* 8 de diciembre de 1994.

36 Se trata de recopilaciones de jurisprudencia que indican con precisión la cuantía de las penas a pronunciar según las características del caso.

37 J.-J. Rousseau, *Du contrat social,* Gallimard, París, 1964 (edición, presentación y notas de Robert Derathé), p. 277.

fuerte y homogénea. Esto explica que una magistratura numerosa y heterogénea tenga que compensar mediante una jerarquía fuerte y un estricto control interno sus disparidades culturales, que son la contrapartida inevitable de un reclutamiento democrático, se trate este de oposición o de elección. En Estados Unidos, donde muchos jueces son electos, esta disparidad se constata aunque de forma menos acusada, al ser más arbitral el papel del juez.

El funcionamiento aristocrático

La deriva que acecha a las justicias creadas según este modelo es que se constituya una especie de nueva clerecía que escape a todo control democrático. Tocqueville ya había presentido la aparición en la democracia de una nueva casta de juristas que iba a tomar el relevo de la aristocracia, destinada a desaparecer. Los legalistas comparten con esta última muchas características: el gusto por el orden, el apego a las formas y el conservadurismo, la práctica del derecho con una natural preferencia por el orden sobre la aventura. «Sin esta mezcla del espíritu legalista y el espíritu aristocrático, dice Tocqueville, no creo que la democracia pueda gobernar mucho tiempo la sociedad, y no puedo creer que en nuestros días una república pueda esperar que se conserve su existencia si la influencia de los legalistas no crece en la misma proporción que el poder del pueblo»[38]. Esta característica es más acusada en los países del *Common Law,* en los que el derecho es indescifrable para un no jurista. El derecho continental, más claro y más accesible a todos, predispone menos a tal ruptura.

Este riesgo de apropiación de la soberanía por parte de una elite de clérigos se ve hoy decuplicada, cualquiera que sea la cultura jurídica del país, debido a la mundialización de la economía, que coloca el derecho en su centro. Esta apertura, dice Lucien Karpik[39], no coge desprevenidos a los juristas, habiéndose manifestado estos a menudo en la historia dispuestos a erigir lo universal contra lo particular en cuanto al papel de la nobleza de toga con motivo de la unificación del poder real en Francia. Ya no son los grandes agentes del Estado quienes pasan por modernizadores, ni siquiera los intelectuales como a principios de siglo con ocasión del asunto Dreyfus, sino que son los juristas los que se presentan como los nuevos artesanos de lo universal.

Al remitirnos al derecho en toda ocasión corremos el riesgo de concebir a los actores de la vida democrática como técnicos encargados de crear nor-

38 A. de Tocqqueville, *De la démocratie en Amérique, op. cit.,* p.

39 L. Karpik, *Les Avocats,* Gallimard, París, 1995.

mas en interacción con grupos de presión cada vez más especializados en la defensa de sus intereses. Al someterlo todo al juez, nos vinculamos a nuevos sacerdotes que hacen que la ciudadanía no tenga objeto. Eso desvaloriza el papel del ciudadano, confinado a ser un consumidor, un telespectador y un demandante. El riesgo es el de evolucionar hacia una organización clerical del poder. Y confiscar la soberanía.

El control político de la magistratura francesa

El modelo burocrático función de manera casi simétrica pero a la inversa. En muchos países del *Common Law* el reclutamiento de los jueces es político, como en los Estados Unidos (recordemos la dificultad de muchos presidentes norteamericanos para conseguir el apoyo del Congreso después de haber escuchado antes a un juez), o antidemocrático, como en Inglaterra, aunque el poder político pierde todo control sobre la carrera a continuación. En el modelo burocrático, como en Francia, es todo lo contrario lo que se produce: el reclutamiento de los jueces por oposición es absolutamente democrático, pero la carrera es política. ¿Cómo se ejerce esta influencia? A la vez, mediante la jerarquía y mediante la debilidad política de la magistratura. Esta influencia que se ejerce desde la cumbre será tanto más clara cuanto más fuerte sea la cohesión del cuerpo judicial y más respetada su jerarquía.

La magistratura judicial ha perdido toda influencia política desde la Revolución. Una forma de vencer la importancia de los Parlamentos del Antiguo Régimen fue dividir la justicia en muchos cuerpos y confinarlos en terrenos concretos. El Estado ha aislado todas las materias susceptibles de afectarle afectando con ello a sus elites, y ha confiado el resto, es decir esencialmente la familia, la propiedad y lo penal, a lo judicial. Semejante reparto de tareas, que no encubre la diferenciación entre derecho público y derecho privado (¿qué hay más público que lo penal?), es esencial para comprender la forma en que Francia ha dispuesto la separación de poderes. Eso explica que la magistratura judicial forme desde esa época un cuerpo provincial, apartado de los problemas del Estado y replegado sobre sí mismo, sin ofrecer mucha resistencia a la influencia política. El poder político no encuentra en el orden judicial una elite tan poderosa como la del Consejo de Estado.

El modelo profesional del juez hay que buscarlo en el Tribunal Supremo (de Casación), o de la doctrina, es decir de la élite universitaria para los «arrêtistes»[40], y sobre todo en la alta función pública. Durante mucho tiempo

40 Es decir, los magistrados veteranos que redactan decisiones bien argumentadas que se comentarán en las revistas jurídicas.

los jueces han compartido con sus primos de la función pública una misma identificación «a la francesa» del alto funcionario. El gran «agente» colbertiano, por encima de la pertenencia política, era garante para las elites francesas contra la partidocracia que se constata en otros países latinos, como Italia. El vínculo entre la clase política y la magistratura se establecía por la mediación de altos magistrados que habían estado junto a la clase política en su paso por las oficinas ministeriales o de otras funciones administrativas importantes. Este fenómeno se ve acelerado por la ausencia de un cuerpo público de juristas de derecho privado y por la idea —dudosa— de que los jueces solo pueden ser administrados por otros jueces.

La jerarquía en sí misma abre las puertas a la influencia política. «La ambición de los magistrados, explica Tocqueville, se ve continuamente alentada y les hace depender naturalmente de la mayoría o del hombre que decide las vacantes: se prospera en los tribunales como se gana graduación en el ejército. Este estado de cosas es completamente contrario a la buena administración de la justicia y a las intenciones del legislador. Se desea que los jueces sean inamovibles para que se mantengan libres, *pero ¿qué importa que nadie pueda arrebatarles su independencia si ellos mismos la sacrifican voluntariamente?*»[41] Una brillante carrera de juez no se hace —o raramente se hace— en la jurisdicción sino pasando por el ministerio de Justicia, mediante un destino en otra administración, o —y este es el camino real— pasando por un consejo de ministros. La mayoría de los jefes de las jurisdicciones importantes han pasado por esos «aceleradores de carreras». Es paradójico ver a un cuerpo de jueces manifestar un cierto desdén, más o menos simulado, ante la jurisdicción que sin embargo es su razón de ser. «Todo el tiempo pasado en la jurisdicción es tiempo perdido para la carrera», se complacen en decir entre jueces. Es forzoso constatar que hoy, en Francia, la afiliación política se remunera mejor y más deprisa que la profesionalidad.

Debido al hecho de la separación del derecho público y del privado, los contactos entre justicia y política se han realizado durante dos siglos a través del Consejo de Estado, mientras que lo judicial se mantenía aparte de los asuntos del Estado. Los riesgos actuales de enfrentamiento entre los jueces y la clase política —o la clase económica— son tanto mayores cuanto que los mediadores potenciales están ausentes debido a la separación radical entre justicia administrativa y justicia judicial. Al marginar la justicia y frustrar así a los jueces, tanto material como políticamente, el Estado corre el riesgo de atizar las *crispaciones corporativistas* y las *derivaciones populistas.*

---

41 A. de Tocqueville, *op. cit.*, t. I, p. 337 (el subrayado es mío).

Un control jerárquico que no funciona

La entrada de la justicia en la escena política ha trastornado este funcionamiento tradicional. Pierde importancia la jerarquía judicial, que mantenía la cohesión del cuerpo y garantizaba la unidad de la jurisprudencia. El control interno de la jerarquía se siente cada vez más como un ataque contra la independencia. El poder de la jerarquía se hace más incierto. Mientras, según modelos burocráticos inquisitoriales, las funciones de responsabilidad se encuentran al principio de la carrera (juez de instrucción, juez de menores, sustituto especialista, etc.) y tienden a disminuir a medida que se asciende en el escalafón. En un tiempo que tanto valora la expansión personal en el trabajo, la colegialidad es frustrante, el margen de iniciativa casi nulo, las ocasiones de valoración personal casi inexistentes, y la innovación jurídica, en suma, bastante rara. De ahí el atractivo de funciones con un juez único, más gratificantes y más visibles, como la instrucción.

El grupo de referencia de los jueces franceses, es decir, las personas a las que los jueces, conscientemente o no, vinculan su comportamiento y que contrasta su excelencia profesional, se transforma. Hoy pasa de la figura del alto funcionario y del político hacia la del abogado de negocios o del juez mediático. Se vuelve hacia la jurisdicción, hacia los jueces extranjeros, hacia los jueces que tienen a su cargo casos importantes (terrorismo, corrupción). Este movimiento hace que la justicia francesa evolucione desde el modelo burocrático hacia un modelo sin jerarquía como en el del *Common Law*. Nos encontramos así en un período intermedio en el que los jueces ya no están tan rigurosamente contenidos por el sistema continental (de leyes precisas y apremiantes, con una jerarquía fuerte), sin tener aún las servidumbres del otro sistema (legitimidad profesional confirmada, exigencia de transparencia, neutralidad política...). Estas evoluciones inspiran dos temas de reflexión que aparecerán probablemente como centrales en los próximos años: ¿cómo concebir otra jerarquía para las magistraturas continentales en este nuevo contexto? ¿Cómo hacer que la promoción en la carrera sea menos sensible a la influencia política?

LA TENTACIÓN POPULISTA

La jerarquía de la justicia no es solo una amenaza para la independencia del juez, también garantiza una cierta unidad del derecho, esencial para la democracia. El activismo jurisdiccional en los sistemas burocráticos ha puesto de manifiesto un nuevo riesgo, el de una disgregación de la justicia. La magistratura acaba por parecerse menos a un poder instituido que a una suma de individualidades. Esta relajación de la presión jerárquica es tanto más notoria en Francia en cuanto que la pirámide actual hace que se aleje, para la gran mayoría de los jueces, una perspectiva de promoción significativa.

No toda la magistratura sucumbe a la tentación populista, lejos de eso. La reciente decisión del fiscal de París de no perseguir al Primer ministro es muy interesante al respecto. No solo no es subversiva la decisión sino que sorprende por su gran legalismo, lo que deja sin objeto la simple denuncia del gobierno de los jueces. No se trata de un pequeño juez que le dé una interpretación extensiva y tendenciosa a un texto sino de un fiscal al que parece violentar el tener que aplicar la ley. ¿Cómo reprocharle que quiera hacer que se respete la ley? ¿No es ése el fundamento de su misión? Sin embargo, ejerce su poder de manera negativa, mediante la abstención motivada de continuar. La justicia puede, y sin embargo no lo hace. ¿Se puede a partir de ahí hablar de activismo judicial? Esta decisión se asemeja más bien a lo que los anglosajones llaman *judicial self restraint,* que es lo contrario del activismo judicial. Es bajo esta forma negativa que nace muy a menudo el control de los jueces (cabe pensar, por supuesto, en la conocida sentencia de *Marbury vs. Madison* con la que el Tribunal Supremo de los Estados Unidos hizo su entrada en la escena política a principios del siglo XX): la justicia afirma su poder absteniéndose de ejercerlo, lo que es hábil y también responsable. El magistrado toma en consideración la consecuencia de su decisión en el plano colectivo. Esta especie de «consecuencialismo» político, o económico, ¿no es lo propio de la prudencia? La actitud del fiscal refleja el estado de ánimo de un cuerpo de jueces que, contrariamente a una actitud muy arraigada en nuestra clase política, da muestras en su conjunto de una gran reserva y de un gran profesionalismo, dejando aparte algunas excepciones que han aprovechado más a la mayoría actual que a la izquierda y que se remontan a un cierto tiempo atrás.

Un acceso directo a la verdad

La tentación populista se caracteriza en primer lugar por la pretensión de un acceso directo a la verdad. Algunos individuos aprovechan los medios de comunicación para emanciparse de toda tutela jerárquica. Los medios les ofrecen un acceso directo al «auditorio universal», por utilizar la expresión de Perelman: es decir, a la opinión pública. ¿Se considera un juez vejado por la jerarquía? Recurre inmediatamente al arbitraje de la opinión. Todas las anulaciones procedimentales se purgan mediante esta instancia salvaje de recurso que son los medios, y los argumentos técnicos de derecho o de procedimiento no tardan en aparecer ante la opinión pública como argucias, artificios inútiles que impiden que la verdad «estalle». La búsqueda directa del asentimiento popular por los medios interpuestos por encima de toda institución es un arma temible puesta a disposición de los jueces y que hace mucho más presente la deriva populista. El populismo, en efecto, es una política que pretende, por instinto y experiencia, encarnar el sentimiento profundo y real del pueblo. Ese contacto directo del juez y la opinión se nutre además con el descrédito del político. El juez mantiene el mito de una verdad que se basta a sí misma, que no tiene necesidad de la mediación del procedimiento.

Esos jueces mediáticos, surgidos de la sombra por un caso o por un acusado célebres, reaccionan de forma muy diferente. Algunos sienten la tentación de ver en el ejemplo de sus colegas italianos la prueba de que, cuando el Estado está corrompido, ellos son el último recurso. La deriva populista está presente en esta liberación de la regla por los mismos jueces. El caso de Thierry Jean-Pierre es interesante aunque aparentemente aislado. Se trata del primer magistrado que intriga por conseguir un mandato electivo, pero es el primero que establece un vínculo tan directo entre sus funciones precedentes, que menciona frecuentemente (sin suscitar por otra parte la menor reacción de orden deontológico), y su acción política. Su programa se basaba en la denuncia de la corrupción política y de la «criminalización del Estado».

El debilitamiento del Estado y la formidable tribuna que ofrecen los medios despiertan una *mentalidad de cruzada* en una parte de la magistratura: esta es la ética que el fiscal de Valenciennes invoca para justificar la mediatización que le dio al caso de la corrupción del equipo de fútbol de su ciudad por el equipo de Marsella. El recurso a los medios era la única manera de prevenir las interferencias políticas[42]. «Se encuentran jueces a los que una excesiva aplicación a pasar por incorruptibles les expone a ser injustos», decía ya La Bruyére. Los jueces, en efecto, justifican sus contactos con los medios con el interés superior de la justicia. Algunos jueces reivindican abiertamente el recurso a la estrategia mediática para luchar porque no se entierren determinados casos[43]. Pero ¿es papel del juez tener una «estrategia»? Mientras una reforma no haya aclarado el papel del magistrado instructor en un procedimiento penal renovado y moderno, precisando con claridad si es delantero centro o árbitro, los jueces seguirán utilizando «estrategias mediáticas». No es tanto la hábil manipulación de los medios por parte de personalidades como Bernard Tapie o Jacques Verges lo que resulta sorprendente, sino que no se encuentran con

42 El fiscal de Valenciennes ¿no justificaba sus declaraciones a la prensa por una «cierta ética profesional»?

43 A. Vogel weith, «La stratégie médiatique du juge», *Libération,* 21 de mayo de 1994.

nadie que, con iguales armas, pueda hacer lo mismo. Eso no es, ciertamente, el papel de un magistrado —sea juez o fiscal— so pena de añadir la parcialidad a la desigualdad.

La presión mediática hace que el centro de gravedad del proceso regrese río arriba, es decir hacia su parte más vulnerable: la instrucción. Esta es obra, en efecto, de un hombre prácticamente solo al que, además, no rodean garantías satisfactorias. Las relaciones entre la prensa y la justicia se ven exacerbadas por el arcaísmo de nuestro sistema, que le da demasiada importancia al juez de instrucción y no la suficiente al de audiencia. En muchos casos ordinarios, la verdadera pena no la decide el tribunal sino *ab initio* el juez de instrucción en el momento de la detención preventiva. Esta quedará la mayor parte del tiempo encubierta por la jurisdicción del juicio. El *momento* de la justicia, el único en el que las garantías procedimentales están a la altura de lo que hay en juego, es la audiencia[44].

El pretendido arcaísmo de nuestro procedimiento penal justifica todos los desbordamientos de los medios. ¿Por qué ridiculizan todos ellos el secreto de la instrucción y la presunción de inocencia? Porque los mismos magistrados no los respetan, decía recientemente un periodista. «En Francia, se empieza destruyendo la reputación de los sospechosos encarcelándoles, y a continuación se hace la investigación. Todo se desarrolla llevando el juez de instrucción y los medios a los sospechosos a la picota. Todo es público, en las peores condiciones posibles, ya que es la prensa la que finalmente dice quién es culpable y quién inocente. Y ésa, evidentemente, no es su misión.»[45] Los medios justifican su intervención cada vez más indiscreta porque la justicia no cumple su cometido —o lo cumple mal—. La prensa se inmiscuye en el trabajo de la justicia y la situación recíproca es también verdad: jueces y policías integran a la prensa en su funcionamiento institucional, o en su estrategia. Cada uno de ellos cree que manipula al otro. Los medios acuden en ayuda de los pequeños jueces cuando hacen frente a los poderosos. La prensa justifica la resonancia que le da a un caso determinado que pone en entredicho a un

---

44 Esta polarización sobre la investigación sorprende también a las redacciones: el caso de la sangre contaminada lo siguieron muchos periódicos hasta la audiencia. Ciertas manipulaciones de los abogados no hubiesen tenido lugar si hubiese estado en manos de los especialistas de la justicia. La importancia de la audiencia la redescubre una y otra vez la prensa —como en el caso de la pequeña Céline (por ejemplo, el artículo de M. Peyrot en *Le Monde* del 20-21 de diciembre de 1992, «Grandeur et richesse de 1'audience publique»). Pero ¿cuántos grandes cronistas judiciales quedan?

45 *Le Monde*, suplemento de radio y televisión, semana del 2-8 de abril de 1990.

político con el miedo de los jueces de primera instancia a verse fuera del caso en provecho de la sala de lo criminal del Tribunal Supremo. Ya que la justicia no puede abordar de frente la dimensión política del caso, la prensa la releva e impulsa las investigaciones que la ley impide.

En los dos casos —de los jueces y de la prensa— se justifican las infracciones a la norma del secreto de la instrucción con los defectos del sistema jurídico. He aquí por qué este juego actual entre justicia y medios es *perverso:* cada uno encuentra la absolución de su transgresión por las de los otros— los medios se convierten en jueces, algunos jueces se aventuran en el terreno político y los políticos hablan de complot... para no pagar los platos rotos. El político se defiende, no en el terreno del derecho, sino apresurándose a hacerse la víctima, denunciando el encarnizamiento de los jueces y la complicidad de la prensa. Las querellas contra los magistrados presentadas por los políticos se multiplican[46] y dan la sensación de un cuerpo a cuerpo en el que nada puede arbitrar, ya que una de las partes no es otro que el mismo mediador.

El olvido del derecho empieza ahí, en esta transgresión común de la norma en nombre de una moral pretendidamente superior. A partir de ahí, la justicia se busca en la plaza pública, fuera de la mediación de la norma y de un espacio adecuado para la discusión, es decir sin el recurso de un marco sensible e intelectual donde se lleve a cabo. La fuerza de la norma de derecho sale doblemente debilitada: en su carácter obligatorio y en el principio ético que contiene. La posibilidad de situarse inmediatamente sobre el plano de su oportunidad priva a la norma de derecho de su primera virtud, que es la de que debe aplicarse por sí misma, sin que sea posible exonerarse de ella reconsiderando sus méritos. Semejante actitud, raramente denunciada ya que quienes deben sancionarla —los magistrados— participan de ella, es extremadamente peligrosa asimismo para la moral: alienta el cinismo y la hipocresía. No sirve de nada invocar el Estado de derecho a diestro y siniestro cuando se marcan tales distancias en cuanto al simple derecho.

Una inclinación cultural de los sistemas inquisitoriales

¿Por qué esta deriva populista amenaza más a los países que tienen un procedimiento inquisitorial? Los sistemas jurídicos no son más que la expresión de un núcleo cultural que hay que descifrar. Como nos invita a hacerlo Paul Ricoeur, hay que profundizar hasta esa capa de imágenes y símbolos

46 Como la de Charles Pasqua contra dos responsables del sindicato de la magistratura.

que constituyen las representaciones básicas de un pueblo, que son como «el sueño en vigilia de un grupo histórico.»[47] El procedimiento es uno de los bastiones de la cultura nacional, lo que explica la resistencia que muestra Francia a reformarlo. Instrucción, declaración y secreto son los tres pilares del procedimiento inquisitorio, por oposición al tríptico acusador de la audiencia, de la réplica y de las *rules of evidence*. La audiencia pondera el mérito del abogado, la investigación valoriza al juez. En tierras del *Common Law* gusta el procedimiento, en Francia se desconfía de él ya que aparece como un obstáculo para la Verdad. En un caso, el procedimiento lleva a la verosimilitud, en el otro impide que estalle la verdad. Para un latino, la verdad se revela más que se demuestra al final de un esfuerzo de argumentación. La tradición francesa de la colegialidad es reveladora de esta concepción indivisible de la verdad que no puede soportar que se muestren a la luz del día sus disidencias.

Sacralización de la verdad, descrédito del procedimiento

Esta oposición entre la *Verdad* como trascendente y lo *verosímil* desplaza el centro de gravedad del proceso hacia la investigación o hacia la audiencia y explica la concepción lúdica del procedimiento en las tierras del *Common Law* y la denuncia permanente del procedimiento como un *juego* en la otra orilla del Canal. Se puede comprobar esta diferencia de percepción de la verdad en las imágenes respectivamente del abogado y del juez que vehicula el cine francés.

El cine francés presenta al abogado como un hombre fútil, sin palabra, sin honor, un mujeriego, que utiliza sin avergonzarse todos los trucos del procedimiento para que triunfen intereses privados. Los argumentos procedimentales que esgrime se consideran naturalmente artificios que evitan la manifestación de la Verdad. Esta situación es muy diferente en el cine norteamericano, donde, a la inversa, el manejo sutil del procedimiento es la marca del gran abogado. El abogado se representa en el cine francés como un ser venal, interesado y sin escrúpulos, esclavo de su cliente. Solo resulta simpático cuando está caído, es un alcohólico, como en «Los desconocidos en la casa»[48]. Como liante profesional, pasa sin dudarlo de un lado a otro[49], apoyando sin turbación al ladrón o a la viuda y al huérfano. ¡Qué lejos estamos de Inglaterra, donde la acusación la mantienen siempre abogados! El abogado

---

47 P. Ricoeur, *Histoire et vérité*, Éd. du Seuil, París, 3.ª edición, 1964, p. 296.

48 Henri Decoin, 1941.

49 En *La Poison* (Sacha Guitry, 1951), cuando un abogado celebra su centésima absolución, el fiscal le llama para que se haga cargo de un asunto civil.

se considera un parásito y no sorprenderá el fantasma revolucionario de una justicia sin procedimiento, la utopía de una relación directa del Estado con sus súbditos sin la mediación del derecho. En efecto, los Revolucionarios habían imaginado en un momento dado suprimir a los abogados: en esto, una vez más, estamos en los antípodas de la concepción inglesa.

La imagen del juez se elabora como contrapartida a la del abogado: se le representa muy a menudo como un hombre austero, viudo o soltero. El personaje alcanza su plena dimensión cuando sacrifica su vida por servir la verdad.[50] La película «Las buenas causas»[51] introduce un elemento recurrente en el cine francés contemporáneo: «la oposición maniquea entre el abogado forzosamente interesado (Pierre Brasseur) y el juez de instrucción forzosamente desinteresado, esforzándose por la justicia (Bourvil). El colmo lo aportarán películas que presentan, de una parte, a los jueces íntegros, y de la otra al abogado vinculado al medio sin más, o al medio político, o a la Mafia (El hombre que traicionó a la Mafia), el abogado encubridor (Una simple ida) de José Giovanni (1970), el abogado poco escrupuloso que cede a las presiones políticas (Los asesinos del orden) de Marcel Carné (1971), el abogado que impide con su habilidad que estalle la justicia y que defiende los medios políticos turbios o a los traficantes de drogas, (El juez Fayard) de Ives Boisset, (1976) y (El juez) de Philippe Lefebvre, (1983).»[52] El juez de instrucción atrae la imaginación francesa. La prensa reanima periódicamente la imagen típicamente francesa del «pequeño juez», haciendo que parezca que los otros jueces no tienen rostro. Quizá sea que el pequeño juez y el periodista se identifican ambos con el mismo arquetipo, el buscador de la verdad, el puro, el pequeño contra el poderoso, la fuerza de la estilográfica y de la ley contra la del dinero y el poder. Al pequeño juez se le atribuye una voluntad sin desmayo: irá hasta el final, lo contrario de los políticos que siempre andan con rodeos. También se opone con facilidad al juez con la jerarquía, lo que se convierte en la lucha del pequeño juez, próximo al pueblo y lleno de sentido común, contra la jerarquía, sospechosa de ser más sensible a las presiones políticas.[53] No son las

---

50 Estos últimos años han sido asesinados en Francia dos jueces y se han hecho inmediatamente dos películas sobre estos crímenes. Estos dos jueces tenían en común prácticas en el límite de la legalidad, ante el disgusto de sus colegas.

51 Christian-Jaque, 1962.

52 R. Cherel y L. Pellerin, «L'avocat pris au piége de l'imaginaire. Le cinéma de fiction comme source de l'histoire de la profession d'avocat 1920-1990», *Revue de la societé internationale d'histoire de la profession d'avocat,* 3, 1991, pp. 133-134.

53 Por ejemplo, se puede leer los titulares siguientes en la prensa: «Las alas cortadas del juez Rousseau» (nombre del juez a cargo del caso del estadio de

competencias jurídicas las que dan la gloria sino la integridad que linda con la mentalidad del justiciero. Paradójicamente, al pequeño juez se le valorará tanto más cuanto transgreda la ley y se oponga a su propia jerarquía.

Idealización de la norma, ocultación de los arreglos

La Ley se asimila en Francia a algo *trascendente,* mientras en el universo del *Common Law,* el derecho se emparenta más bien con una norma del juego. Que «proceso justo» se traduzca en inglés como *fair trial,* es decir literalmente un proceso «leal», no es algo anodino. Una norma del juego es leal mientras que la Ley ha de ser justa: una insiste en el carácter recíproco de la norma, la otra en la dimensión metafísica de la justicia. Asimismo, la justicia como institución judicial se traduce por *judges, judiciary, courts* o *administration of justice,* nunca por *justice,* término reservado a la virtud. Comparemos la disposición de la sala de audiencia: en Francia, se habla de «palacio» de justicia, término por demás intraducible al inglés o al alemán. Aquí, sorprende el lujo de símbolos; allí, el pretorio se organiza como un espacio para la discusión. La función arbitral expresada por la altura del estrado del juez inglés contrasta con el de los jueces franceses, que se sientan a la misma mesa que el fiscal. En un proceso de acusación son las partes —acusación y defensa— las que están al mismo nivel.[54] Eso es porque la ley, en Francia, es una especie de religión laica: su nombre está inscrito en el frontón de los palacios de justicia, a veces incluso en latín. Tiene algo que ver con la *identidad.* No es demasiado decir que, para los franceses, la Ley es proveedora de identidad. Porque en Francia son el Estado y por tanto la ley los que han pacificado la sociedad y han instituido el vínculo social. Esta identidad parece ser lo que la *community* para los anglosajones o la *gemeischaft* más allá del Rin.

La Justicia, en Francia, atrae y rechaza como lo sagrado. En este punto, otra vez, el séptimo arte dice más que todos los manuales de derecho. El cine francés denuncia una y otra vez la trágica paradoja de una institución que destruye más que repara, que impulsa la reincidencia más de lo que la desalienta. La justicia irrumpe en las vidas apacibles (designación como jurado,

---

Furiani), «Paul Weisbuch evoluciona bajo la vigilancia del tribunal», «¿Será objeto próximamente de una mutación-promoción?»; «La jerarquía judicial desconfía de este magistrado un tanto demasiado "accesible" (*Le Figaro,* 16 de diciembre de 1992).

54 Véase al respecto A. Garapon, *L'Ane portant des reliques, essais sur le rituel judiciaire,* Le Centurion, París, 1985.

delito menor cometido por alguien próximo, acusación injusta, etc.) y acaba devastándolo todo. La compasión, en Francia, por el inocente arrollado por la máquina judicial es un tema recurrente. En el cine francés, aparte de unas pocas películas,[55] el tema de la venganza está ausente; es cierto que el Estado hace tiempo que se ha hecho con el monopolio de la violencia legítima. No se verán escenas de linchamiento tan frecuentes en el cine norteamericano. La violencia se ha interiorizado por completo. De ahí la importancia del tema de la culpabilidad y el remordimiento en las películas de Claude Chabrol[56]. Cuando la justicia oficial no puede expresarse, la justicia interior toma el relevo... En Francia, la ley tiene algo que ver con la interioridad y no solo con el comportamiento social.

Eso explica la actitud positiva, aquí, y de desconfianza allá, ante la confesión. Quizá la presencia de la iglesia católica, del «pontífice», como diría Pierre Legendre[57], no sea indiferente... Si la imaginación inquisidora ha de saberlo todo, la imaginación acusadora acepta muy bien una verdad convencional. Es difícil comprender una institución como la del juez de menores y el papel de imagen parental que desempeña si no se tiene en cuenta esta misión estructurante de la ley en la cultura francesa. El juez, por su papel pedagógico y un contacto personal con el niño, ha de permitir «interiorizar» la ley, según la expresión de los trabajadores sociales. No se piensa en decirle a un joven delincuente que ha de respetar el contrato social sino que ha de «integrar la dimensión de la ley».

Una total irresponsabilidad política

Deriva aristocrática o tentación populista tienen en común emancipar al juez de la autoridad del soberano. El juez disfruta necesariamente de una total irresponsabilidad política. Las tensiones económicas o las de la política internacional le son ajenas. Una política que no reconsidera periódicamente su poder ¿puede calificarse de democrática?

No es necesario atribuir a los jueces intenciones maquiavélicas. Una tentación mucho más extendida que el espíritu partisano duerme en cada uno de ellos: la de innovar, cambiar la jurisprudencia, erigirse en campeón de tal libertad o de cual derecho. ¿Ha de sentir celos ante el poder? ¿Y traslucir una pasión partisana? ¿No se trata más bien del deseo, tan humano, de

55 Como en *Panique,* de Duvivier, (1948).

56 Especialmente *Juste avant la nuit,* (1971).

57 P. Legendre, *L'Amour du censeur. Essai sur l'ordre dogmatique,* Éd. du Seuil, París, 1974.

marcar su época, de dejar una huella? Pero entonces el riesgo es el de arrastrar la jurisprudencia a una sobrepuja que ignore la realidad social y desprecie las tensiones económicas. ¿Que un juez decide indemnizar tal riesgo terapéutico? Por esta decisión imputa miles de millones de francos contra el presupuesto del Estado, dado el número de casos que se dan en Francia, lo que al juez no le importa gran cosa. Ni siquiera los diputados tienen este poder, al prohibírseles proponer leyes que disminuyan las percepciones del Estado o que incrementen sus gastos. Una indemnización de esta clase podría resultar ruinosa, o insoportable para las compañías de seguros o para el Estado. En Italia se dice, como en los Estados Unidos, que toda demanda acaba encontrando un juez favorable. Eso explica, además, el centralismo y el poder del Tribunal Supremo, sin lo que el derecho norteamericano sería una cosa aún más loca. Este peligro no es de ayer. Ya d'Aguesseau ponía en guardia contra «el magistrado que solo cuenta con su razón y que se somete, sin pensarlo, a la incertidumbre y al capricho de su temperamento. Como la razón no es ya la norma común de los juicios, cada uno establece una norma, y, si nos atrevernos a decirlo, una justicia conforme con el carácter de su espíritu».[58]

Sea que la magistratura adquiera la forma de un cuerpo reaccionario o de jueces incontrolables, el carácter de «intocable» del juez es algo como para preocupar. El juez hace que la democracia corra un riesgo de activismo, al crear un derecho pretoriano, o a la inversa, un riesgo de inmovilismo, al impedir reformas deseadas por la mayoría. En uno u otro caso, atenta contra una virtud cardinal de todo sistema de derecho, que es la seguridad jurídica. Una jurisdicción no tiene medios para legislar, el juez no dispone de instrumentos para eso y se encuentra en la incapacidad de «sustituir una verdadera dinámica política a la que le poda sus manifestaciones».[59] Los casos que se le someten son necesariamente discontinuos y no hay coherencia entre ellos.

El juez se convierte en el nuevo ángel de la democracia, que reclama un estatuto de privilegio, el mismo del que él ha expulsado a los políticos. Se inviste de una misión redentora en cuanto a la democracia, se coloca en una posición de dominio, inaccesible a la crítica popular. Se nutre del descrédito del Estado, de la decepción en cuanto a la política. La justicia, así, finalizaría el proceso de despolitización de la democracia...

---

58 Citado por F. Gorphe, *Les Décisions de justice, étude de psychologie judiciaire,* Sirey, París, 1952, pp. 176-177.

59 S. Rials, «Entre artificialisme et idolâtrie. Sur l'hésitation du constitutionalisme», *Le Débat,* 1991, pp. 163-182.

He aquí la promesa ambigua de la justicia moderna: los pequeños jueces nos desembarazarán de los políticos venales y los grandes jueces de la política, lisa y llanamente. La justicia participa en este rechazo del político tanto por la deriva aristocrática como por la tentación populista. Pero ¿sería concebible el activismo judicial sin un elemento nuevo que nuestra democracia no logra incorporar a su funcionamiento: los medios de comunicación?

CAPÍTULO III
LA ILUSIÓN DE LA DEMOCRACIA DIRECTA

Esos pequeños jueces que han agitado el *establishment* político estos últimos años no hubiesen podido ejercer nunca tal poder si no hubiesen ocupado su lugar los medios de comunicación. Esos jueces, que deben su celebridad menos a sí mismos que a la talla de las personalidades que han sometido a examen, sienten la tentación de aprovechar ese poder. Se ha visto cómo algunos de ellos —una minoría, es cierto— utilizaban los casos como trampolín político. Esta alquimia dudosa entre justicia y medios es muestra de una alteración profunda de la democracia. Los medios —sobre todo la televisión— laminan el fundamento mismo de la institución judicial socavando el ordenamiento ritual del proceso, su escenografía procedimental. Pretenden ofrecer una representación más fiel de la realidad que las ficciones procedimentales. Se trata, entonces de una *concurrencia para la escenografía de la democracia.* Los medios despiertan la ilusión de la democracia directa, es decir el sueño de un acceso a la verdad libre de toda mediación procedimental. Este sueño es tan antiguo como la democracia, al menos desde que salió de las fronteras de la pequeña ciudad de Atenas. Democracia directa y justicia redentora se apoyan mutuamente; tienen algo de simétrico. La primera rodea la norma para buscar directamente la caución de la opinión pública. La segunda se emancipa de la norma en nombre de una verdad trascendente. La primera convoca a todo el mundo; la segunda, a la inversa, evacúa todo control; la primera sustituye el derecho por el sentido común, la razón por la emoción; la segunda invoca el Estado de derecho contra el derecho liso y llano.

Que la opinión pública reaccione ante ciertas causas judiciales no es nada nuevo. ¿Quién no recuerda causas como la de Steinheil, Caillaux, Stavisky, por no mencionar la Causa, la de Dreyfus? ¿No escribía ya Voltaire unos panfletos sobre los casos de Calas, Sirven y otros? ¿No es debido a algunas causas importantes que la prensa francesa alcanzó una gran expansión a finales del siglo XIX? Hace más de cien años Alejandro Dumas hijo se quejaba «de las investigaciones de las que los magistrados se han hecho cargo hasta el presente, realizadas tan rápidamente, tan deliberada e imprudentemente por los primeros reporteros llegados para gran satisfacción del público... Antes de la apertura de los debates, la causa se discute, se juzga en numerosos periódicos que tienen la pretensión de representar a la opinión y de imponérsela a los jueces oficiales. La prensa divulga por adelantado el acta de acusación, y comenta y ordena la obra que se representará mañana. Las agencias teatrales no venden aún entradas, pero eso no tardará en llegar».[60] ¿Qué novedad hay en la relación entre medios y justicia? La llegada de la imagen parece haberles dado un giro inédito. La imagen le confiere a la realidad un sentido más agudo y da del hecho una percepción más inmediata. Se asiste pasivamente, al hilo de las causas, a nuevas audacias sin saber cómo reaccionar.

La amenaza que los medios hacen planear sobre el basamento simbólico de la justicia quizá resulte más peligrosa que los atentados perpetrados contra ciertas libertades públicas. El símbolo, de hecho, distancia. Pero los medios acaban con las tres distancias esenciales que fundamentan la justicia: la delimitación de un *espacio* protegido, el *tiempo* diferido del proceso y la calidad oficial de los actores de este drama social. Desubican el espacio judicial, paralizan el tiempo y descalifican a la autoridad.

LOS PROCESOS INSTRUIDOS POR LOS MEDIOS

La justicia se ha trasladado con frecuencia fuera de los pretorios debido a algunas circunstancias excepcionales. Con ocasión de los procesos políticos, por ejemplo, en que buscó el espacio necesario en los teatros, como durante la Revolución francesa con ocasión del proceso de Luis XIV o, más recientemente, el de Demanjuk en Israel, por el nombre del ucraniano de nacionalidad norteamericana, sospechoso de ser el Iván el Terrible del campo de exterminio de Sobibor, y finalmente absuelto por el Tribunal Supremo. Los grandes procesos estalinianos se desarrollaron en la Casa de los sindicatos de Moscú. Pero en la actualidad asistimos a la desubicación de ciertos procesos en los medios: no solo los procesos no se hacen ya en los pretorios sino que ya no tienen un lugar propio, como es el caso de ciertos mercados financieros, como el conocido *off shore,* que no tienen bolsa propiamente dicha. Cada órgano de prensa, más que informar sobre el trabajo de la justicia, adopta el punto de vista de unas de las partes, dispuesto a cambiar el curso del proceso, les revela elementos probatorios a sus lectores incluso antes de que la justicia tenga co-

---

60 Alejandro Dumas hijo, prefacio de *Le Palais de justice de París, son monde, ses moeurs par la presse judiciaire Parísienne,* Librairies-imprimeries réunies, París, 1892, p. XI.

nocimiento de ellos, califica el trabajo de cada uno de los actores y, finalmente, juzga en lugar de los jueces.

Los medios, a la vez directores teatrales y actores

Se pasa subrepticiamente de la *denuncia* a una *descalificación* y, finalmente, a una *sustitución* de las instituciones. Los medios no se contentan ya con informar de lo que hace la justicia, con criticarla si hace falta; ése es su papel. Copian los métodos de la justicia, lo que hace la lectura de ciertos periódicos tan aburrida como la de los atestados de comisaría, de los que a veces reproducen páginas enteras. Los medios se jactan de las mismas cualidades que un juez de instrucción: paciencia, minuciosidad, tenacidad. Algunos periodistas participan activamente en la investigación y se consideran liberados al citar sus fuentes.

Considerando el número de informaciones procedentes de «medios próximos a la investigación» cabe presumir la facilidad con que las han conseguido. Los periodistas se erigen en verificadores y certificadores de esas informaciones. Interrogan a los testigos, si es posible antes que la justicia[61], y confrontan las declaraciones. Inglaterra quedó hace poco cautivada por el proceso de los esposos West, sospechosos de haber raptado, secuestrado, torturado y matado a diez personas durante muchos años en una pequeña capital de provincias. La televisión británica intentó reconstruir el asunto y recogió los testimonios de todas las personas involucradas, por una remuneración, antes de que el proceso se abriese. La emisión solo se hará después de conocerse el veredicto. Sin embargo, ¿no preocupa que los testigos reserven las primicias de sus declaraciones para la televisión? ¿No choca que se acepte una remuneración por tal cosa? Se sabía ya que la justicia era un instrumento de comunicación para un político o para una empresa, pero he aquí que se convierte en fuente de enriquecimiento para aquellos que han tenido la suerte de ser testigos de un suceso.

Se asiste a un verdadero diálogo entre abogados por intermediación de la prensa. Las personalidades demandadas experimentan la necesidad de «explicarse» antes los medios. Acuden a declarar, a presentar su defensa en los periódicos. Insensiblemente, la investigación periodística se integra en el trabajo judicial: juez y periodistas trabajan en concierto en el superior interés de la verdad. El procedimiento fiscal ¿protege de tales desbordamientos? Si la prensa británica prejuzga quizá menos que la nuestra la culpabilidad por

61 Así, TF 1 se vanagloria de presentar en la televisión un testigo capital del asesinato de Yann Piat antes de que le escuchase la justicia.

un mayor respeto a la justicia, vuelve a juzgar a las personas a las que considera insuficientemente condenadas. Así, a continuación de la condena de un joven «canguro» a dos años de pena sin prisión por tocamientos a una niña de nueve años, la prensa —comprendidos medios como el «Times»— protestó con vehemencia publicando la dirección del joven, que tuvo que mudarse, y pidiendo que se votase por teléfono la dimisión del juez. Finalmente, aquél fue condenado en apelación a cuatro meses de prisión, teniendo en cuenta el tribunal el perjuicio que la campaña de prensa le había causado.

A una oposición frontal entre la prensa y la justicia le sucede una especie de mimetismo. Pero este interés por lo judicial es ambiguo. La defensa de la prensa contra la recusación de su papel se produce *por y contra* la institución judicial. El moderno periodista de investigación quiere ser a la vez Zola y el capitán Picquart. En cuanto a las partes, juegan alternativamente la prensa contra la justicia, o la justicia contra la prensa, según sus intereses[62], como si la democracia les ofreciese dos instancias para defenderse, un lugar institucionalizado y un «no lugar». De un periodismo *situado* en relación con la institución, se ha pasado a un periodismo *involucrado*. Y he aquí los medios afectados por un funcionamiento en rizo, una especie de «autismo mediático» en el que desempeñan todos los papeles. Ya no se contentan con informar sino que quieren intervenir directamente en el curso de los acontecimientos.

La televisión quisiera ser a la vez director teatral y actor. Aunque nadie, ni ningún lugar puede pretender encamar por sí solo el espacio público. Ni las instituciones ni los medios. Este espacio procede del equilibrio —o de la tensión— entre un poder instituido y procedimental, la justicia, y otro poder, no instituido y libre, la prensa. Es necesario que cada uno se quede en su lugar y que se le sancione en caso de exceso. Los lugares en el proceso son fijos y sitúan el discurso de cada uno, del abogado de la defensa, del fiscal, del policía. Los medios no permiten identificar a *quien* habla. Sin embargo, eso es esencial en el proceso, donde todos los discursos han de estar situados. Se vuelve a ver la importancia de los lugares asignados en el pretorio. El fiscal puede decir lo que quiera: se sabe que es la acusación la que habla. El único que puede

62 Sometido a proceso por nuevas revelaciones, M. Botton, por ejemplo, anuncia en la prensa que replicará «en un plato de televisión o en un órgano de prensa» (*Libération*, 12 de octubre de 1993). Pero el 12 de octubre se niega a testificar en el proceso por difamación incoado por Charasse a cuatro periódicos para no violar el secreto del sumario *(sic)* y afirma en un comunicado: «Espero la indispensable confrontación que deseo tener con Michel Charasse a fin de exponer a la luz el papel interesado que ha tenido en mis sinsabores». Según su parecer, esa confrontación ha de tener lugar en la oficina del juez Courroye.

pretender decir lo justo es el juez, y aun eso lo hace «en nombre del pueblo francés». Estar situado es estar integrado en un orden simbólico, y por tanto estar limitado. Sin embargo, es esta asignación de un lugar en el interior del espacio público lo que rechazan los medios en nombre de una especie de don de ubicuidad tecnológica.

Que los medios estén sometidos a una lógica de mercado no es molesto en sí, a condición de que no la rechacen pretendiendo hablar solo en nombre de la libertad de informar. En una emisión de televisión se dice todo menos la razón por la que se dice: ¿divertir, informar, vender?

Un debilitamiento suplementario de la justicia

La igualdad de las armas no existe en los medios, que ofrecen una prima a quien cuente la mejor historia y la cuente mejor. Refuerzan el efecto de verdad en detrimento de la verdad, la seducción en detrimento de la argumentación. Jacques Verges no hace un misterio de la utilización de los medios en una estrategia de defensa. «Defender, para el abogado, escribe, es presentar, con los mismo hechos que sirven de soporte para la acusación, otra historia tan falsa y tan verdadera como la primera. Y convencer a jueces y jurados de que ésa es la buena. Pero no se trata de contar cualquier historia. Hay que contar la que le dé sentido al destino del criminal o a su proceso. La que le retire de lo anecdótico y le remonte a la altura de lo significativo. El abogado ha de hacer por su cliente lo que hizo Stendhal por un oscuro héroe de sucesos transformándole en Julien Sorel. Y, por lo menos en el plano estético, las posibilidades están con la defensa. Encargado de defender, ya que habla en nombre de la sociedad, las ideas y los valores de la mayoría, el fiscal está condenado a hacer una novela barata. Mientras que el abogado de la defensa, obligado cada vez a buscar otras normas, logra a veces la obra maestra.»[63] Los medios han de integrarse en esta construcción.

Los medios pueden hacer mayor la fragilidad del discurso judicial, que, falto de pruebas, se plantea al menos convencer. El lenguaje judicial se mueve muy a menudo en la *lógica de lo probable,* por lo que Aristóteles definía la «dialéctica», a la que vinculaba la «retórica», o arte de utilizar argumentos probables en el uso público de la palabra. El asalto de argumentos es en un sentido infinito, en la medida en que, en el orden de lo probable, siempre hay lugar para un «pero».[64]

---

63 *Journal de Genève,* 15 de marzo de 1991.

64 P. Ricoeur, «Le juste entre le légal et le bon», *Lectures 1,* Éd. du Seuil, París, 1993, p. 194.

Al sustraerse a la relación de derecho, los medios pueden convertirse en instrumento de la relación de fuerza. El periodista transforma con facilidad la investigación judicial en un duelo simbólico entre el juez de instrucción y el inculpado en el que el árbitro no es ya el juez, sino el periodista. Solo él puede valorar la intensidad de este enfrentamiento, devolverle su verdadera naturaleza y su conclusión previsible. Pero a menudo lo único que hace es vehicular los clichés más clásicos, que es lo que sus lectores esperan de él. Así, se asiste a la construcción de narraciones, a la reactivación de mitos, a la composición de «personajes».[65] El uso de la televisión podría ser «un magnífico instrumento del espíritu público», decía de Gaulle, pero mucho hay que temer que amplifique los mecanismos más arcaicos del circo, de la víctima propiciatoria y del linchamiento. En los medios, en efecto, «la controversia se reduce a un espectáculo más próximo a la tauromaquia que a la discusión racional. La finalidad de la comunicación se convierte en la comunicación misma, la diversión que proporciona, el ruido que hace, el dinero y el poder que da, y no ya informar de dos subjetividades a través de un código»[66].

Una ética de la narración

El proceso no está *a priori* más a salvo que la prensa de crear tales narraciones imaginarias. La garantía suplementaria que ofrece lo judicial es la capacidad de *reflexionar* esta narración, rechazarla y sustituirla por otra. El procedimiento y lo contradictorio aplican una cierta ética de la narración. El proceso controla la forma en que los hechos se presentan, se prueban e interpretan: en la televisión, la construcción de la realidad está implícita —y por tanto se produce— y escapa a toda discusión. Es eso lo que hace que Paul Ricoeur denuncie al moralista desconocido de la televisión, o que Claude Lefort denuncie a su vez la ideología invisible de los medios. Todo el mundo es visible, menos el que se encuentra detrás de la cámara. El rechazo de los prejuicios televisuales no se recibe. El centro de producción de imágenes, sede de una comunicación inmaterial, escapa a cualquier control. Las cámaras pueden entrar en todas partes... menos en la sede de las grandes empresas multimedia. Ahí, «el culto del silencio se acompaña con la paranoia, enfermedad clá-

65 Como la figura del gerente sin escrúpulos de los años noventa, desde Michel Garretta hasta Bernard Tapie: este encama al autodidacta que fascina e irrita; tan pronto se le pone en la picota como se le compadece cuando es sancionado por la UEFA, es decir cuando se convierte en víctima. Se pasa con facilidad de un extremo al otro, del diablo al ángel.

66 J.-M. Domenach, *Morale sans moralisme*, Flammarion, París, 1992, p. 83.

sica de los poderosos.»[67] Hay un punto ciego en todo funcionamiento social. Paradójicamente, debe encontrarse en una democracia lo más visible posible, lo que no quiere decir necesariamente transparente. Para la justicia, ese momento es la deliberación, que está rodeada de ciertas garantías procesales, como la colegialidad, la prohibición de que asista cualquier otro distinto de los jueces, etc. Este episodio del proceso se reconoce como central, pero es secreto. ¿Existe un equivalente en los medios audiovisuales? ¿Quién controla la cámara oscura del montaje? Los medios lo vuelven todo transparente, menos el lugar de donde procede esta transparencia, es decir ellos mismos. Quizá por eso los hombres de los medios se niegan a participar en debates públicos sobre los medios, a no ser que se desarrollen en los mismos medios, en cuyo caso están encantados de hacerlo. Se puede decir todo sobre los medios, con la condición de que se haga en los medios. Los medios no serán verdaderamente democráticos hasta el día en que el montaje de la emisión, la disposición del estudio, se puedan discutir o impugnar.

LA LÓGICA DEL ESPECTÁCULO

La imagen es percepción, se dirige a los sentidos más que a la inteligencia. Suspende el pensamiento y mantiene en suspenso cualquier elaboración simbólica. Favorece, pues, pasar a la acción, recurrir a la acción. Este mecanismo psicológico ha sido bien analizado en la génesis de la delincuencia o de la toxicomanía. Se constata en la actualidad en el terreno de la acción política: la mediatización fuerza a los poderes públicos a actuar, a hacer algo. Los medios impulsan a una acción efímera, a un sucedáneo político. Ya que el acto de enunciar se hace tan importante como la acción política misma, muchos políticos sienten la tentación de contentarse con una declaración de intenciones. Estas promesas, que no se cumplen, que solo buscan el efecto de que se anuncien, no hacen otra cosa que reforzar el descrédito de la política. El hiperrealismo de la imagen amenaza al mundo común con la desrealización. Los medios saben hacerlo todo menos esperar y callar. Al imponerle a todo el mundo que actúe en tiempo real, acaban convirtiéndose en el *cortocircuito simbólico del tiempo.*

Nadie dice que los medios no sean el mejor antídoto contra la ocultación de casos. Pero este recurso tiende a convertirse en preventivo: Informes relativos a casos delicados llegan a las redacciones antes incluso de que la sala haya tenido conocimiento de ellos, es decir antes de que cualquier in-

---

67 A. Chemin, «La télévision cultive le secret sur elle-même», *Le Monde,* 30 de mayo de 1995.

tervención sea materialmente posible. Divulgar una información demasiado temprano no solo dificulta la tarea de la justicia sino que sobre todo la falsea. La información prematura actúa sobre el comportamiento de las personas puestas en cuestión, o sea los jueces. Las consecuencias pueden ser dramáticas. Así, en el caso de la pequeña Céline, la acusación salvaje de los medios actuó como una «predicción autocumpliente» *(self fulfilling prophecy)*. «Las reacciones de defensa que desencadenaron en Richard Roman las primeras acusaciones darían crédito a la sospecha y reforzarían el ostracismo del que es víctima, impulsándole entonces a actitudes fácilmente interpretables como manifestaciones de desvío. Se conforma así con la conducta que se le había imputado y eso confirma a la vez la validez de esta imputación.»[68] El respeto de la presunción de inocencia es tanto más esencial cuanto que la mirada acaba modificando el comportamiento de aquel al que se mira. Los medios, al intervenir activamente en la investigación, influyen en la decisión. No se ha dicho que los jueces profesionales sean menos sensibles a la presión mediática que los jurados.

El proceso perpetuo

Los medios se preocupan más por la intriga que por buscar la verdad. El relanzamiento, siempre posible para unos medios deseosos de regresos al primer plano de la actualidad, impide que los casos lleguen un día al punto final.[69] El juicio definitivo —que dispone por otra parte de lo que se llama en derecho la *autoridad* de la cosa juzgada— se hace difícil. Los medios difícilmente están de acuerdo con la suspensión de ciertos casos resonantes, como lo ha mostrado el de la sangre contaminada. Mientras este caso ha sido objeto de una decisión definitiva, he aquí que se relanza bajo otra calificación ante otra jurisdicción como consecuencia de unas presiones a las que los medios no son ajenos.

---

68 P. Lecomte, *Communication, télévision et démocratie,* Presses Universitaires de Lyon, Lyon, 1993, p. 18.

69 Aunque la justicia consiguió exonerar a Richard Roman —y desmentir con lo mismo a los periodistas que ya le habían juzgado—, no pudo «blanquearlo» verdaderamente a los ojos de la opinión pública. Unos meses después, el Diario de las 20 horas de TF 1 se abre hablando de su hospitalización en un establecimiento psiquiátrico y le dedica su «primera plana», antes de la política internacional. Pero la cosa no acaba ahí: «Roman, la sombra de una duda», titula France-Soir el 25 de agosto de 1994 al anunciar las revelaciones de un periodista que podrían relanzar el caso y que se muestran, en la lectura del artículo, de una absoluta inanidad.

La finalidad de la justicia es reparar una perturbación profunda «de la conciencia colectiva», hubiese dicho Durkheim, e interrumpir el ciclo de la venganza mediante el espectáculo catártico de una violencia deliberada y legítima. Esta función requiere reconocimiento, precisamente el que le roban los medios, que pueden llegar a hundirnos en el infierno kafkiano del proceso perpetuo. Desde un tiempo estructurado por el derecho y ritmado por la justicia se llega a un tiempo *extrañamente inmóvil*. El procedimiento no llega a prosperar, es decir a llevar a una decisión considerada buena por convención. Esta dificultad típicamente contemporánea de hacer irrevocable el tiempo, lejos de hacernos más libres, impide por el contrario superar nuestros traumas al no definir ya el epílogo social y al no determinar, así, el punto de partida de un luto siempre en retroceso. Este no se puede iniciar más que cuando ha actuado la justicia. No la de la ciudad ideal que hace justicia en todo y para todos, sino la justicia humana que levanta acta de lo irreparable, que establece los hechos y fija los daños y los intereses. El rechazo de esta tarea de simbolización se paga con una pérdida de soberanía sobre el propio destino. Y quizá también con un incremento de la fatiga en tanto que la sublimación, la rebeldía y el luto no son ya posibles en este mundo en el que todo parece siempre posible.

EL MITO DE LA TRANSPARENCIA

Los medios descalifican las mediaciones institucionales de dos maneras en apariencia opuestas: con una desconfianza sistemática o, por el contrario, manteniendo con ellas una peligrosa proximidad. Estos dos mecanismos proceden en realidad de una misma disfunción. Se trate de la sospecha o de la fusión, lo que se plantea en cada ocasión es una perturbación de la distancia.

A cualquier precio, el periodista ha de encontrar el fallo, denunciar el escándalo. Esto desarrolla «una *cultura de la desconfianza* en cuanto a las personalidades públicas y a las instituciones democráticas».[70] ¿Cómo podría la política —que es un conjunto de creencias comunes— no verse debilitada cuando el recurso principal de los medios es la sospecha? ¿Cómo cimentar el vínculo

70 J.-J. Courtine, «Les dérives de la vie publique, sexe et politique aux États-Unis», *Esprit*, octubre de 1994, p. 64. Cf. *Les Cahiers du Canard enchaîné* sobre la justicia que establece para cada una de las funciones una anécdota cuya exactitud no se pone en duda aunque desacredita a toda la institución. Ya que un experto de Périgueux o de Mezt ha faltado a sus deberes ¿hay que desconfiar de todos los expertos?

social en la desconfianza ante el otro? La justicia es tanto el objeto como el medio de esta desconfianza. Este último caso es más reciente en nuestro país. Mientras se había limitado muy a menudo a denunciar el mal funcionamiento de la justicia, los últimos años se ha visto a la prensa aliarse con la justicia contra la política. El tercer poder y el cuarto, la justicia y la prensa, se conjuran contra los dos primeros, el ejecutivo y el legislativo, pagando el precio de una inquietante complicidad.

Interés por el hombre más que por la institución

En la televisión, el debate público adquiere con mucha frecuencia la forma de una «charla entre nosotros». El estudio parece más una sala de estar que una tribuna: apela más a la confidencia que al compromiso público. Las bambalinas se hacen más públicas que el escenario político oficial, que por otra parte se ve cada vez menos. El Presidente aparece con más frecuencia junto al hogar doméstico que en su despacho presidencial. Además, la fotografía ¿no le presenta en el exterior del palacio del Elíseo? Los medios hacen más familiares a los jueces con su afán de mostrarles fuera del contexto profesional, en sus casas y con sus hijos. Se multiplican los reportajes que muestran al juez en familia. Unos lo evitan, otros lo aceptan, pero el telespectador solo ve a los segundos. Los cronistas judiciales prefieren insistir en el valor personal del juez más que en su profesionalidad.[71] Como en política, se constata una personalización de las instituciones en general. La calidad de una institución parece depender de las cualidades humanas de sus servidores más que de las de sus procedimientos.

Es el hombre el que interesa a los medios, más que el magistrado. Los jueces, por otra parte, se prestan al juego de buena gana. Tan solo la perspectiva de no poder designarles más que por su función se considera una afrenta a la libertad de informar.[72] Pero, al hacerlo así, se debilita su capacidad de

71 «Ese presidente tan especial que ha juzgado a Bidart», titula el diario *Libération* del 11 de junio de 1993, en el que se puede leer: «Después de pronunciar la sentencia de Lucienne Fourcade, el presidente se inclina hacia la joven. "De hecho, eso quiere decir que va a salir usted esta noche". Una frase breve y sonriente. Ha hablado el hombre. Presidente felizmente especial de una jurisdicción desgraciadamente especial».

72 «Si el Parlamento considerase, por ejemplo, la proposición de ley del diputado del RPR Pierre Mazeaud, que quiere "prohibir a los órganos de prensa, de radio y de televisión que den el nombre de los magistrados con ocasión de hacerse cargo de los casos que se les encomiendan" a fin de evitarles a los jueces "la presión de los medios", eso llevaría con rapidez, como ha subrayado el

hablar *ex officio;* como si un juez expresase una opinión cuando se le pide que diga una palabra de autoridad. Se sitúa a la ética junto a la palabra espontánea, sin reserva, *auténtica,* cuando, por el contrario, la prudencia se encuentra junto a la reserva. La democracia, como lo había presentido Tocqueville, puede llegar a matar la autoridad de la persona pública. «En cuanto a la acción que pueda ejercer la inteligencia de un hombre sobre la de otro, se ve por necesidad bastante restringida en un país en el que los ciudadanos, que se han convertido casi en iguales, *se ven todos desde muy cerca,* y, al no percibir en ninguno de ellos los signos de una grandeza y de una superioridad incontestables, se ven sin cesar remitidos hacia su propia razón como a la fuente más visible y más próxima de la verdad.»[73] La televisión, que no había podido, entiéndase bien, imaginar a Tocqueville, les permite a los ciudadanos ver a sus jueces «desde muy cerca». Esta confusión lamentable y peligrosa sobre la transparencia democrática acaba por llevar a una especie de privatización de la palabra pública.

Transparencia de los procedimientos y verdad democrática

La transparencia se ha convertido en una de las grandes reivindicaciones de nuestras democracias. Se confunde, dice Jean-Denis Bredin, «con la limpieza, incluso con la pureza. Se parece al sol y a la luz. No puede soportar territorios prohibidos, la mentira, el misterio, el secreto, la discreción, todos los artificios que disimulan la verdad (...). La imagen ha de retirar todos los velos, hacer que caigan todas las máscaras, ya que es la expresión misma de la verdad.»[74] Se permite todo, mientras sea en nombre de la transparencia.

Esta voluntad de «decirlo todo» y de «mostrarlo todo» procede en realidad de una concepción mal entendida de la transparencia. En una democracia, la transparencia no es la de los hombres sino la de los procedimientos. No consiste en saberlo *todo* sino en no saber más que aquello que se ha podido establecer legítimamente. Para la televisión vale todo; no hay en ella selección de hechos, lo que resulta en ocultar la selección salvaje de los hechos a la que procede. Todos los hechos son pertinentes. Con la imagen, el enunciado se

---

presidente del sindicato de la prensa Parísina, Jean Mito, director delegado de *Le Figaro,* a prohibirles a los diarios hablar de la actualidad.» *(Le Monde,* 5 de mayo de 1993).

73 A. de Tocqueville, *De la democratie en Amérique, op. cit.,* vol. II. p. 10 (el subrayado es mío).

74 J.-D. Bredin, «Intimité et transparence», *Le Monde,* 24 de noviembre de 1994.

confunde con el acto de la enunciación, y lo que se dice es automáticamente verdad, si es en directo.

El procedimiento no es más que el acuerdo previo acerca de la manera justa de saber y asimismo de *no saber,* de olvidar (amnistía) o de ignorar (nulidad). Esta es una de las grandes diferencias entre la acusación anglosajona y la investigación latina: esta procede del hambre de *saberlo todo,* mientras que aquélla, por el contrario, no escucha más que las pruebas admitidas. Por eso en los procesos del *Common Law* el jurado se retira, para no escuchar ciertos debates relativos a la admisibilidad de una prueba. Los medios de comunicación aparecen como medios de representación más accesibles, más expresivos, más fieles a la realidad, más sensibles a la diversidad de las opiniones, en pocas palabras más democráticos que el marco procedimental de la sala de audiencias.

¿Basta con instilar un poco más de contradictoriedad en los medios para protegerse de ciertos deslizamientos? Eso es olvidar que un proceso es un dispositivo muy complejo y sofisticado, *tributario de un espacio —físico y procedimental— homogéneo,* que permite combinar en una unidad de tiempo, de lugar y de acción un lenguaje, un sentido y una escenografía. Es esta unidad de tiempo, lugar y acción precisamente lo que la prensa quiere hacer que vuele por los aires. Lo que es capital es que todos, jueces y jurados, han de escuchar lo mismo y no otra cosa acerca del caso.[75] ¿Se le reprocha a la prensa que mutile un documento? Publica la totalidad del informe. Pero un elemento —aun íntegro— no tiene significación más que relacionado con el conjunto. Con la condición, además, de que las personas encartadas hayan podido hacer valer su punto de vista. Ésa es la diferencia entre la contradictoriedad y el derecho de réplica: ¿para qué sirve un derecho de réplica cuando el mal está consumado, con frecuencia seguido por unas líneas que lo contradicen? El principio de contradictoriedad solo tiene fuerza si se puede sancionar. ¿Tal elemento se ha conseguido de forma ilegal? No se tendrá en cuenta. Esta anulación solo es concebible en un espacio homogéneo y convencional.

La dimensión convencional de la verdad judicial se hace así insoportable. La prensa le propone al sentido común del telespectador una verdad inmediata en todo el sentido de la palabra, es decir que no está mediatizada,

75 Así, en los Estados Unidos algunos casos, como el de O. J. Simpson, están tan mediatizados que cabe preguntarse si en una ciudad como Los Ángeles se encontrará a doce ciudadanos que lo ignoren todo del caso (*Le Monde,* 30 de junio de 1994).

ni siquiera por el lenguaje. La presenta como superior a la verdad judicial, demasiado tributaria de las ficciones jurídicas y de los artificios procedimentales. Se denuncia el artificio de la ley, la ficción de la presunción de inocencia[76]. No se toma ninguna precaución en la narración de los hechos. Los periodistas se expresan con mucha frecuencia en presente de indicativo, sin referirse a una fuente de información, para darle al lector la sensación de que han sido testigos directos de los hechos.[77] Se rechaza toda distanciación del hecho y de su horror. Se revive en directo el crimen, lo que contrasta con el proceso, donde, por el contrario, lo reconstruyen los testigos de forma indirecta. La imagen refuerza esta sensación de inmediatez, una lógica de la presencia por encima de la simple lógica. Los medios lo santifican todo; en la televisión no hay falsos testimonios[78]. La imagen da una sensación invasora de lo directo. Todo lo diferido se considera *a priori* dilatorio.

¿Es tan cierto que haya que ver para juzgar y que el telespectador esté mejor situado que el juez para juzgar? Nadie ha hablado mejor de la necesidad de abstraerse de la realidad ni subrayado la importancia de la imaginación en el juicio que Hannah Arendt. «En el juicio hay dos operaciones mentales. En primer lugar, la operación de la imaginación, en la que se juzga objetos que ya no están presentes, que se han sustraído a la inmediatez de la percepción sensible y que, en consecuencia, no afectan ya directamente. Y, sin embargo, aunque el objeto se ha sustraído a los sentidos exteriores, se convierte entonces en un objeto para los sentidos internos. Esta operación de la imaginación prepara el objeto para la "operación de la reflexión". Y esta última —la operación de la reflexión— es exactamente la actividad de juzgar algo. Esta doble operación instaura la condición esencial de todos los juicios, la condición de imparcialidad, de "satisfacción desinteresada". Al cerrar los ojos, se es espectador imparcial —no directamente afectado— de lo visible. El poeta ciego. Y, también, al transformar lo que percibían los sentidos exteriores en un objeto para los sentidos internos, se comprime y condensa la multiplicidad de los datos sensibles, se está en la disposición de "ver" con los ojos del espíritu, es decir de ver todo lo que da sentido a las cosas particulares. La ventaja del espectador es que capta la obra en su conjunto, mientras que cada uno de los actores no

---

76 «Richard Roman, que sigue siendo a ojos de la opinión pública, en defecto de serlo para los jueces, uno de los presuntos asesinos...», *Nice-Matin*, 24 de octubre de 1990.

77 D. Vernier, *La Courverture du meurtre de Céline Jourdan dans quinze titres de la presse nationale et régionale*, no publicado, p. 9.

78 R. Debray, *L'État séducteur*, Gallimard, París, 1993, p. 128

conoce más que su propio papel o —si ha de juzgar según la perspectiva de la acción— la parte que le concierne. El actor es parcial por definición.»[79]

El espectador de la televisión no puede nunca pretender juzgar, y la imparcialidad, contrariamente a lo que cree el sentido común, exige no ver. ¿Será por eso que a la justicia se la representa a menudo como una mujer con los ojos vendados?

¿HAY QUE FILMAR LAS AUDIENCIAS?

¿Hay que hacer que entren las cámaras en las salas de audiencia? Existe en la actualidad un movimiento de la opinión en este sentido. Tal es ya el caso en muchos estados norteamericanos, y una cadena de televisión —Court TV— se dedica a ello por entero. Los argumentos en favor de tal autorización, aparte la famosa transparencia, invocan el hecho de que la televisión permitiría que un amplio público se familiarizarse con sus instituciones. Si la justicia se abre al público, ¿por qué no abrirla a las cámaras de televisión? El hecho es que al público de las salas de audiencia se le desaloja con frecuencia —aunque puede ocurrir que grupos de jóvenes se desplacen al palacio de justicia para apoyar a uno de sus amigos que tenga que comparecer. La publicidad, en efecto, es una de las condiciones del proceso justo y no se ve qué podría oponerse a que además se utilizasen los rayos catódicos.

Sin embargo, hay muchas consideraciones que invitan a la prudencia. En primer lugar, ¿no se corre el riesgo de mezclar las cosas, es decir las preocupaciones del procedimiento por una parte y las de las cadenas de televisión por otra? Desconfiemos de una justicia demasiado telegénica. El riesgo al filmar las audiencias es el de hacer prevalecer una lógica del espectáculo ajena a la justicia, como en la experiencia belga con la película *Les Amants d'assises,* rodada a partir de un auténtico proceso. La razón de la audiencia es tan temible para la justicia como la razón de estado. El único proceso que fue objeto de un registro íntegro fue el proceso Barbie, en Lyon. Las únicas escenas que se transmitieron en una emisión por lo general de buena factura fueron los momentos más cargados de emociones... Lo sensacional desnaturaliza lo contradictorio. La imagen ha de estar al servicio de la democracia y no la democracia al servicio de la imagen. La publicidad no es para la justicia más que una garantía procedimental, casi un mal necesario. «Cuanto más numerosa es la multitud, más ciega es», dice Píndaro: tal es la paradoja de la mirada

79 H. Arendt, *Juger, sur la philosophie politique de Kant,* duodécima conferencia. Éd. du Seuil, París, 1991, p. 105.

pública sobre la justicia, a la vez garantía y amenaza, condición de la justicia y portadora de injusticia, antídoto y veneno. Publicidad y distanciamiento del público son dos fuerzas antagónicas que se respetan, y que, si una no sale al encuentro de la otra, eso llevaría a la justicia a su desaparición.

La imagen no es tan todopoderosa como creen algunos, también tiene sus fragilidades: «Lo audiovisual reactiva a su manera la demanda inmemorial de creencia, sin que deje de decepcionarla. Esta forma de seducir sin satisfacer, o de credibilizar sin acreditar verdaderamente, quizá aparezca un día como un momento entre otros.»[80] Asistir a una audiencia o ver extractos en la televisión no procuran la misma experiencia. Hay una gran diferencia entre la «mirada» desnuda del espectador de una sala de audiencias y la «mirada aparejada»[81] del telespectador que solo percibe el proceso a través de un encuadre y un montaje que guían su comprensión. Los medios excitan la pulsión de ver pero alejan los objetos que hacen entrar en nuestras casas. Es la paradoja de la mediatización moderna que «promete una proximidad que inmediatamente desmiente».[82] La supervivencia de nuestras democracias ¿no depende, entre otras cosas, de nuestra capacidad de inventar una nueva relación con las instituciones menos frustrante que la que proporcionan las imágenes actuales? El futuro ¿no pertenecerá a quienes consigan escenificar la democracia dirigiéndose a los sentidos del hombre democrático y no solo a su razón? El futuro ¿no está más del lado de la justicia de proximidad que del de la democracia virtual?

La trampa de los procesos pedagógicos

Finalmente, no todos los debates son equivalentes. Un debate social como el del aborto exige que el mayor número de personas intervenga, cualquiera que sea la forma de esta participación. ¿Ocurre lo mismo con un proceso, es decir con un debate en el que lo que se juega es la libertad de un ciudadano? No parece que sea así. Se corre el riesgo de encontrar su solución a expensas de la libertad de un hombre. No existen casos extraordinarios, ni tampoco penas ejemplares. Hay que desconfiar de la sobredeterminación del proceso, no ya por el espectáculo sino por la política, yendo a la par uno y otra a menudo.

El teatro judicial es un arma ambigua que hay que manejar con prudencia. No debe servir más que para la manifestación de la verdad y nada

---

80 R. Debray, *Manifestes médiologiques,* Gallimard, París, 1994, pp. 202-203.

81 *Ibíd.,* p. 195.

82 J.-J. Courtine, «Les dérives de la vie publique, sexe et polilique aux États-Unis», *Esprit,* octubre de 1994, p. 61.

más. ¿No es peligroso querer conferirle virtudes pedagógicas, como en los casos Touvier y Barbie? Por supuesto que era esencial juzgarles, pero no para la posteridad o por no se sabe qué memoria de las generaciones jóvenes. La única edificación que consiente la justicia es la del procedimiento, la norma de derecho y la justicia. «Cuando se mezclan en casos judiciales consideraciones pedagógicas, de historia o de política, se acaba en catástrofes, dice el abogado de Demanjuk. Todo el mundo pierde: la justicia tanto como la historia. Hay pues que mantenerse en guardia ante este tipo de proceso espectáculo y ante la introducción de los medios en el funcionamiento de la justicia.»[83] La emoción es mala consejera, retrasa la comprensión de los hechos más que sensibilizarla: «El proceso focaliza necesariamente la atención en una sola persona: el acusado. Se demoniza a los individuos. Pero el nazismo no ha sido obra de monstruos. Era todo un sistema, toda una burocracia, una estructura estatista compuesta por gente "corriente" que trabajaba pacientemente para el cumplimiento de la Solución Final apoyándose en el aparato administrativo de un Estado moderno.»[84] La frontera entre lo pedagógico y el mecanismo sacrificial consistente en hacer que uno solo o un pequeño número asuma la falta colectiva resulta muy incierta. Aquilino Morelle ha mostrado de forma convincente que el caso de la sangre contaminada, al concentrarse en cuatro individuos, retrasó el análisis de las disfunciones mayores del cuerpo médico en su conjunto.[85]

No es cierto que los procesos sean los mejores medios para revelar problemas sociales: el debate sobre la inmigración no puede plantearse en un tribunal, ni el de la culpabilidad de tal o cual persona en un puesto público. La convicción relativa a los hechos no es comparable a las opiniones sobre las cosas. La primera es tributaria de la calidad de un procedimiento, la otra es inmediata y propia de cada cual. La íntima convicción requerida de un juez es lo contrario de la convicción del ciudadano.

La preocupación pedagógica ha de permitir que se filmen ciertos procesos en determinadas condiciones. En efecto, es necesario, como lo recuerda Pierre Zémor, manifestar el Estado de derecho para resistirse a la oleada de imágenes que se vierten diariamente en nuestras pantallas. No se luchará contra la intrusión de la imagen mediante una ausencia de imágenes, sino mediante la introducción de nuevas imágenes, conformes con nuestro ideal de la justicia.

---

83 Y. Sheftel, «Le malaise Demanjuk», *Le Monde,* 4 de noviembre de 1994.

84 C. Lanzmann, *Le Figaro,* 8 de septiembre de 1993.

85 A. Morelle, «L'institution médicale en question», *Esprit,* 10 de octubre de 1993, pp. 5-51.

Robert Jacob muestra cómo la justicia ha nacido y se ha desarrollado por medio de imágenes.[86] Esta historia debe continuar. Hay que *representar a la justicia.* Las imágenes de la televisión nos exigen que nos mostremos más imaginativos para adaptar el proceso a este nuevo lenguaje tecnológico sin alterar su esencia.

Un proceso es una construcción muy antigua y muy frágil. Las normas de procedimiento que lo han enriquecido a lo largo de los siglos aún no lo han hecho completamente de fiar. Y, por otra parte, ¿lo será algún día? ¿Qué hay más endeble que un testimonio? Y ¿qué más sugestionable que una confesión? Y ¿qué más evanescente que una impresión de audiencia? El proceso es un juego de presiones legítimas que han de paralizar las presiones ilegítimas, las que llegan de fuera. Porque un debate sin presión ninguna solo existe en la escolástica. Solo quien no ha entrado nunca en una sala de audiencias puede rechazarla. La presión psicológica no se niega en un proceso, sino que se asume. Por eso la íntima convicción reclama un espacio propio sin el cual resulta aún más sospechosa. Abrir los tribunales a los medios puede hacer que la justicia sea aún más sensible a las influencias externas. Se ha visto recientemente que una emisora pública de televisión le daba a un hombre de negocios, sometido a indagación, más de sesenta minutos en antena, en una hora de gran audiencia, para permitirle justificarse ante los telespectadores. Tales manipulaciones no auguran nada bueno. El marco del proceso ha de contener a la vez la vindicta popular y mantener a distancia a quienes aman tanto la justicia que le dedican emisiones enteras, como «Témoin n.º 1». No es el principio de una emisión lanzando llamamientos a testigos lo que sorprende, sino el hecho de que una cadena privada se haga con ciertos casos para hacer que la audiencia suba, con el pretexto de prestar su ayuda a la justicia en la búsqueda de la verdad. Ya que los efectos de tales emisiones no son anodinos. Después de haber abolido la distancia interna en cada sociedad, atacan la distancia interna del sujeto, la que distancia al ciudadano del individuo.

Los medios, una autoridad de hecho

Los medios son más que un contrapoder y más incluso que un poder. Su registro es el de la autoridad entendida como el poder de llevar a escena la realidad. Le disputan a la justicia la capacidad de encarnar el lugar de *visibilidad* de la democracia. Los medios y la justicia compiten tanto más cuanto que evolucionan en un mismo registro. No dejan de tener puntos en común[87]:

---

86 R. Jacob, *Images de la justice,* Le Léopard d'Or, París, 1994.

87 R. V. Ericson, «Why Law is like News», *Law as Communication,* Aldershot (G.-B.), Darmouth, 1996.

su actuación (a partir de un hecho), sus métodos (dramatización y moralización), su estructura, que acoge otros discursos, y finalmente su responsabilidad. Ambos no tienen más que la capacidad de evitar sin tener la de actuar. La prensa —como la justicia— contribuye así al debilitamiento de los otros dos poderes y podría, al acelerar la desintegración de la política, preparar la llegada del populismo. Pero hay algo que les separa radicalmente: mientras la prensa mantiene la fantasmagoría de una democracia directa, la justicia lleva a escena el debate democrático. Una acelera el hundimiento simbólico, la otra lo evita.

Para los medios, la imagen se basta a sí misma. La realidad no tiene necesidad de ser puesta en escena: he ahí el gran dogma —o el único— de la ideología invisible de los medios. Como toda ideología, tiene también una función de disimulación. Los medios enmascaran a la vez el lugar de poder del que proceden. Imaginar una sociedad absolutamente transparente para sí misma, un mundo que se gobernaría sin ayuda de instituciones, es sencillamente una utopía. Siempre hay mediaciones, y cuando no se las menciona, estas mediaciones las aseguran gentes invisibles y por tanto irresponsables. Eso es lo que hace a la televisión tan tóxica cuando destituye a toda autoridad prefiriendo mostrar las bambalinas mejor que el escenario, la violencia mejor que su resolución social, al hombre mejor que a la personalidad pública, la injusticia mejor que la justicia. Toda queda desacralizado menos ella, que se presenta, por el contrario, como el nuevo demiurgo. Lo sagrado nunca es más opresor que cuando es invisible. De ahí la necesidad de nombrar ese magisterio implícito que los medios ejercen sobre la democracia.

Esta pretensión de los medios de encarnar un nuevo espacio público más moderno tiene en efecto algo de imposible. Mientras la justicia es a la vez un lugar de representación de la realidad mediante la creación de imágenes y de *acción* sobre las cosas, los medios se niegan a cualquier acción. Pretenden solamente informar. Impiden que las instituciones actúen y ellos mismos no pueden actuar. Esta facultad de impedir, que no está provista por ninguna facultad para estatuir, hunde a las democracias modernas en un cierto inmovilismo. Así como se habla de «poder de hecho», la verdadera naturaleza de los medios es la de ser una *autoridad de hecho.*

El debilitamiento de las autoridades instituidas corresponde a una pérdida de soberanía de la democracia con respecto a sí misma. ¡Nunca las sociedades han invocado tanto la transparencia y nunca han sido tan opacas para sí mismas! Nuestra sociedad de hipervisión pierde toda visibilidad para sí misma. Puede establecerse un paralelo con nuestra sociedad hiperjuridicista, que ha perdido el sentido del derecho, es decir de la mesura y de la obligación.

Privada de una representación adecuada de la realidad y de mediaciones institucionales, se ve condenada a no actuar ya *deliberadamente* en el sentido propio de la palabra. Está despojada ante la relación de fuerzas, que no puede sublimar en el símbolo. Los medios constituyen entonces una autoridad muy real pero desviada porque es inconsistente, inconstante e inconsecuente, por oposición a una institución reconocible y situada, estable y operativa.

Este recurso salvaje a la opinión pública es igualmente pernicioso para dar crédito a la idea de que, en una democracia, la opinión pública es el mejor juez. Esto es tan falso como en el terreno de la ciencia. Todo el mundo recuerda el caso Lyssenko. La opinión pública no puede suplantar a los jueces a los que ha encomendado su misión. La multitud elige siempre a Barrabás.

Los medios constituyen una autoridad que solo recibe autoridad de sí misma. Beneficiarios de un acceso directo al soberano que ellos mismos han consagrado —la opinión pública—, no dudan en recurrir a él en caso de dificultad. Determinado periódico satírico siempre podrá desacreditar a la justicia después de una decisión en contra y a veces conseguirá su propósito. La prensa se *autolegitima* porque no reconoce otra sanción que la de sus lectores, es decir prácticamente ninguna. O más exactamente, la única sanción que teme es la del mercado. Pero la sanción del mercado y la sanción de la ley no tienen en común más que el nombre: una es deliberada, la otra es espontánea, perteneciente pues al orden de la naturaleza. Los discursos comercial, político y mediático tienen además en común que descansan en la seducción. Hay que gustar, vender o hacer que a uno le elijan a cualquier precio. Estamos en los antípodas del discurso de la ley, que es el orden de la frustración. El desafío de los medios está decididamente vinculado a una dinámica de la misma democracia, a saber, el de la autorreferencia y de la seducción.

Al no encontrar ninguna sanción —aparte de la de la ley del mercado— en su tratamiento de los casos de la justicia, ¿no corremos el riesgo de que los medios nos lleven a un estadio de predemocracia, es decir, al estado de naturaleza? La ilusión de la democracia directa, la fantasmagoría de una democracia sin escenario en que la instancia suprema de representación la constituirían los medios, procede de la idea de una armonización espontánea de los intereses de cada uno bajo la mirada del mejor árbitro que exista en la democracia: la opinión pública. Una democracia de opinión es una democracia sin simbología, sin instancia superior, dicho brevemente, sin autoridad distinguible y operativa. El final de la democracia se cumpliría con la emancipación de las instituciones que la han constituido. Se trata de la fantasmagoría de una democracia «natural» sin espesor simbólico, sin distanciación entre gobernantes y gobernados ni en la relación de sí a sí. Una democracia de lo instantáneo, de lo directo, el sueño de un mundo a partir de ahí totalmente transparente para sí mismo, de donde quedaría definitivamente barrida la distanciación de lo sagrado: una democracia por fin liberada de lo político.

«El principio de la democracia se corrompe, dice Montesquieu, no solo cuando se pierde el espíritu de igualdad sino también cuando se adopta el espíritu de igualdad extrema, y todos quieren ser iguales a aquellos que han elegido para mandarles. Entonces, el pueblo, al no poder soportar ya más el poder que confiara, quiere hacerlo todo por sí mismo, deliberar en lugar del senado, ejecutar en lugar de los magistrados, y despojar a todos los jueces.»[88] La ciudad democrática es perecedera, más que cualquier otra. Por eso hay que proteger las «mediaciones imperfectas» que son las instituciones. ¿Y si la lucha por la democracia hubiese cambiado insidiosamente de campo y después de haberla concebido durante años como una emancipación de las instituciones hubiese que plantearla como una protección contra el espíritu de «igualdad extrema»?

Los deslices de los medios no han de hacer olvidar sus méritos irremplazables. He ahí toda la dificultad: si pudiésemos quedarnos con esa denuncia, ¡qué fácil sería todo! Bastaría expulsar a los medios de nuestras instituciones, prohibir las cámaras en las salas de audiencia y reprimir con más dureza las violaciones del secreto de la instrucción. Eso sería malbaratar el contrapoder irremplazable que los medios constituyen en una democracia. Sin ellos no hubiese habido una operación de *mani pulite* en Italia, un Watergate en Estados Unidos ni el caso de la sangre contaminada en Francia. Los medios solo pueden asumir este papel esencial como contrapoder porque su lógica no es política sino comercial.

El mercado aporta así a la democracia la mejor garantía y la peor amenaza. El diario español «El País», por ejemplo, próximo al poder socialista durante los años ochenta, no quiso abordar en un primer momento los casos de corrupción que agitaban el gobierno de Felipe González. La sanción no se hizo esperar, y sus ventas bajaron. Tuvo entonces que mostrarse tan incisivo —o más— que sus colegas para recuperar su parte del mercado. No es pues por virtud por lo que la prensa desempeña su papel de contrapoder sino por interés.

También es vano oponer la mala lógica del mercado a la buena lógica pública. El verdadero desafío que plantean las relaciones entre los medios y la justicia es el de conjugar dos lógicas heterogéneas: la del mercado y la de

88 Montesquieu, *De l'esprit des lois,* Garnier-Flammarion, París, 1979 (cronología, introducción y bibliografía de V. Goldschmidt), vol. I, p. 243.

la cosa pública. Y los medios no forman un poder establecido. ¿Qué tienen en común la prensa escrita y la televisión? ¿Y «París-Match» y «Le Monde»? Sus intereses son divergentes. De ahí toda la dificultad de regular una actividad que pertenece a dos mundos a la vez: el mundo mercantil y el mundo cívico. Los medios son de naturaleza híbrida y no se les puede tratar como a no importa qué actividad comercial ni como a una institución pública.

Los medios le lanzan un nuevo desafío al Estado de derecho al darle una nueva configuración al espacio público. Más que lamentarse por la desaparición de lo simbólico, hay que intentar adaptarlo a estos nuevos soportes. La cultura es, dice Régis Debray, «la interacción renegociada sin cesar entre nuestros valores y nuestras herramientas».[89] Ya que las relaciones entre la justicia y los medios se plantean a un doble nivel, poder y autoridad, hay que imaginar soluciones para esos dos registros: ¿cómo salir del cuerpo a cuerpo actual entre jueces, periodistas y políticos? Y también ¿cómo darle a la sociedad democrática una nueva consistencia simbólica?

Pero los medios no afectan solo al funcionamiento de las instituciones: se vinculan también con la otra gran causa del incremento del poder de la justicia que hay que buscar en la sociedad democrática misma. Los medios, que son el instrumento de la indignación y de la cólera públicas, pueden acelerar la invasión de la democracia por la emoción, propagar una sensación de miedo y de victimización e introducir de nuevo en el corazón del individualismo moderno el mecanismo del chivo expiatorio que se creía reservado para tiempos revueltos.

89 R. Debray, *op. cit.*, p. 148.

CAPÍTULO IV
LA PREFERENCIA PENAL

El aumento del poder de la justicia solo se puede explicar con un reajuste de las instituciones políticas, y es también la expresión de una evolución más profunda y menos visible del individualismo moderno. La justicia se ha convertido en lugar de elección de las pasiones democráticas, y el tribunal en el teatro último del enfrentamiento político. Pero esa recuperación del interés por lo judicial es ambiguo: manifiesta a la vez el deseo de reforzar un contrapoder y un interés nuevo y menos noble por la venganza. Esta nueva escena de la democracia puede convertirse en número de circo al ofrecer un espectáculo de la crueldad tanto más excitante cuanto que arroja a la arena a poderosos, ministros, grandes patronos y médicos. Esta forma sentimental y efusiva de hacer política concuerda con una opinión pública huérfana de un conflicto central, que ya no llega a representarse el vínculo social si no es según el código binario agresor-víctima.

El derecho penal se presenta como un sentido siempre posible, como el último recurso cuando la ideología ha desertado del espacio social. En una democracia inquieta, más casuística que dogmática, las categorías penales se ven promovidas a un futuro feliz debido a su simplicidad y a su fuerte carga de adrenalina. Clamar venganza, llorar o indignarse no requieren título académico ninguno. Esta lógica primaria dispensa de lanzarse a las sutilezas de la responsabilidad administrativa o civil, tanto más sospechosas a ojos de los ciudadanos telespectadores cuanto que no las comprenden. El repliegue sobre el derecho penal confirma un doble fracaso: el de las regulaciones sociales intermedias como la familia, el barrio o el trabajo, y el de las soluciones, cuando la justicia penal sigue conservando la cárcel en el centro de su dispositivo —para convencerse de ello basta constatar el aumento continuado e incontrolable del número de detenidos en todas las democracias.

Los mecanismos de esta preferencia por la solución penal —identificación con la víctima, diabolización del otro— se refuerzan mutuamente para oscurecer el lugar de la relación política entre ciudadanos más allá de la relación afectiva entre prójimos.

LA IDENTIFICACIÓN CON LA VÍCTIMA

La opinión pública se inclina hoy a identificarse más con la víctima que con el árbitro, con el gobernado más que con el gobernante, con el contrapoder más que con el poder, con el justiciero más que con el legislador. Se ha visto a un pueblo recuperar la unidad detrás de los jueces Di Pietro en Italia y Van Espen en Bélgica[90], en su resistencia contra los poderosos. El pequeño juez es la última encarnación de la lucha de la virtud contra el vicio, de David contra Goliat. Quizá es ahí donde empieza la democracia directa, en el establecimiento de una oposición reductora entre el bueno y el malo que obliga a elegir el propio campo. Los sucesos dan una visión simple, o simplista, de los compromisos que un discurso político tecnocrático había acabado por oscurecer. Esta aproximación emocional y maniquea a lo político preludia sin duda el populismo.

Del activismo de los jueces al activismo asociativo

Estos últimos decenios se ha asistido al crecimiento del papel de las asociaciones en el desencadenamiento de la acción pública, de cuya consolidación aún pueden algunos dudar (pensemos en la asociación que sorprendió al Servicio central de prevención de la corrupción). La ley les reconoce a muchas de ellas la posibilidad de sustituir a la acusación pública, por ejemplo en materias de urbanismo, de ecología, de protección de las personas y de las minorías, de lucha contra el racismo, de higiene pública.

En su mayoría, estos movimientos surgen del Mayo del 68, del que han conservado a la vez el interés por la desigualdad (en las relaciones mujeres-hombres, padres-hijos, por ejemplo) y una actitud de sospecha en cuanto a las instituciones. ¿Quién no recuerda el famoso caso Bobigny relativo al aborto, y el movimiento que lo siguió denunciando la impunidad de la violación? El relevo lo han tomado hoy los abusos sexuales con niños, y especialmente el incesto. Por otra parte, toda clase de vigilantes hacen que reine una especie de «corrección política» a la francesa investigando en el pasado de todas las personas públicas para cuestionarse si no habría motivo de querella o de denuncia. Por una curiosa inversión, estos nuevos acusadores han salido a menudo de medios de la extrema izquierda, es decir de aquellos que aún ayer iban a

---

90 En el caso en que se procesaba a Didier Pineau-Valencienne.

derribo contra toda forma de censura burguesa. Se comprende con facilidad que la extrema izquierda se encuentre en esta lucha contra las instituciones, que sin embargo ha cambiado en que esos militantes asociativos utilizan ahora la institución judicial para lograr sus fines. Esta inversión de los lugares es particularmente perturbadora, al compartir los militantes de la izquierda tradicional, espontáneamente, estas causas sin comprender que justifican un incremento de la represión. Esto queda particularmente claro en materia de abusos sexuales, que en la actualidad motivan las penas de prisión más largas en nuestro país.

Asistimos así a la conjugación de tres activismos: el de los jueces, el de la prensa y el de las asociaciones. Los resortes son siempre los mismos: la inquisición y la denuncia salvaje, la emoción, el horror, la desconfianza ante las instituciones tradicionales y una especie de presunción de culpabilidad. La nobleza de la lucha —el niño, la integridad corporal de las mujeres, combatir el racismo— los pone por encima de las leyes civiles y de los procedimientos democráticos. Querer que se respeten estos procedimientos equivale inmediatamente a que se ponga en duda la buena fe militante o la dedicación o, peor, ser sospechoso de racismo o de machismo. ¿Quién estará, también, en contra del trabajo de los niños, del incesto o del sufrimiento de los animales?

La jurisdicción de las emociones

Ningún otro caso ilustra mejor la influencia actual de la emoción que el de la sangre contaminada. El relato en los medios de la intervención de la justicia[91] la presentó como algo irrisorio, ya que las víctimas han sido «condenadas» por la ley de la vida y de la muerte, que se comparó sin cesar con la ley jurídica. En lugar de explicar que ni la ley moral, ni la ley biológica pueden sustituir a la ley jurídica, los medios prefieren indignarse por la famosa frase de Georgina Dufoix, «responsable pero no culpable», cuando la disociación de la falta y de la garantía del riesgo es la base misma de nuestro derecho de la responsabilidad. ¿Quién tuvo el valor de explicarlo? El dolor descalifica el procedimiento y la necesaria mediación del derecho. Si el sufrimiento no tiene precio, ¿cómo indemnizarlo? Se ha rechazado el valor del dinero como única reparación posible. Pero a lo largo de este caso, es una de las condiciones esenciales del proceso —la simbolización de todo mediante el dinero— la que se ve amenazada. Este proceso nace en Grecia y en Roma con la aparición de la moneda, y no nos atrevemos a imaginar la regresión que supondría una

---

91 Véase el informe de *Droit et société,* LGDJ, 26, París, 1994.

justicia que hubiese perdido este equivalente universal. Asimismo se debilitarían la cualificación jurídica y las categorías del derecho.[92]

«El dolor es injusto, dijo Racine, y todas las razones que no lo satisfacen agrian sus sospechas.» Se les reprocha a los procedimientos de la justicia que no estén nunca a la altura del drama y del sufrimiento. El menor alejamiento de las tesis de la víctima es intolerable. No es seguro que eso sea tan beneficioso para las víctimas ya que el trabajo del duelo se hace así innecesario. ¿Qué es simbolizar, si no es nombrar, distanciar mediante ritos y palabras? ¿Qué es el proceso si no es poner palabras en el lugar de la violencia, dinero en el lugar del sufrimiento? El sufrimiento tiene todos los derechos, puede exonerarse de todos los deberes. Así, los jueces de instrucción proponen en una conferencia de prensa mantener el secreto de la instrucción, aunque reservando para las víctimas y las personas sometidas a examen «un derecho al grito» *(sic)* que les permita recurrir directamente a la opinión pública.[93]

Este proceso de simbolización puede verse bloqueado por un espectáculo siempre más crudo, que hace que las palabras sean insoportables y el dinero quede fuera de lugar. Es cierto que no hay nada más comunicativo que las lágrimas. Con eso, el sufrimiento hace la ley, y el sufrimiento de centenares de personas justifica que se inculpe dos veces a la misma persona por los mismos hechos. Los medios, al colocamos así bajo la jurisdicción de las emociones, nos alejan de la del derecho. Se autoproclaman representantes de la opinión pública cuando no son, con mayor frecuencia, más que portavoces de la emoción pública.

El legislador irracional

Catherine Ehrel[94] ha subrayado la importancia de los sucesos en los debates parlamentarios que precedieron a la adopción del nuevo código Penal. No es demasiado decir que estos —especialmente los asesinatos de niños— han sido temas importantes en muchas sesiones. Los asesinatos de niños se convierten en acontecimientos nacionales para una opinión pública fascinada por la muerte y la transgresión. Su exasperación por los medios acabará por hacer creer al ciudadano no avisado que este tipo de crímenes es frecuente,

92 «Eso no impide que calificar la sangre de "producto" sea en sí sacrilegio», *Le Figaro*, 3 de octubre de 1992.

93 F. Ricard, presidente de la Asociación francesa de los magistrados a cargo de la instrucción, *Le Monde*, 12 de diciembre de 1994.

94 C. Ehrel, A. Garapon, «Lectures du nouveau Code pénal», *Esprit*, octubre de 1993, p. 203.

lo que no es el caso. A la opinión pública la cautivan asimismo los crímenes cometidos por niños, como lo ha demostrado la resonancia del asesinato de un vagabundo perpetrado por unos chicos de Vitry-sur-Seine, o el caso de los dos niños asesinos de Liverpool, que conmocionó Inglaterra. ¿Cómo explicar este fenómeno que parece superar el caso francés?

Nuestra sociedad se pregunta acerca de su destino colectivo a partir de historias singulares. El suceso ya no es ese acontecimiento que trasciende la política por su cotidianidad sino, por el contrario, *la expresión de una nueva demanda política*. Le permite al discurso político, después de haber procurado movilizar a los ciudadanos al valorar lo local y lo asociativo, interesarse más por lo cotidiano y lo privado. El suceso se inviste de significación política, «expresa problemas nuevos, circunscribe los desafíos: sustituye las definiciones de ayer del interés general».[95] Así, hemos visto que una ley sobre la condena a perpetuidad real de los asesinos de niños ha seguido solo con unas semanas de diferencia a un suceso. ¿No saldríamos ganando al recordar esta advertencia de Duport con ocasión de los debates del primer Código Penal de 1791: «No es siempre por una obediencia puntual y servil a las órdenes de la opinión por lo que los legisladores llevan las leyes más útiles a sus países; a menudo esas leyes solo tienen relación con necesidades momentáneas y solo remedian efectos: los resultados felices y vastos que deciden la felicidad de los pueblos están relacionados en general con la meditación y el cálculo»[96]?

El suceso está al margen de lo político; es a la vez singular y universal. «Consultada al azar, la crónica política de un diario publicado en 1885 apenas resultará comprensible para un historiador de principios de la III República. Por el contrario, la lectura de los sucesos será tan fácil como la de una novela de la época»[97]. Es menos la utilización del suceso lo que crea problemas que la ausencia de interpretación. El suceso es significativo en sí mismo, por pura evidencia; su sentido se entrega con el hecho, le es inmanente; por otra parte, quizá sea esta evidencia lo que busque el político. Es la trampa de la *ilusión de la transparencia*, uno de los cánones de la democracia directa.

95 P. Chambat, «La place du espectateur, de Rousseau aux reality shows», *Esprit*, 1993, 1, pp. 77-78.

96 Citado por P. Lascoumes, P. Poncela, P. Lenoél, *Au nom de l'ordre, une histoire politique du Code pénal*, Hachette, París, 1989, p. 296.

97 G. Auclair, *Le Mana quotidien, structures et fonctions de la chronique des faits divers*, Éditions Anthropos, París, 1970, p. 14.

Un consenso en la efusión

El asesinato de niños es la última imagen del mal absoluto en una sociedad que duda de sus valores. «Él, por lo menos, era inocente», exclama René Char. Este horror permite distinguir con claridad al ofensor del ofendido, hacer que acabe la indiferenciación en la que se ven lanzados el agresor y el agredido. En una sociedad que duda de sus valores y a la que ya no le sorprende nada, hay que ir a buscar en ese extremo del sufrimiento y de lo intolerable, la chispa de un sobresalto. En ese sentido dado, evidente, incontestable (¿quién se atrevería a dudar del sufrimiento de las niñas y de sus padres?), se encuentra el *consensus*. En la base de los regímenes democráticos sustentados en el contrato social y la soberanía nacional, el consenso, paradójicamente, está abocado a declinar de forma inexorable. Esta clave de bóveda de la democracia de opinión se muestra extrañamente reacia a toda aproximación teórica. El consenso es de orden mítico. Descansa en la creencia, la adhesión, la invocación ritual. En política, hoy se dice: «la opinión pública está con nosotros», como ayer se decía: «Dios está con nosotros». El par «científico moderno: opinión pública-consenso ejerce hoy las mismas funciones que el par racionalista, voluntad nacional-razón, y en la época de las luces, el par teológico: Dios-mandato divino.»[98]

Es sorprendente la fascinación de nuestras sociedades democráticas por la violencia extrema no simbolizada, por esos crímenes espantosos sobre los que los medios se explayan. ¿No podría haber ahí un vínculo con el hundimiento simbólico? Esa excitación extrema de la emoción refuerza la solidaridad social, pero se trata de un consenso primario, si no es primitivo, arcaico, emocional. Hace que se pierda de vista el interés común, que nunca puede asimilarse al de una sola persona, aunque sea un niño. Mientras el marco jurídico, sus símbolos y sus procedimientos, tiene como función crear una *solidaridad sin consenso,* es decir, un acuerdo sobre la forma de resolver los conflictos pero no necesariamente sobre las soluciones, es lo contrario lo que se produce: un *consenso sin solidaridad.* El sentimiento que reúne de manera muy efímera a unas personas ante el horror es suficiente para unir por un momento a personas muy heterogéneas pero no lo suficiente para fundar una comunidad política. Su objetivo es solo reanimar una comunidad efusiva sin otro banderín de enganche que la defensa del ser vivo ante la muerte. Solo una amenaza suprema, el cáncer, los accidentes de carretera

98 F. Ost, M. Van de Kerchove, *Bonnes Moeurs, discours pénal et rationalité juridique,* Publicaciones de las facultades universitarias Saint-Louis, Bruselas, 1981, pp. 108-109.

o los malos tratos a los niños se muestran capaces de unir a los vivientes. Como lo demostró el caso de la sangre contaminada, parece establecerse una perturbadora concurrencia entre la ley biológica, la de la vida y la muerte, y la ley de los hombres, civil o penal.

Los «juicios de corazón»

Lo que crea consenso es menos el ultraje de las leyes que el intolerable sufrimiento de la víctima con la que el parlamentario no puede menos que identificarse lanzándose a una inquietante sobrepuja. Así, la emoción, que es el principal recurso de los medios, acaba por afectar el discurso político e inspirar leyes. Debido a esta mediación, la emoción influencia directamente la vida democrática por completo, comprendida la justicia. Pensemos en los «sobresaltos cordiales» que proporciona una justicia más efusiva que racional, a la que estigmatizaba ya D'Aguesseau. Y ahí nuevamente el caso de la sangre contaminada ilustra tristemente la dilución de las categorías del derecho bajo la presión de la emoción pública. Muy pocos son los juristas que han tenido el valor de denunciarlo. Pierre Mazeaud es uno de ellos. Ha demostrado de forma magistral cómo el sentido jurídico preciso de los tres términos clave del caso de la sangre contaminada ante el Tribunal de Justicia de la República —«envenenamiento», «complicidad» y «sometimiento a examen»— había cedido ante la presión de la opinión pública.[99] la audiencia del caso de la catástrofe del estadio de Furiani supone un paso suplementario en esta peligrosa deriva. La parte civil intentó impedir que los abogados de la defensa presentasen una argumentación jurídica. A estos últimos les «pusieron en cuarentena» la parte civil, los otros abogados y los periodistas. ¿Se ha escuchado con frecuencia el punto de vista de la defensa ante las cámaras de televisión? ¿De qué valen esos escasos segundos de antena ante los numerosos reportajes que se apiadaban de la suerte de las víctimas, sus sufrimientos, su desesperación?

Estas derivas no dejan de inquietar porque lo que ponen en duda es la posibilidad misma de hacer justicia cuando la emoción es demasiado fuerte. «¿Es razonable reprocharle a un proceso que tenga aspectos jurídicos? ¿O consentirle al derecho un mínimo de espacio aunque no sea más que en un tribunal?», se pregunta Jean-Marc Théolleyre.[100] Recordemos a los habitantes de un pueblo de los Alpes de la Haute-Provence linchando a los abogados de las personas encausadas por la violación y el asesinato de una

99 P. Mazeaud, «Le sens des mots», *Le Monde,* 8 de octubre de 1994.

100 J.-M. Théolleyre, «Le droit de défendre», *Le Monde,* 2 de febrero de 1995.

niña. ¿Será casualidad que fuesen a por el abogado de la defensa más que a por el inculpado mismo? ¿No es la idea misma de representación, de un distanciamiento ante el horror, lo que es insoportable, es decir, la posibilidad de implementar medios jurídicos —o pedir la anulación del procedimiento— por un hombre al que ellos habían condenado ya sumariamente? Solo la perspectiva de que se pueda defender a un presunto culpable se hace intolerable. No es aceptable ningún matiz entre la adhesión a las posiciones de las víctimas y la absolución de los presuntos culpables. Defenderlos es ya en sí criminal. El linchamiento es muy revelador de una especie de cuerpo a cuerpo que confirma el fracaso de cualquier distanciación simbólica. ¿No se está perdiendo de vista el principio mismo de la justicia, que es distanciar la emoción para permitir, en la medida de lo posible, una elaboración racional? La identificación con la víctima así como la identificación con el acusado son condenables, como lo será toda identificación con una de las partes, aunque sea con la parte pública. ¿No es tarea del juez, por el contrario, adoptar un tercer punto de vista que le haga justicia —y no venganza— al agredido y también al agresor?

LA DIABOLIZACIÓN DEL OTRO

La identificación generalizada con la víctima tiene como consecuencia diabolizar al otro. No se puede ser víctima si no es con la condición de encontrar un culpable. La actualidad reciente ofrece numerosos ejemplos de esta lógica penal que invade la vida social. Se ha visto a responsables administrativos del más alto nivel —como prefectos o directores de establecimientos escolares— ser perseguidos por la justicia por una calificación penal por hechos que caían dentro de la responsabilidad administrativa. Como si esta última no ofreciese de forma suficiente el espectáculo de la humillación de la persona encausada. Esta tendencia es reveladora de la confusión contemporánea entre la persona privada y la persona pública, a la que se ha hecho ya mención. Con este ritmo, no habrá ya una sola muerte en un departamento sin que alguien busque querellarse por lo penal con el prefecto por dejadez en el mantenimiento de la calzada, si se trata de un accidente en la vía pública, o por una falta en la gestión de la sanidad pública, por no hablar más que de las principales causas de mortalidad. El derecho administrativo ya no sitúa las responsabilidades en el nivel que les corresponde; lo mismo que el derecho civil: hacen falta no solo responsables sino también culpables. Hay que encontrar un responsable en todo, empezando por lo más absurdo, la muerte. Se pasa de una lógica civil o administrativa a una lógica penal, es decir de una lógica de la reparación y de la continuidad a una lógica, por el contrario, de la expulsión y de la discontinuidad. Como si la evolución de la sociedad democrática le hiciese recuperar la idea de que ninguna muerte es natural y que, si no se le puede atribuir a una voluntad positiva, siempre se puede imputar a una negligencia. Es necesario desarrollar nuestro derecho de la responsabilidad, con la condición de que esta ampliación no oculte el regreso de los mecanismos más arcaicos de la víctima propiciatoria y de la ley del talión.

El retorno de la mecánica sacrificial

En el caso de la sangre contaminada, al perseguir a cuatro personas una calificación penal inadecuada se creyó poder dispensarse de buscar las múltiples responsabilidades del cuerpo médico y de la alta función pública, y denunciar el fallo de los mecanismos normales de regulación. La lógica penal, que es la de la culpabilidad, se mostró insuficiente para explicar los mecanismos por los que los productos se contaminaron. «Ante lo insoportable, una justicia es un magro socorro, y si el castigo tiene virtudes tranquilizadoras para la opinión pública, cabe duda de su utilidad social cuando solo contribuye a anestesiarla.»[101] El daño era quizá demasiado grave para que no «cayesen cabezas». ¿Por qué precipitarse en un proceso penal y no haber organizado mejor, como recuerda con fuerza Daniel Soulez Larivière, un proceso civil? ¿O bien situar este proceso en el terreno de la responsabilidad administrativa? «En Francia, toda actividad patológica, económica y social debe ser sancionada penalmente. Como si la escena de la justicia fuese demasiado sosa y mediocre y hubiese que darle fuerza y atractivo haciendo tintinear cadenas y oliendo a calabozo.»[102] Esta prioridad de la lógica penal quizá sea una característica francesa: cuando muchos otros países han conocido un drama similar, solo en Francia se ha hecho un proceso penal. Eso traduciría el estado de subdesarrollo de nuestra justicia civil y de superdesarrollo de la justicia penal, que, de creer a Blandine Barret Kriegel[103], no es de ayer.

En un terreno completamente distinto, ¿por qué seguir penalizando el uso de estupefacientes, corriendo el riesgo de desacreditar la ley penal, visto el pequeño número de arrestos? El derecho penal se ofrece como el sentido siempre disponible cuando las otras formas de regulación fracasan o la

---

101 M. Setbon, «Quand punir n'explique rien», *Le Monde,* 6 de mayo de 1993.

102 D. Soulez-Larivière, «Le sang, la République et la justice», *Libération,* noviembre de 1992.

103 B. Barret-Kriegel, «La République, la maladie, la mort», *Le Monde,* 25 de noviembre de 1992.

valentía política ha capitulado. Lo sacrificial es el sentido siempre reactivable de la justicia. Y es que la justicia penal no puede sustraerse a la tarea de «decir» el derecho: se requiere de ella que se pronuncie, tal es su razón de ser. Esas numerosas solicitudes muestran la paradoja de la sociedad democrática que le transfiere a la justicia sus demandas de sentido no satisfechas. ¿No se vuelve la gente a la justicia como último recurso esperando de su función moral lo que es evidente que no es de su incumbencia? De ahí, una vez más, el atascamiento de la justicia, que quizá se explica sobre todo por la desaparición de las instancias que cumplían una función moral, lo que mostraría más un vacío que una demanda positiva y nueva, hablando con propiedad.

La evolución de cómo se percibe al joven delincuente es reveladora de esta súbita inversión del individualismo. Durante los Treinta Gloriosos, es decir desde los años cincuenta a los ochenta, la sociedad volvía hacia sí la responsabilidad de la delincuencia, como lo testimonia el título del conocido filme de Cayatte, *Todos somos asesinos.* Al menor delincuente se le consideraba mayoritariamente como un inadaptado al que había que educar, como alguien que se había perdido en el crecimiento. Hoy, a la inversa, la delincuencia se ve en términos de responsabilidad personal. Esta lectura en términos más jurídicos que políticos corresponde a una menor tolerancia. «Este reconocimiento de los derechos de los menores va a la par con la emergencia de una sociedad menos tolerante, menos autoculpabilizadora en cuanto a los problemas que ella misma genera y, en definitiva, menos solidaria»[104].

Para el legislador que instituía después de la guerra el tribunal de menores no había diferencia entre el niño víctima de malos tratos y el niño creador de desórdenes sociales. Esos niños, pensaba, son los mismos. También entraban en una única categoría: la infancia en peligro. Hoy se asiste al fraccionamiento en dos de esta categoría entre el bebé víctima y el adolescente amenazador. Por otra parte, atendiendo a la ley, la expresión «niño maltratado» ha ido sustituyendo a la de «niño en peligro». Se ha visto a la prensa a la vez interesarse mucho por los crímenes de los adolescentes, mientras que el número de aquéllos no ha crecido desde hace un siglo. El vínculo entre el niño con dificultades familiares y el adolescente sin afiliación ya no existe; la figura compleja y evolutiva del niño en peligro se ha dividido entre el símbolo de la inocencia perfecta y el de una nueva amenaza.

---

104 C. Vourc'h, M. Marcus, *Sécurité et démocratie,* Fórum europeo sobre la seguridad urbana, 1994, p. 43.

Una «sociedad de demandantes»

Se asiste en Estados Unidos a una inflación de procesos en los que los acusados eluden su responsabilidad con motivo de que fueron víctimas de abusos sexuales en su infancia. «Si tiene usted el recuerdo de esos hechos, no pueden ser más que verdad», dicen algunos psiquiatras de ultramar. Una vez más, los procedimientos parecen insoportables frente al dolor, como lo atestigua este recorte de prensa entre mil aparecido en *Le Figaro:* «Después de la revelación de Alexandrine, la máquina judicial se pone en marcha con su cortejo de debilidades: intimidación a la chiquilla, que ha de asumir la pesada responsabilidad de enviar a su padre a la cárcel, presión del padre mencionado, rechazo de la madre —cómplice o ciega—, dudas en la instrucción que ha de elegir entre la palabra de una chiquilla asustada y la de un adulto bien instalado en la sociedad y de reputación intachable.»[105] El niño no puede equivocarse, solo puede hacer verdaderas denuncias y falsas retractaciones. Se pasa de la presunción de inocencia a la inocencia que presume la verdad. Pero entonces, ¿qué queda del derecho de los padres a un proceso justo? Por cierto que la justicia ha de dar pruebas de un tacto que no siempre tiene —lejos de eso—, pero no ha de renunciar a hacer su trabajo, que es establecer unos hechos al final de un proceso justo.

Dice Charles Krauthammer que «en la actualidad, las neurosis no provienen de errores inocentes sino de actos criminales que tienen lugar en el seno de la familia que se considera normal».[106] Ahí estamos en el corazón de la ideología victimista que caracteriza nuestra época: nada se debe al azar, todo procede de una voluntad humana y se ha de poder imputar a alguien. Se espera que la justicia se preste a este juego, lo que en ocasiones hace. También es asimismo una especie de reacción de defensa ante el absurdo del mal. Al no poder encontrar una explicación inmediata, se busca en el pasado. La sociedad democrática no puede explicarse la delincuencia, es decir, el mal causado deliberadamente a otro, más que como la consecuencia de un crimen anterior. Yo he actuado así porque actuaron de forma aún más condenable conmigo en mi infancia, o en generaciones pasadas. El mal no se puede pensar fuera de esta lógica victimista que hace del mismo delincuente una víctima y que remite cada vez más lejos la agresión original, la que no procedía de ningún mal anterior. Mientras la ideología ha dado durante mucho tiempo carta de naturaleza a los fenómenos históricos, hoy se mueve a la inversa: dar una

---

105 *Le Figaro,* 6 de octubre de 1993.

106 C. Krauthammer, «La déviance redéfinie a la hausse, réponse a Daniel Patrick Moynihan», *Le Débat,* 1994, p. 171.

explicación humana a todas las catástrofes naturales. Todos los sufrimientos se remiten a algunos responsables que soportan todo su peso: ¿no estamos con eso en presencia de un mecanismo sacrificial? ¿Esta deriva no aleja a la justicia de su auténtica tarea, que es la de medir lo que le toca a cada uno? Se olvida que lo propio del derecho y de la justicia es precisamente detener esta responsabilidad, de otra forma infinita. El genio de la institución es desubjetivar los cambios humanos y «abordar el problema desde los dos ángulos: por una parte, lejos de desarmar ante la desdicha actúa contra ella imputando acciones, reconociendo actores y obligándoles a tomar precauciones; por otra parte, hace que las víctimas acepten que una parte de su desgracia no es imputable ni reparable, y que solo cabe comprenderla y reconocerla»[107].

Un individualismo temeroso

La sociedad democrática no llega a encontrar el tono justo para abordar el problema del crimen. Es más cómodo hablar del holocausto que de los asesinatos de niños. Adultos ante la historia, balbuceamos aún ante el crimen. Numerosas tomas de posición con ocasión del debate sobre los delincuentes sexuales, acerca de la perpetuidad real, podrían por otra parte interpretarse como otras tantas *estrategias de evasión* de la cuestión del mal. La violencia intersubjetiva se lleva demasiado deprisa a sus dimensiones sociales o psicológicas, y se insiste con más facilidad en la criminalidad inducida en la cárcel que en la que ha motivado la pena. Ya que nuestra sociedad ha apartado todo lo sagrado de sus representaciones oficiales, este solo subsiste bajo su forma infernal de horror y monstruosidad.

Después del individualismo triunfante de los años ochenta, se ve apuntar un individualismo defensivo, más de seguridad que libertario, más preocupado por la protección que por la *privacy*. El análisis de los debates parlamentarios sobre el nuevo Código Penal ha mostrado con claridad esta figura del *individuo amenazador,* que es la parte sombría de los derechos del hombre. «El Código muestra involuntariamente el vínculo entre dos lógicas contradictorias del individualismo contemporáneo, la de la reivindicación infinita de derechos y la de la demanda de protección. Un deslizamiento desde una interpretación positiva de los derechos del individuo (el derecho sin obligación) a su interpretación negativa (el individuo amenazador). Una victimización imaginaria ha sustituido a la imagen de la civilidad y de la ciudadanía.»[108]

---

107 O. Abel, «La responsabilité incertaine», *Esprit,* noviembre de 1994, p. 25.

108 O. Mongin, «Le Code pénal, une dialectique de l'autonomie et de la norme», *Esprit,* junio de 1994. p. 156.

En el otro ya solo se ve a un agresor potencial, un riesgo para la seguridad, un peligro para la libertad.

El vínculo social ya no se considera como solidaridad sino como una amenaza. Los culpables no se buscan tan solo en la figura del otro lejano, el extranjero, lugar que ocupó el Judío en la Europa del pasado. La figura amenazadora del otro se asienta de forma inédita en el rostro familiar. Ya no es solo el muy lejano el que se diaboliza sino también, o sobre todo, el muy cercano. Esta es la nueva forma que adopta la seguridad en el día de hoy: «Niños, desconfiad de vuestros padres, que pueden abusar de su autoridad, esposas, de vuestros esposos, que pueden ser violentos, empleados, de vuestros patronos que pueden acosaros, amantes, de vuestra pareja, que puede contagiaros una enfermedad, clientes de un restaurante, de vuestro vecino que fuma, conductores, del usuario en el que duerme un inexperto...», así es como se podría resumir el mensaje del nuevo Código penal. Todos esos seres próximos, potencialmente peligrosos, tienen en común carecer de rostro, o más exactamente tener la cabeza de todo el mundo. Henos pues, aquí, en guerra contra un enemigo sin uniforme ni rostro. Esto por no hablar de las nuevas formas de violencia como la droga o el terrorismo, que son «tanto más perturbadoras cuanto que la figura del enemigo es invisible, y lleva adelante una guerra tanto más amenazadora cuanto que no tiene lugar en un campo de batalla y puede producirse en cualquier momento»[109].

La naturalización de lo prohibido

El suceso es signo de esta regresión del interés público a la esfera privada. La preocupación del legislador del nuevo Código penal por las violencias domésticas es muy reveladora a este respecto (al prever, por ejemplo, que las violencias conyugales constituirían una circunstancia agravante del delito de malos tratos). La visión republicana del individuo se basaba en una separación de lo público y de lo privado y el individualismo se concebía como un espacio infranqueable para el Estado. A lo largo del despliegue del Estado providencial, se ha visto cómo se desarrollaba este control de la interioridad que denunciaba Foucault. Así que quizá hemos llegado a una nueva etapa en la que la política se apodera de nuestra intimidad con el pretexto de consolar nuestras penas.

A falta de principios políticos a partir de los cuales articular una legislación, el legislador se ve condenado a regresar a lo *vital*, es decir, a la vida lisa y llana, erigida en valor supremo; la vida biológica se convierte en el único

---

109 *Ibid.*, p. 157

denominador común de hombres a los que el consenso democrático ha dado la libertad de ser ellos mismos, es decir diferentes, pero que no pueden seguir siéndolo si no es con la condición de mantener algo en común. Es lo que Philippe Raynaud llama el *nuevo higienismo:* «configuración nueva en la que la norma se presenta, con independencia de cualquier conminación moralizadora de tipo "tradicional" o "autoritario", como el simple resultado de tener en cuenta intereses públicos evidentes por sí mismos y valores universalizabas; lo prohibido deriva de un *peligro* objetivamente constatable, el punto de vista es el de las víctimas»[110].

Del control social al control lateral

El nuevo delito de «Poner en peligro a otro» es revelador de una nueva forma de control social. El Estado les deja a los individuos el cuidado de controlarse recíprocamente, compensa la desaparición del control central dejando a cada uno el cuidado de prevenir o controlar todo acto que pueda provocar víctimas. Sirva de testimonio la campaña publicitaria que mostraba a una adolescente encinta con este único comentario: «Su suegro la quería mucho, pero los vecinos querían una prueba. Gracias por meterse donde no les llaman.» El ministerio de salud, por su parte, pone a disposición de todos un número de teléfono para denunciar los eventuales malos tratos de los que cualquiera pueda ser testigo. Esta delación organizada por el Estado es reveladora de esta nueva forma de control social. Autoriza a una asistencia social a irrumpir en el hogar de quienquiera que sea con el pretexto de que la situación del hijo la han denunciado por el teléfono verde. Aparte de que eso entorpece la acción educativa ulterior o en curso, y de resultados por lo demás inciertos, ya que un 80 % de las situaciones denunciadas por este famoso teléfono verde ya es conocido por los servicios sociales.

LA INVERSIÓN DE LOS LUGARES

La delación está asimismo en el centro de las emisiones televisadas que asumen como su misión ayudar a la justicia en la búsqueda de los culpables. En la emisión «Témoin n.º 1», el presentador repite en cada emisión que esas cosas pueden ocurrirle a cualquiera y lanza urgentes llamadas a testificar. Se supone que estas emisiones ayudan a las instituciones en su búsqueda de la verdad, pero este interés es profundamente ambiguo. En un estudio de tele-

110 P. Raynaud, «L'hygiénisme contemporain et l'écologie: une permissivité répressive», *La Nature en politique ou l'enjeu philosophique de l'écologie,* L'Hartmann, París, 1993, pp. 138-149.

visión, todas las funciones institucionales se basan en la autoridad del único señor del lugar, el presentador estrella. Los medios sienten la tentación de mostrar su superioridad sobre las instituciones probando que una emisión de televisión hace que adelante la investigación en unos minutos más que una brigada de policías en muchos meses. Pretenden también encarnar un espacio público más verdadero porque es más adecuado para representar las expectativas sociales y para que los ciudadanos se comuniquen entre sí. «París Match» invitó a sus lectores a votar por Minitel la culpabilidad de uno de los acusados en el caso del asesinato de la pequeña Céline. Los crímenes se convierten en un espectáculo en directo, como la retención de rehenes en la escuela maternal de Neuilly y los *Crime Watch Programmes* «de los grandes juegos populares televisados»[111]. Los sucesos ya existían antes del desarrollo de los medios de comunicación modernos, pero estos han reforzado su impacto político mediante el poder de la imagen, el tratamiento en directo y un manejo de la intriga que controla de forma muy sutil el «suspense».

¿No habrá una correlación entre el declive de la ficción en la televisión y el rechazo de las ficciones del derecho? «Como si la ficción, por verosímil que sea, fuese una traición (es menos rica que la experiencia) y no una traducción, una representación o una apertura... *Una lógica de la presencia* roe la de la representación.»[112] Con los *reality shows,* la televisión da a entender que no tiene necesidad de la ficción ya que es capaz de actuar sobre lo real, con la participación de aquellos que están directamente afectados. Se trata de una televisión de los telespectadores que quieren hacer las cosas y no verlas hacer.

Una percepción intimista de la justicia

Karlin y Lainé, los dos realizadores de «Amor en Francia» y luego de «Justicia en Francia», «denuncian la insuficiencia frecuente de la justicia actual y de los expertos para tratar verdaderamente al criminal y escucharle como sujeto, con sus dificultades de identificación sexual y sus problemas genealógicos —es decir en sus relaciones subjetivas con la ley—, carencia que Karlin y Lainé se plantean deliberadamente reparar». Un joven toxicómano, condenado por el asesinato de su compañera, de mucha más edad que él, había declarado ante ellos: «Se han juzgado los hechos, pero a mí no se me ha juzgado.» Después de muchas y largas conversaciones con él, nuestros autores escriben: «La sensación que teníamos al salir de la cárcel (...) era que

111 Declaración del realizador de la emisión *Témoin n.º 1.*

112 A. Ehrenberg, «La vie en direct ou les shows de l'authenticité», *Esprit,* enero de 1993, p. 16.

acabábamos de hacer una labor de justicia, en el sentido más *inmediato* y más fundamental del término.» ¿Es tarea de la justicia juzgar a las personas y no los hechos? ¿Es la televisión el lugar donde hacer tal reparación? Karlin se lanzará a la misma empresa en «Justice en France»[113]. Esta verdad del criminal es la contrapartida a especular de la víctima en «Témoin n.º 1»: es su sufrimiento lo que le impulsa a acudir a la emisión[114], lo que es comprendible; como dice la madre de un niño asesinado en *Témoin* n.º 1»: «Necesito hablar, una «necesidad vital», importante para salir del aislamiento, para que se sepa quién nos ha destrozado la vida.» Lo que es más inquietante es que, una vez más, el consenso se forma en torno a esos sufrimientos y no en torno a valores comunes. Los telespectadores y los jueces (los abogados están relativamente ausentes) se agrupan alrededor de las víctimas en un escenario público que no es ni terapéutico, ni judicial propiamente dicho, ni un pasatiempo, sino que existe la pretensión de que encame una nueva forma de espacio público. ¿No se da una confusión entre la verdad del sujeto y la ley jurídica? Confesar una transgresión a un juez en un palacio de justicia o a un psicoanalista en el diván o en la televisión ¿producen el mismo efecto? Eso es «olvidar también que el escenario donde se produce la confesión modifica radicalmente el significado y el alcance de la formulación de lo oculto, o de lo nunca dicho y de su posible efecto consolador»[115]. No todos los escenarios son equivalentes. Así se mantiene la ilusión de que el vínculo puede existir sin recurrir al escenario jurídico que, como recuerda Pierre Legendre, es fundador del sujeto.

«Mi derecho es la medida del derecho»

Los medios nos hablan de las víctimas o de los detenidos de la misma manera: por su relación subjetiva con la ley. Lo que cuenta no es tanto la referencia a una vida común posible sino lo que la ley puede decirme, los consuelos que me procure o las frustraciones que me imponga. «Mi derecho es la medida del derecho», dice Jean-Denis Bredin. Nuestra época ya no consigue representar el derecho y la justicia como aquello que, precisamente, establece un vínculo entre esas dos vivencias de un mismo hecho y que les da sentido.

---

113 R. W. Higgins, «La sexualité téle-visée», *Esprit,* julio de 1991, p. 50.

114 «Necesito hablar», es una «necesidad vital», importante para salir del aislamiento, para que «se sepa quién nos ha destrozado la vida» (palabras de la madre de un niño asesinado en la emisión *Témoin n.º 1* el 20 de septiembre de 1993).

115 R. W. Higgins, *op. cit.,* p. 53.

Un antiguo ministro sale de la cárcel después de un largo período de detención preventiva. La televisión está ahí. Le interrogan, le presionan con preguntas. ¿Cómo está? ¿Cómo ha superado la prueba? «Lo que he vivido no se lo deseo a nadie», responde el ex ministro, con la expresión cansada. Le tratan como a un héroe: ¿ha estado retenido como rehén por el enemigo o acaba de sufrir una intervención quirúrgica delicada y dolorosa? No, está encausado bajo sospecha de prevaricación. Un joven muere en un accidente conduciendo un coche robado al que ha dado caza la policía por la noche. Inmediatamente el barrio hace piña, los jóvenes quieren «vengar» a su amigo. Los medios dan cuenta del drama absteniéndose muy bien de distinguir entre la fechoría inicial y las consecuencias no deseadas por las fuerzas del orden. La historia para ellos empieza en el accidente. Se indignan tanto por la violencia de los manifestantes como por la de los policías. Esta versión expurgada vacía el lugar de la responsabilidad inicial de los hechos. Se compadecen tanto ante la víctima como ante el verdugo, con la condición de no verlos a la vez. La indignación mediática no hace distingos entre la violencia ilegítima y la legítima: solo cuenta la indignación, importa poco su objeto.

Una confusión peligrosa

Esta incapacidad de distinguir el sufrimiento del preso del sufrimiento de la víctima ¿no corresponde a lo que R. Girard llama la «crisis sacrificial»? Esta sanciona toda ceremonia degradante no lograda: «La crisis sacrificial, es decir, la pérdida del sacrificio, es la pérdida de la diferencia entre violencia impura y violencia purificadora. Cuando se pierde esta diferencia, ya no hay purificación posible y la violencia impura y contagiosa, es decir recíproca, se extiende en la comunidad.» Las descripciones de Foucault en *Surveiller et punir* de los espectáculos de la justicia penal al final del Antiguo Régimen evocan esta especie de agotamiento simbólico de las instituciones: «como si las funciones de la ceremonia penal dejasen de comprenderse progresivamente, se sospecha que el rito que "cerraba" el crimen mantenía con este un turbio parentesco: igualarlo, si no era superarlo en salvajismo, habituar a los espectadores a una ferocidad de la que se les quería apartar, mostrarles la frecuencia de los crímenes, hacer que un verdugo pareciese un criminal, los jueces asesinos, invertir en el último momento los papeles, y hacer del ajusticiado objeto de piedad o de admiración».

¿No está amenazada la democracia por esta peligrosa confusión? Al ver la violencia en todas partes y negarse a distinguir la violencia legítima que se le hace al detenido mediante la privación de la libertad de aquella que le ha llevado a la cárcel, se impide actuar democráticamente y se abre el camino a la venganza privada.

«No escuchar ni al miedo ni al afecto»

El espectáculo de la violencia no deja de tener repercusiones en la percepción de la justicia. Convierte la *sensibilidad* democrática en una *sensiblería* ambigua. El miedo tanto como la piedad son ajenos a la justicia, que ha de preservarse de todo sentimentalismo. El juramento de los jurados (Código penal, artículo 304) ¿no les pide que no escuchen «ni al odio, ni a la maldad, ni al miedo, ni al afecto»[116]?

La imagen de la violencia es ambigua en tanto está sujeta a un efecto de santificación televisiva. «Concederle la palabra al criminal en este escenario de la notoriedad televisiva tiene en primer lugar para el telespectador un valor que no es de información sino de reconsideración de lo prohibido.»[117] Los medios lanzan un auténtico desafío a nuestras sociedades, que ya no consiguen representarse lo prohibido. Pero ninguna sociedad puede escapar a este trabajo de discriminación fundamental entre la violencia legítima y la violencia destructora. La única relación concebible a través de los medios es la de la conmiseración. Este sentimiento empaña la comprensión de la pena, que no aparece ya como un puro sufrimiento y apela a su vez a una reacción extremista y poco simbólica.

La identificación con la víctima y la diabolización del otro se refuerzan mutuamente. Los dos fenómenos corresponden a lo que se podría llamar «una despolitización del sujeto»: el fundamento político de la persona se pierde, en efecto, de vista y esta queda reducida a individuo psicológico, es decir, a afectos y sufrimiento. El sentido de la transgresión se relaciona con un psiquismo perturbado más que con una patología de la libertad. Da testimonio de esto la forma en que todas las democracias han medicalizado la toxicomanía. La democracia naturaliza la sociedad, psicologiza al sujeto moderno, es decir que lo despolitiza, desformaliza el derecho, privatiza la violencia, desinstitucionaliza la justicia y marginaliza la pretensión del político de interpretar la violencia. Con eso la discusión política no puede menos que salir perdiendo, en tanto que lo que es natural no es discutible.

Semejante despolitización del sujeto se ve acelerada por la televisión que les da a todos un rostro y así ofrece más materia para la identificación. Paul Ricoeur[118] distingue el *socius* del *prójimo,* es decir, la relación inmediata con el amigo de la relación mediatizada por el Estado. La ciudadanía no es más que

---

116 Artículo 304 del Código procesal penal francés.

117 R. W. Higgins, *op. cit.,* p. 50.

118 P. Ricoeur, *Histoire et vérité, op. cit.,* pp. 99-111.

el vínculo con los otros, que no tienen rostros pero participan de una misma comunidad política comprometida en un destino colectivo común. Los medios ignoran al ciudadano y transforman a todos los *socii* en *prójimos* cuyos sufrimientos se nos invita a compartir. Olvidando que es menos nuestra compasión que nuestra solidaridad lo que necesitan. Recordemos el comentario de Jean-Claude Guillebaud acerca de las primeras acciones humanitarias en África en 1970: «Biafra esperaba que nos interesásemos por su causa y nosotros nos ocupamos prudentemente de sus sufrimientos. Y murió.»[119]

Qué contraste, también, con la concepción política del hombre y del crimen en los debates de 1791: la cuestión del crimen y de su represión se plantea de antemano como un problema político. Le Peletier de Saint-Fargeau acaba así su informe introductorio sobre el proyecto del código penal: «Dondequiera reine el despotismo se ha observado que los crímenes se multiplican, eso debe ser porque el hombre está degradado; y se podría decir que la libertad, parecida a esas plantas fuertes y vigorosas, pronto purifica de toda producción dañina el suelo feliz en que ha germinado.»[120] Se percibe el aliento revolucionario a través de esta idea, o más bien de este sueño de «crear nuevos hombres»[121]. Son manifiestas la voluntad de identificar el mal y, sobre todo, la esperanza de que se pueda cambiar al hombre.

De las prohibiciones solo se puede deducir una representación política del «buen camino». Los derechos del hombre pueden inspirar un procedimiento penal pero no un derecho penal. Sin embargo, el legislador moderno se encuentra en un callejón sin salida: ha de sacar lo negativo de algo positivo que no conoce. El derecho solo aprehende el mundo de forma negativa, por sus prohibiciones. El individualismo piensa en negativo, no puede cimentar una política que se ceñiría a la norma de no molestar al otro. ¿Dónde encontrar la comunidad de objetivos indispensable para el político? «La ausencia de visión moral común, de civismo definido por referencia a una identidad o un proyecto, no lleva a una libertad de actuar acrecentada sino a la hipertrofia de las subjetividades y de las susceptibilidades, y por tanto a la multiplicación de las prohibiciones en nombre de una lectura por completo defensiva de los derechos del hombre.»[122] Privado de toda pertenencia política, el derecho ya

119 J.-C. Guillebaud, «Biafra, ou les nocifs paradoxes de la chanté», *Sud-Ouest Dimanche,* febrero de 1970, citado por R. Debray en *L'Etat séducteur, op. cit.,* p. 117.

120 P. Lascoumes, *op. cit.,* p. 15.

121 *Ibid.,* p. 22.

122 P. Thibaud, «Citoyenneté et engagement moral», *Pouvoirs,* n.º 65, 1993, p. 24.

no es más que un «sindicato contra el sufrimiento», un reaseguro mutuo ante el miedo. He aquí, paradójicamente a qué lleva no considerar las relaciones sociales más que desde el derecho: a la expulsión de toda civilidad y del honor y a su sustitución por el miedo al otro, la desconfianza y la mala fe.

La incapacidad de representar el vínculo social

Sorprende la disyunción actual entre la extrema objetividad (la violencia sacrificial) y la extrema subjetividad (la justicia intimista). Ya no somos capaces más que de indignarnos o de compadecemos —sin darnos cuenta de que el discurso de la compasión y el de la represión son uno solo. Percepción subjetiva del derecho e intolerancia forman un sistema. La irresponsabilización del «pobre» preso, considerado como víctima, apela como compensación a una hiperresponsabilización que le carga con todos los males (inseguridad, paro, crisis económica, el déficit de la Seguridad Social, etc.). Al ciudadano telespectador se le hace más difícil representarse lo que establece un vínculo entre las dos identificaciones que se le proponen: no puede hacer otra cosa que oscilar, como el coro antiguo, de un partido a otro: «Le han dejado sin el recurso de la opinión, y solo puede quejarse.»[123] Este emocionalismo, que es otra característica del individualismo contemporáneo, solo puede captar los sufrimientos de forma *unilateral:* lo prueba nuestra dificultad para representar tanto lo prohibido como el vínculo social, y es sospechoso *a priori* cualquier intento de explicación. Las representaciones del *otro* —del adolescente, del extranjero o del delincuente— oscilan entre lo *muy próximo,* con lo que se da una identificación de forma fusional, y lo *muy lejano,* con lo que no es posible comercio ninguno, entre la victimización y la diabolización. ¿Es una casualidad que los debates recientes hayan girado en torno a la reconducción a la frontera de los extranjeros, al destierro de los adolescentes delincuentes o a la cadena perpetua real para algunos criminales? Es difícil concebir la inclusión, es decir la «distancia justa», más allá de la exclusión o de la prescripción. La identificación con la víctima y la identificación con el preso tañen la misma cuerda, la de la compasión ante el sufrimiento. Se pierde de vista que la justicia no es ni venganza ni medicina sino triangulación de las relaciones sociales.

Hace más de un siglo, Dostoyevski, en *El idiota,* comprendió de forma cautivadora esta evolución en la percepción del crimen. «Sé perfectamente que los crímenes eran antaño muy numerosos y espantosos. He visitado cárceles. (...) Los hay que, habiendo matado a una decena de personas, no

---

123 P. Ricoeur, *Soi-méme comme un autre,* Éd. du Seuil, París, 1990, p. 286.

experimentan ni la sombra de un remordimiento. Pero he aquí lo que he observado: el malvado más endurecido y más desnudo de remordimiento se siente sin embargo *criminal*, es decir que, en su conciencia, se da cuenta de que ha actuado mal, aunque no experimente ningún remordimiento. Y tal era el caso de todos esos presos. Pero los criminales de los que habla Evgueni Pavlitch no quieren considerarse tal cosa; en su fuero íntimo. Consideran que el derecho les apoya y que han actuado bien o poco menos. Ahí se da, en mi opinión, una terrible diferencia.»[124] Por una parte, las asociaciones reclaman penas mayores y acosan a los criminales y a los enemigos interiores, y por otra parte los presos ya no se sienten criminales. La paradoja solo es aparente, porque en realidad no se trata más que de dos manifestaciones de una misma incertidumbre de la norma. Ya no se sabe quién es criminal. Por otra parte, si todo el mundo es criminal, hasta el Primer ministro, como afirmaba recientemente un abogado, nadie es delincuente. Esta incertidumbre acerca de la norma es la raíz profunda de la inseguridad actual.

La incertidumbre de las normas se compensa con un crecimiento de lo penal; pero ¿no se le pide a la justicia lo que no puede dar? Lo único que puede hacer es dar como pasto algunas cabezas a una opinión calentada por los medios. Se trate de esa nueva figura del enemigo interior que son los padres incestuosos o el Primer ministro, esta penalización huele mucho a la muerte del padre. La acecha de nuevo una lógica del chivo expiatorio, al que se creía enterrado hace mucho tiempo. La violencia que hay que combatir no es solo la del Estado que presiona a los jueces sino también el riesgo de deriva sacrificial que alimenta un activismo asociativo surgido de una sociedad civil adornada hasta ayer con todas las virtudes.

Lo que se presenta tras esta emancipación de lo político, de los símbolos y de las coacciones, no es la libertad sino el retorno al sentido arcaico de la justicia, es decir a la venganza. El sacrificio es el sentido latente de la justicia, lo que está siempre disponible cuando los hombres ya no hacen el esfuerzo de sustraerse al peso de la naturaleza. Si la justicia es la política por defecto y lo penal el sentido por defecto de la justicia, el sacrificio es el sentido por defecto de lo penal. El último recurso que puede ofrecer la justicia a una democracia aulladora es, pues, la sustitución del malestar de todos por el de uno solo. Esta lógica funciona en las dos direcciones, para consolar a la masa de quienes buscan la inocencia y para distinguir a quien consiente en ofrecerse. La penalización por defecto podría aclarar algunos comportamientos delictivos que se desarrollan en la sociedad democrática. ¿Y si la transgresión fuese el

124 F. M. Dostoyevski, *El idiota.*

último recurso de la identidad, una forma de sacar provecho del sentido por defecto que ofrece la escena penal?

El discurso emancipador de los derechos del hombre, el multiculturalismo y el individualismo han generado esta invisibilidad normativa que se vuelve hoy contra ellos. Esta invisibilidad muestra el resultado de la incertidumbre de la norma llevada al extremo. La desafiliación social y la exclusión, que quizá sean el precio de esta profunda incertidumbre, generarán un nuevo tipo de delincuencia y de violencia.

CAPÍTULO V

LA INCERTIDUMBRE DE LAS NORMAS

No sorprenderá ver desarrollarse hoy en día una delincuencia que expresa esa falta de referencias, esa incertidumbre acerca de la norma, esa confusión de la identidad. Si la delincuencia se comprende por lo general como una negación del orden y una perturbación de la socialización, la violencia es un lenguaje cuya gramática hay que encontrar. Cada época tiene subrayados unos crímenes que la caracterizan más particularmente porque ella los genera más que otra o porque la fascinan. El siglo XIX, era de la propiedad, de la industria y del proletariado, tuvo sus incendiarios[125] y sus vagabundos. ¿Cuáles son los crímenes de los que se habla más en nuestra sociedad? La droga, la inseguridad urbana o el incesto son delitos «modernos». ¿En qué caracterizan más particularmente nuestra época? Tienen en común que expresan directa o indirectamente una reivindicación *identitaria,* especialmente entre la juventud, que constituye el grueso de las comparecencias ante los tribunales.

La fisonomía de la población penal francesa, que ha cambiado considerablemente estos últimos años, es testimonio de este cambio de la delincuencia. Las personas encarceladas por robo, delito característico de una sociedad de la abundancia como el Estado providencial, no representan más que el 22 % contra el 55 % hace veinte años. Pero otros perfiles han hecho su aparición, como los toxicómanos, de personalidad a menudo compleja, o como los extranjeros en situación irregular que, a la inversa, raramente sufren perturbaciones del comportamiento y que han pasado del 15 % al 30 % de la población penal en veinte años. Los condenados por infracciones contra las costumbres son casi cinco veces más numerosos. La sobrepoblación penal se debe principalmente al alargamiento de las penas, habiéndose pronunciado sentencias muy duras en los casos de incesto o de sevicias sexuales con niños. Final-

---

125 Y. Bertherat, «Psychanalyse de la violence», *La Violence,* Semaine des intellectuels catholiques, Desclée de Brouwer, París, 1967, p. 55.

mente, la población penal parece a la vez más perturbada psicológicamente y menos homogénea socialmente.

En la sociedad democrática, la pertenencia social se convierte en cuestión esencial. La exclusión atestigua su importancia. «Vivimos en este momento el paso de una sociedad vertical, que nos habíamos acostumbrado a llamar una sociedad de clases con personas arriba y personas abajo, a una sociedad horizontal, donde lo importante es saber si se está en el centro o en la periferia. Antaño, los de abajo estaban profundamente convencidos de que podían darle la vuelta a la sociedad en nombre de otro modelo, como aún dicen los últimos mantenedores de este discurso, los alternativos. La cuestión ahora no es estar *up* o *down* sino *in* o *out*: los que no están *in* lo quieren estar, o si no se encuentran en el «vacío social», en otros términos no tienen derechos.»[126] El riesgo ya no procede exclusivamente de la represión sino también de la exclusión. Una sociedad no es otra cosa que un sistema organizado de diferencias. Son los elementos diferenciales los que dan a los individuos su «identidad», y los que les permiten situarse unos con respecto a otros. Los «excluidos» lo están de antemano y ante todo de este sistema de diferencias, están huérfanos de toda afiliación social y por tanto de toda representación. Están privados de toda participación en una acción colectiva, del derecho de tener derechos y de los beneficios de cualquier forma de seguridad social. Así pues, ya no es posible limitarse a ver en la delincuencia una simple forma de asocialidad para reconocer en ella también una perturbación de la *socialización* de la que son testimonio muchas patologías contemporáneas (delincuencia urbana, toxicomanía, suicidio, etc.).

En una sociedad tradicional, e incluso en la sociedad industrial, la adquisición de una identidad social no plantea dificultades: a cada uno se le asigna una identidad —tal vez negativa— por su clase social y su edad. Los marcajes sociales, muy fuertes en la sociedad tradicional, se difuminan en la sociedad moderna. Esta identidad desde ahora debe adquirirse y defenderse sin cesar. La movilidad de los puestos y la incertidumbre generan al mismo tiempo que la libertad un nuevo sufrimiento anómico que tiene su raíz ya no en una presión social demasiado grande, como aún pensaba Foucault, sino al contrario, en la ausencia de ley. La figura emblemática es aquí probablemente el joven toxicómano de barrio, el homólogo de la forma de desafiliación que encarnaba el vagabundo de la sociedad preindustrial. Está completamente individualizado y demasiado expuesto por la falta de contactos y apoyos en cuanto al trabajo, la transmisión familiar, la posibilidad de labrarse un

126 A. Touraine, «Face á l'exclusion», *Esprit,* enero de 1991, pp. 7-14.

futuro... Su único bien y su único vínculo es su cuerpo, que trabaja, hace que goce y destruye en un estallido de individualismo absoluto.»[127]

En la sociedad tradicional, una vez pasada la prueba de la adolescencia, cualquiera estaba seguro de entrar definitiva e irrevocablemente en el mundo social. En la sociedad contemporánea, la identidad social es problemática a lo largo de toda la vida: por supuesto para el adolescente, aunque también para el adulto y quizás aún más para las personas de edad. Nadie está ya al abrigo de encontrarse un día marginado, excluido. Ni siquiera los presos se ven dotados de forma automática de una identidad. La asignación de una identidad social deja de ser un bien social para convertirse en una cuestión política de primera importancia. La sociedad democrática ha de reinventar y recrear de forma artificial esta identidad que parecía dada de entrada por la tradición, y dedicar una energía cada día más considerable a reconstruir lo que ella misma altera por su indeterminación de principio.

Así, la delincuencia ha de dejar de considerarse como la emancipación de todas las trabas sociales. ¿Para qué desafiar la prohibición cuando tan pocos la respetan? La delincuencia se convierte a veces de una forma inédita en búsqueda de la identidad, lo que es más nuevo y desconcertante. El problema mayor, pues, es menos el del control social que el de la exclusión, menos saber cómo imponer normas que aprender a vivir sin ellas, menos el de la liberación que el de la afiliación, menos el de resistirse a la presión social que soportar la angustia del vacío creado por la despresurización moderna.

EVOLUCIÓN DE LA DELINCUENCIA

«La modernidad, dice Marcel Gauchet, se paga con la dificultad de ser uno mismo.»[128] La delincuencia manifiesta en la actualidad más que cualquier otro comportamiento social esta perturbación de la identidad. Desde este planteamiento, hay tres comportamientos especialmente representativos: la delincuencia juvenil, por la degradación de la relación social: el incesto, por el desorden de las relaciones familiares, y la toxicomanía, por el desorden en la relación de uno consigo mismo.

La delincuencia iniciática de los adolescentes

La delincuencia juvenil tiene a menudo un carácter *iniciático.* El papel de la iniciación en la sociedad tradicional es el de acompañar culturalmente

---

127 R. Castel, *Les Métamorphoses de la question sociale, une chronique du salariat,* Fayard, París, 1995, p. 469.

128 M. Gauchet, *Le Désenchantement du monde,* Gallimard, París, 1985, p. 301.

—para superarla— la amenaza que constituye para el grupo social la llegada de una nueva generación. Se trata del encuentro de los viejos, los iniciadores, con los jóvenes, candidatos a la iniciación. La iniciación dramatiza la entrada en la vida: le da sentido y transmite los valores del grupo social. Procura al iniciado una identidad al situarle en una casta: así se convierte en miembro por completo de un grupo social y de una franja de edad. Al asignar a cada uno un lugar en el interior de una generación, estos rituales iniciáticos aseguran la perpetuación y la estabilidad del grupo social. Permiten a los jóvenes acceder a la cultura. La iniciación constituye una especie de segundo nacimiento, que se representa a menudo ritualmente, y por tanto una *deuda* de los jóvenes con los mayores, a los que deben el acceso a la vida.

En muchos delitos cometidos por jóvenes delincuentes es menos el beneficio económico lo que es prioritario (el botín con frecuencia se tira o se malvende) que el beneficio identitario. Como si esos adolescentes que proceden de medios no favorecidos no pudiesen salir de la infancia más que cerrando la puerta, rompiendo, al no ofrecerles la cultura la ocasión de tener una experiencia de integración.[129] Para muchos jóvenes delincuentes que han dejado la escuela muy temprano, que viven en familias sin padre, sin ninguna expectativa de empleo, la delincuencia les brinda una ocasión de medirse, de «interpretar» su entrada en la vida, de ponerse a prueba, virilizarse, dicho brevemente, de socializarse, aunque sea en forma negativa. La delincuencia corresponde así, para un número creciente de jóvenes, a una *socialidad por defecto.* El enfrentamiento con la justicia penal queda como la última muralla de la identidad. El romanticismo de la droga más que la nada, jugar a policías y ladrones con los agentes de la ley más que la ausencia total de relación con el mundo adulto. En la delincuencia, el joven busca un contacto con los adultos de hoy, que se convierten en iniciadores cada vez más perezosos.

El siglo XX ha visto nacer una subcultura adolescente que se aleja cada vez más de la cultura común. La adolescencia, que era el lugar privilegiado de la transmisión de los valores de cada categoría social (se podría hablar de una adolescencia obrera, burguesa, aristocrática, etc.), tiende a uniformizarse. Confunde incluso los sexos. El paro, el aislamiento en las barriadas y la falta de contacto con los padres tienden a hacer de la adolescencia una clase social en sí misma, que de transitoria pasa a ser permanente. Es posible no salir nunca de ella. La identificación con el mundo de los adultos es aún más

---

129 A. Garapon, «Place de l'initiation dans la delinquance juvénile», *Neuropsychiatrie de l'enfance et de l'adolescence,* n.º 8-9, 1983, pp. 390-393.

difícil cuando estos tienen tendencia a identificarse con los adolescentes. Utilizan sus expresiones, su forma de vivir, incluso su permanente indefinición. Los adultos ya no les brindan consistencia a los adolescentes en muchos ritos de paso. Les privan a la vez de una identidad transitoria indispensable y les obligan a buscar más allá de la cultura común algún beneficio identitario. Por eso estas subculturas adolescentes parecen quizá tener más consistencia, una mayor riqueza simbólica, o bien valores mayores, que el mundo adulto. ¿Cómo no ver la correlación entre la vida cultural adulta y la eclosión de esta contracultura? Existe un vínculo entre el abandono de los signos externos, especialmente vestimentarios, entre los adultos y la abundancia de uniformes entre los adolescentes, que encuentran en las prendas de vestir una especie de identificación primaria, o arcaica, una «identidad-piel». ¿No se puede relacionar el declive de la autoridad en la sociedad global y la autoridad casi tiránica que se da en numerosas bandas adolescentes que se ha visto renacer estos últimos años, el laxismo ambiental y la intolerancia de ciertas contraculturas extremistas, como la de los «cabezas rapadas»?

La entrada en escena de la identidad se hace cada vez más importante a medida que la identidad común se hace más y más incierta. La identidad social busca colmar su inanidad con una sobrecarga de signos externos. La libertad de conciencia se convierte en una reivindicación de manifestar exteriormente su pertenencia, como lo demuestra el caso del «chador» islámico en Francia. Tal es el sentido de las excentricidades vestimentarias de los adolescentes, empezando por el «cuero». Lo que reflejan estas prendas de vestir tan cargadas de símbolos «es la voluntad de distinguirse, de crear una imagen personal, de expresarse. Hoy en día, los empleos no son funciones, su inestabilidad impide vincular función e identidad, como ocurría con el oficinista, que llevaba traje con chaleco, falso cuello y manguitos. El estallido de la familia, la desaparición de las barreras de la edad, impiden que se encuentre un terreno para crearse una identidad. Se trata del arte del parecer en que refugiarse cuando el ser se disuelve en lo desconocido»[130].

La dilución de las referencias sociales y los «inclasificables»

Aquí encuentran sus límites la prevención, los diferentes estadios de inserción o las medidas educativas que hacen replegarse más y más la definición del loco, del criminal o del parado. Porque la entrada en la vida supone una apropiación de la regla: los adolescentes se alimentan, viven, juegan con

---

130 M. Roué, «Vêtements de cuir, rock'n roll et identité», *Ancres,* n.º 2, París, pp. 55-56.

los límites. Hacer que retrocedan solo hace que se retrase el momento de la confrontación. Negarse a este cara a cara puede forzar a los adolescentes con problemas de identidad a inventar nuevos pasos iniciáticos más peligrosos, como volver contra sí mismos la violencia, como lo demuestra, entre muchos de ellos, el paso de la autoagresión a la heteroagresión. Estos nuevos delincuentes desconciertan a los jueces al pasar sin transición del intento de suicidio a una delincuencia violenta. El problema lo constituye menos el enriquecimiento sin causa que la servidumbre voluntaria.

«Se nos ha llevado a consulta con sujetos en reanimación, entre la vida y la muerte, o bien encarcelados por problemas con la justicia y el derecho común, constata el doctor Henri Grivois. Un día, la medicina: al día siguiente, la justicia... Estos sujetos, como antaño los histéricos de la Salpétriére, parecen reírse de las instituciones y de la nosografía. Como en los tiempos de la naciente psiquiatría, es difícil definir su lugar. Sin embargo, ya no se les desgarra, como se ha hecho en los tribunales en honor de nuestra disciplina (la psiquiatría) en tiempos de Esquirol y de sus discípulos»[131]. Por el contrario, las instituciones se los quitan de encima, lo que solo puede acentuar su sensación de estar de más. La identidad no es problemática en un medio social estable. Se vuelve muy incierta en un mundo que alienta la movilidad de las personas y la precariedad de los «status» como la sociedad moderna. La desaparición de referencias sociales se traduce necesariamente en una dilución de las categorías institucionales, especialmente las psiquiátricas.[132]

La justicia como todas las instituciones, se enfrenta cada vez más con «casos límite», llamados aún «inclasificables», es decir, con aquellos que no corresponden a una personalidad delincuente estructurada ni a una sintomatología establecida. Nuestros tiempos se caracterizarían por el abandono de los síntomas clásicos. «El extraordinario desarrollo actual de apartados tales como las perturbaciones de la personalidad, los estados límite, las perturbaciones de la adaptación o, simplemente, del comportamiento testimonia la extensión del campo de la psiquiatría y sin duda también una menor tolerancia con todo lo que se asimila a la violencia.»[133] Todo ocurre como si «los conflic-

---

131 H. Grivois, *Les Monomanies instinctives,* Masson, París, 1990, p. 4.

132 Henri Grivois constata algo que se puede aplicar por completo al jurista: «Si los psiquiatras de principios de siglo han dicho tan poco hasta 1914 acerca del mundo que les rodeaba es porque les parecía estable y bastante de fiar. No había distancia suficiente entre sus exigencias médicas y los valores, implícitos o explícitos, de la familia y la sociedad —no la suficiente como para hablar de ello», *Ibid,* p. 4.

133 *Ibid,* p. 2.

tos internos evitados fuesen sustituidos por parodias de enfrentamiento: intentos de suicidio, alcoholismo, compulsiones clásticas, bulímicas y automutilantes, violencia y transgresión espectaculares. Estas conductas se repiten de manera casi compulsiva, sin verdadera memorización, y no dejan tras ellas más que un vago resentimiento... El acto se convierte en síntoma a la vez que niega el síntoma»[134]. El papel de la justicia quizá sea, tanto en cuanto al sujeto como en cuanto al grupo social, fijar la memoria colectiva y, así, hacer posible una elaboración ulterior. Abstracción hecha de su acción en la realidad, permite así que un trabajo terapéutico se apoye en hechos establecidos, es decir, memorizados. El papel de la instancia simbólica sería, pues, tanto encerrar o castigar como abrir un espacio de trabajo para los interventores sociales, de otra forma imposible.

La manifestación pública de la identidad se hace más importante a medida que desaparece la interiorización de los papeles. Para muchos jóvenes delincuentes, el pasar a la acción es el último recurso de la identidad. Ahí se da una provocación para que los demás —la víctima, el grupo social, la familia— reaccionen. Si estos interlocutores se desentienden, el paso a la acción desencadena la intervención de las instituciones autoritarias, por supuesto la policía, y a continuación la justicia. Cuando toda comunicación social se ha hecho imposible, actuar es el último recurso para establecer una comunicación. Lo que se busca es, de una forma de hecho paradójica un diálogo, mal planteado y por supuesto condenado al fracaso, pero por lo menos real.

La sospecha en cuanto a todas las formas de encasillamiento y más generalmente en cuanto a cualquier presión, hace que estas confrontaciones sean cada vez más raras. La justicia es la última institución antes de que los jóvenes en dificultades busquen directamente la sanción primitiva del destino. Esto se puede constatar en lo que los psiquiatras llaman «conductas de exposición», es decir, el correr deliberadamente riesgos, robos de automóviles para lanzarse a carreras suicidas con la policía, pasar semáforos en rojo con los ojos cerrados, y por supuesto la droga. Estos nuevos excesos iniciáticos, que adoptan como escenario el cuerpo del adolescente, son quizá más costosos para la colectividad. Cuando la ley jurídica no se dicta en una institución, entonces es la ley de la vida y de la muerte con lo que se enfrentan el toxicómano, el joven delincuente o el caso límite, eso por no hablar del repliegue higienista de la prohibición penal. *La relajación generalizada de las formas sociales participa de la misma tendencia que la de la despolitización del sujeto y de la desnaturalización de las prohibiciones.* El derrumbe simbólico que priva de enemigo común no solo

134 *Ibid*, p. 2.

lleva a la guerra de todos contra todos sino asimismo a la guerra de cada uno consigo mismo.

La imposibilidad de hacerse notar mediante el drama

Lo propio de la justicia es conferir una identidad, aunque sea negativa, mediante la dramatización *a posteriori* que da de la transgresión. Ése es el beneficio buscado en el enfrentamiento con la justicia: la ocasión de ser situado, de ver que se le da un sentido a la propia acción. La violencia social ¿no adopta hoy la forma de la indiferencia más que la de la represión? El adolescente está privado de los lugares, de los momentos, de los colores y de las formas que le permitan medirse, situarse y ser situado. Incluso la posibilidad de hacerse notar mediante el drama tiende a desaparecer. Con el pretexto de la desdramatización, se prefiere el control continuo al examen, la justicia informal a la audiencia clásica. ¿No se está en el mal camino por completo al querer desdramatizar a cualquier precio? ¿No habría, por el contrario, que resimbolizar la entrada en la vida social, y redramatizarla? La suavidad democrática satisface probablemente más a los adultos que a los adolescentes que buscan, por el contrario, ocasiones de enfrentarse consigo mismos y pagar el derecho de entrar en el mundo adulto.

La iniciación es una violencia social ceremonializada que, mediante un sufrimiento simbólico, permite determinar el precio de entrada en el mundo de los adultos y liquidarlo, en los dos sentidos de determinar el precio y satisfacerlo. Este sufrimiento inaugurador es quizá necesario. ¿Se puede entrar en la vida adulta sin pagar el precio? ¿Y tanto cuando está ya uno marginado? ¡Cuántos adolescentes salen del palacio de justicia decepcionados porque la justicia no les haya sancionado más, por no haber «pagado» más! ¿No reinventan los jóvenes unos ritos a medida que el mundo de los adultos suprime los suyos? Pero al hacerlo se equivocan de camino: esos rituales infernales les alejan aún más de la normalidad al revés de la sociedad tradicional en la que el iniciado tiene la vocación de convertirse en iniciador.

Los antropólogos distinguen la iniciación *general,* a menudo cuestión religiosa, que tiene por objeto integrar en el universo de la normalidad, de la iniciación *particular* que, al contrario, integra en una hermandad o una sociedad secreta y que reemplaza a la magia. La delincuencia representa hoy en día menos una *iniciación particular al mundo de los adultos,* que sustituye la función que cumplía antes, por ejemplo, el servicio militar, que una *iniciación particular al mundo de los adolescentes.* ¿Tal vez la primera se ha hecho imposible ya que el mundo común al que integrarse es evanescente? Los adolescentes viven más que nadie el drama del sujeto moderno que busca desesperadamente integrarse en un mundo común en el cual no tiene sitio, en una cultura que ya no existe. La ley que hace referencia al conjunto de los jóvenes ya no es la ley de la República sino la ley territorializada de la banda. Los jóvenes no tienen otra posibilidad que la de integrarse no a la Ley común sino a *sus* propias leyes, a *sus* propios códigos, a *su* territorio.

El incesto y la incertidumbre de los lugares en la familia

Se constata también una perturbación profunda de la identidad en las relaciones familiares. Lo atestigua el incremento vertiginoso del número de causas por incesto o por malos tratos a los niños. A decir verdad, es muy difícil —o imposible— afirmar con certeza que tal incremento corresponda al aumento real de los casos de incesto o si no es más bien imputable a un control social más eficaz y a una mejor prevención. No deja de ser cierto que este tipo de infracciones plantea problemas.

En los Estados Unidos, la opinión pública muestra una gran sensibilidad ante estos delitos. Se asiste allí a un alud de querellas tardías por malos tratos o abusos sexuales de los que las víctimas habrían sido objeto en la infancia. En Francia, una ley reciente ha llevado el punto de partida de la prescripción[135] a la mayoría de edad para que los jóvenes mayores puedan querellarse por delitos de los que fueran víctimas en su infancia pero que no pudieron denunciar antes. La familia no aparece ya como el abra de paz privado, dispensador de felicidad y de afecto, sino como un lugar amenazador. Irene Théry hace una constatación idéntica a propósito del debate sobre la Convención internacional de los derechos del niño que exasperaba el antagonismo entre los derechos de los niños y los de los padres.[136] Tal vapuleo relativo a las violencias sufridas por los niños y al incesto contribuye a *descalificar la función parental,* considerada como posiblemente peligrosa, como cualquier posición de autoridad.

El incesto es el mismo tipo de crimen contra el orden simbólico. Cuando el individuo se libera de todos los tabús, se enfrenta con la ley de las leyes: la prohibición del incesto. A fuerza de liberarse de todas las prohibiciones, no le queda más que lanzarse al asalto del corazón de todo el edificio penal. El desinterés por la cosa pública y el repliegue en lo privado han hecho que la delincuencia emigrase de la vía pública al espacio doméstico, y entonces es ahí también donde se expresan las cuestiones de la identidad. El lugar en

---

135 La prescripción es el mecanismo jurídico que prohíbe intentar persecuciones o ejecutar una pena después de transcurrido un cierto plazo.

136 I. Théry, «Nouveaux droits de l'enfant, la potion magique?», *Esprit,* marzo de 1992, pp. 5-30.

la familia es tan incierto como el lugar en la sociedad. En otros tiempos, la autoridad de los padres era infinitamente mayor, aunque menos proclive a lo arbitrario. La autoridad de los padres era casi total, pero a la vez era garantía de un orden simbólico. En la familia moderna no subsiste más que un padre quizá menos poderoso pero cuyo poder no está garantizado por nada.

Los medios muestran un especial interés por todos los crímenes que tienen la filiación como telón de fondo. Lo atestiguan la cobertura mediática del caso Grégory —literalmente espantoso— y, más en general, la de los sucesos con connotación genealógica, como las muertes de niños por sus padres, o de padres —o abuelos— por niños. Claro que los parricidios han existido siempre, pero desde hace unos años ocupan un lugar inédito en nuestra imaginación. ¿Será casualidad que, en este momento, nuestros diputados suprimiesen el término «parricidio» del nuevo Código penal? La desaparición de toda referencia simbólica tiene quizá como precio el retorno de una violencia salvaje, arcaica, muy poco simbolizada.

La justicia está desarmada ante este tipo de casos. El delincuente sexual no es el marginal que el juez está acostumbrado a encontrar. Por el contrario, está a menudo bien insertado profesionalmente y se dan buenos informes de él. A decir verdad, no se ve el provecho que deriva de un acto que decide la ruptura de la familia, a la que está a menudo muy apegado. La cárcel tendrá la misma dificultad para encuadrar a los que los demás detenidos llaman *ponteurs*[137]. «Lo de ellos es el acto brusco, individual y egoísta, la pulsión arcaica sin código ni de integración ni de reparto social. (...) El dinero no tiene nada que ver aquí. Los «pointeurs» no se inscriben tampoco en el repertorio de los celos que rige los crímenes pasionales ni en la actividad social del chulo, basados los dos en la posesión.»[138] Con la mayor frecuencia no tiene nada de granuja, es decir de alguien estructurado en la delincuencia.

Estas formas de delincuencia están más acá de la moral: afectan la constitución misma del sujeto que no ha conseguido estructurarse en torno a un principio organizador y separador. Se trata de una dificultad vinculada al toxicómano, que no consigue integrar la dimensión simbólica.

La dimensión ordálica de la toxicomanía

Se ha vinculado la toxicomanía a la medicina, pero se trata ante todo de una perturbación de la conducta social, es decir de un mal vital: el uso

137 Así les llaman en la cárcel a los delincuentes sexuales los otros detenidos.

138 H. Vertet, «Exclusion dans le judiciaire et le pénitentiaire», informe presentado al coloquio europeo de Estrasburgo (no publicado), p. 3.

de la droga es un intento de resolver dificultades existenciales. La lectura en términos exclusivamente psicológicos y médicos no basta. Hay que establecer un vínculo entre este delito tan moderno y lo que se ha dicho antes del derrumbe de lo político y de los montajes simbólicos. La toxicomanía expresa, en opinión de los psiquiatras, «un verdadero intento de desimbolización, o de desaparición del sujeto como tal y no puede interpretarse tan solo como simple síntoma de conflictos intrapsíquicos»[139]. El toxicómano vive en su cuerpo y en la relación de sí consigo el mismo derrumbe simbólico constatado en el plano social y político. La solución de sus problemas existenciales la busca el toxicómano en una especie de juicio arcaico, que los psiquiatras llaman «ordálico», por aquel juicio adivinatorio que se encuentra en el alba de todas las sociedades. La ordalía consistía en someter a la persona sospechosa de haber cometido un crimen a una prueba, como quemarla con un hierro al rojo o hacerle ingerir un veneno para deducir su culpabilidad según los efectos constatados en su cuerpo.

A. Charles-Nicolas y M. Valleur han mostrado que la inyección de droga correspondía a una fantasía ordálica, «que consiste para un sujeto en apelar, mediante una apuesta a vida o muerte, a un juicio absoluto (de Dios, del destino o de la suerte) para probar su valor intrínseco»[140]. La sobredosis, omnipresente en la vida y en la imaginación del toxicómano, condensa la paradoja aparente de las conductas ordálicas: arriesgar la vida, remitirse al azar, al «Otro», es decir, el equivalente del juicio de Dios. «Para salir victorioso, dispuesto para una nueva vida, como después de una muerte seguida de resurrección.» La delincuencia —y toda asunción de riesgos en general— es una llamada a una posibilidad de sentido, a una búsqueda de límites, y portadora por tanto de una expectativa de justicia, aunque se trate de una justicia arcaica, mágica, irracional. Se supone que el Otro es todopoderoso y que sus veredictos no tienen apelación. La paradoja del toxicómano está ahí, en la esperanza que mantiene aun en la asunción del riesgo, en la necesidad de justicia que se expresa en la delincuencia, en el deseo de reparación que hay bajo la transgresión.

Hay aquí mecanismos idénticos a los de la delincuencia iniciática, pero aquí se trata de un grado mínimo de identidad, la de la vida misma. No se trata ya de jugarse un lugar en la sociedad sino la propia vida. Una vez más asistimos a una regresión a lo vital: el toxicómano busca en la ley de la vida y de la muerte la repuesta a su perturbación existencial.

---

139 M. Valleur, «Consommation de drogues et conduites ordaliques», jornada organizada por la asociación Graphiti de Toulouse, 1993, p. 5.

140 *Ibid.*, p. 7.

La deuda invertida

«Todo ocurre como si (los toxicómanos) se hubiesen visto brutalmente privados de seguridad y de amor, como si hubiesen tenido la sensación de que el mundo se volvía súbitamente injusto. Llegados a la adolescencia o a la edad adulta, se encuentran en una situación que se podría llamar de deuda invertida: más que estar ellos en deuda con la vida, con la posibilidad de bienestar, con sus padres, su familia, la sociedad, se comportan como si la sociedad les hubiese perjudicado, como si tuviese una deuda con ellos.»[141] Ésa es la consecuencia del defecto de iniciación y, más en general, de toda posibilidad de pagar su derecho de entrada en el mundo adulto: la entrada en la vida, a la inversa de la sociedad tradicional, no se vive como una deuda en cuanto al grupo sino, por el contrario, como un *crédito contra la colectividad.* El estado providencia solo ha podido acrecentar esta sensación. Toda la psicología de los delincuentes modernos está ahí, en esa sensación de ser una víctima que tiene derecho a reparación, hasta en la cárcel, donde sorprende ver tan extendida entre los presos la sensación de ser víctimas del sistema. Sería un error ver en ello solamente una estrategia de defensa. Los delincuentes, una vez más, solo experimentan una sensación difusa de la sociedad democrática, como dice Pascal Bruckner: «Las bodas del derecho, del Estado providencia y del consumismo concurren para dar forma a un ser voraz, impaciente por ser feliz enseguida y seguro, si la felicidad se retrasa, de que le han estafado, que tiene derecho a una compensación por el deterioro de su sueño. Ahí reside el vínculo común entre el infantilismo y la victimización: el uno y la otra se basan en la misma idea de *rechazo de la deuda,* en una misma negación del deber, en la misma certeza de disponer de un crédito infinito contra los contemporáneos.»[142]

METAMORFOSIS DE LA VIOLENCIA

Estas formas de transgresión son el signo de la desaparición de lugares asignados, de una pérdida del sentido. La violencia se caracteriza en primer lugar por su *desocialización.* «Anteriormente la violencia de los jóvenes estaba flanqueada por unas estructuras colectivas que le daban una dirección tras la confusión aparente. Se tratase de la familia, de las asociaciones, de las culturas, esta violencia tenía un continente que garantizaba el carácter experimental e integrador.»[143] Ahora, la integración en el mundo común es mucho más

---

141 *Ibid.,* p. 9.

142 P. Bruckner, *La Tentation de l'innocence,* Grasset, París, 1995, p. 117.

143 D. Salas, «L'intervention judiciaire face a la délinquance juvenile», décimocuarto congreso de la Asociación internacional de magistrados de la juventud, Bremen, 1994 (no publicado).

aleatoria: incluso puede ocurrir que no se produzca nunca. La violencia gira entonces en vacío, agotando su sentido en sí misma.

No hay que sorprenderse, pues, por ver reaparecer formas de violencia aún más primitivas, como las perpetradas por los «cabezas rapadas» los grupos neonazis u otros *hooligans*. Estas violencias son muy a menudo gratuitas. Se mata a un vagabundo, a un inmigrante, se ataca un hogar de refugiados, a los «hinchas del club contrario, se «despoja» a otro joven en el metro... Se actúa con preferencia contra los extranjeros, contra los jóvenes de un medio acomodado, contra los de la ciudad de al lado, contra el otro por lo general, es decir el que no es «nosotros». El único significado es «la afirmación imposible de sí en el rechazo y la negación del otro»[144].

La sociedad no brinda ya tantos mecanismos sociales de control y de ritualización de la violencia como antaño la guerra controlada o la lucha política o sindical. La violencia busca otros medios para expresarse. La pobreza simbólica actual perturba a los jóvenes que ya no tienen referencias ni conciencia de clase, ni límites. No tienen ni ideología ni utopía: solo el odio, pero un odio sin objeto. Su violencia será por tanto imprevisible. Los disturbios en las barriadas siguen a menudo a la muerte de un adolescente y adquieren las características de una especie de *venganza primitiva* dirigida no contra los responsables del crimen sino contra los responsables del orden, es decir, la policía, el único interlocutor adulto presente. La violencia ya no se refiere a una acción que le da una dirección, una finalidad, una justificación. Ya no es el medio para apropiarse de un beneficio material indebido, así como tampoco se vincula con una lucha política. La violencia se reduce al espectáculo de la violencia.

La violencia ya no es representable —y, en principio, más simbólicamente, se hace *invisible*— como la droga y su economía subterránea —o, por el contrario, *hipervisible*, como las explosiones imprevisibles de violencia en las barriadas y en los estadios, donde es el mismo espectáculo lo que da sentido a la transgresión. Lo que se ha buscado en estas nuevas formas de delincuencia es que se den en público, que existan por el espectáculo de la violencia que se produce. La exhibición de sí en escena es otra estrategia de la búsqueda de la identidad. La civilización de la imagen excita tanto la pulsión de ver como la pasión de aparecer. La estrategia se invierte: ya no se trata de ocultarse para que no te prendan sino, por el contrario, de exponerse para provocar. Los manifestantes raras veces se pierden las Noticias de las 20 h. lo que no les impide abuchear a los periodistas cuando van a las barriadas. Una vez más

144 Y. Michaud, «Les violences de l'histoire», *Esprit*, octubre de 1994, p. 14.

los medios no pueden pretender quedarse al margen, hasta tal punto se han convertido en actores indispensables en esta escenificación de la violencia.

¿Es esto verdaderamente nuevo? Había ya bandas a principios de siglo en París, a las que inmortalizó la película *Casque d'or.* Se trataba de bandas de jóvenes delincuentes comparables en muchos puntos con las de hoy, y a las que llamaban «apaches». «Los jóvenes se reconocían en esta imagen india, la reivindicaban y la adoptaban como símbolo de su movilidad y de su espíritu revoltoso. El nombre, que se les atribuye por irrisión, lo asumen con desafío y con orgullo.»[145] Los medios de la época no eran indiferentes a la extensión de este fenómeno.[146] Este deseo de asumir por irrisión el «mal lugar» ¿no se encuentra en los nombres que se dan a sí mismas algunas bandas de nuestras barriadas, como los «zulúes», los «tiburones viscosos» u otros «reptiles»?

El sacrificio invertido

La imagen puede ser el último hilo del vínculo social, la única forma de comunicar con los demás, a quienes no se ve pero que nos ven detrás de su pantalla. Los jóvenes con dificultades no tienen otro recurso que ofrecer su fracaso como espectáculo al resto de la sociedad. El joven de las barriadas, el *hooligan,* es el doble invertido del joven de buena familia: «Un fenómeno de clase que se ilustraría tanto mediante el malestar de una generación que se siente "sacrificada" como por la ambivalencia de sus relaciones con la sociedad. Lo que está en juego se relacionaría con el problema de la identidad de toda una juventud que, más allá de la barriada, se vería enfrentada con la diferencia existente entre los valores dominantes (el éxito, el dinero, los derechos del hombre) y las realidades sociales que viven diariamente. En este sentido, la juventud de las bandas y de los revoltosos simbolizaría la forma extrema de los fracasos temidos por la otra juventud»[147]. Como si tuviesen confusamente la sensación de llevar a cabo así una especie de sacrificio necesario para la supervivencia del grupo. Recordemos la última frase de *El extranjero* de Camus, que manifiesta ese vínculo misterioso entre la pena, el espectáculo y el sacrificio. «Para que todo quede consumado, para que yo me sienta menos solo, me

---

145 M. Perrot, «Dans la France de la Belle Époque, les "Apaches", premiere bande de jeunes», *Les Marginaux et les exclus de l'histoire,* Cahiers Jussieu 5- Universidad de París 7, Collect. 10-18, 1979.

146 Los cuatro grandes diarios de la mañana de la época *(Le Petit Journal, Le Petit Parísien, Le Journal y Le Matin),* que editan cada uno más de un millón de ejemplares, a menudo hacen de ellos «primera plana», *Ibid.*

147 M. Kokoreff, «Tags et zoulous, une nouvelle violence urbaine», *Esprit,* febrero de 1991, p. 35.

queda desear que haya muchos espectadores el día de mi ejecución y que me reciban con gritos de odio»[148].

Si el delincuente desprecia la ley, no ignora el código. Las formas de cometer delito obedecen a estereotipos colectivos y muestran *a contrario* adonde lleva la presión social. Estas nuevas formas de transgresión no son más que el reverso de lo que nuestra sociedad valora. En esta sociedad de la movilidad y de la prisa, ocupan los lugares de paso, los «espacios rápidos» como el metro, los centros comerciales o las estaciones. Brindan a la movilidad frenética de los adultos la inmovilidad provocadora de los ociosos. Los «tags» no son más que sucedáneos del logo, y los extraños atuendos de los adolescentes, una manera de existir en esta sociedad en que el «look» tiene tanta importancia.

La desaparición del mundo común se traduce en una criminalización del vínculo social y en el regreso de una violencia sacrificial, pero también, de forma más inesperada, en la emergencia de una *delincuencia autosacrificial.* Al no conseguir identificar a sus enemigos, al no encontrar ya campo de batalla, el delincuente se ve tentado a volver la violencia contra sí mismo. ¿No se podría establecer un vínculo entre la pérdida del sacrificio en la sociedad democrática y el resurgir de un sacrificio salvaje por parte de la juventud?

Después de la desocialización y el espectáculo, lo que sorprende en las formas modernas de violencia es su aspecto altamente *autodestructivo.* Un padre destruye lo que le es más precioso, su descendencia. Los jóvenes destrozan las instalaciones que son a menudo los únicos lugares en que pueden hacer deporte y reunirse. Queman *su* parvulario. El toxicómano se droga con un producto que le destruye. Todos estos comportamientos se emparentan con el suicidio, que por otra parte progresa en proporciones inquietantes. El número de intentos de suicidio crece regularmente desde hace unos treinta años en los países occidentales, especialmente en Francia. Esta causa de mortalidad ha ocupado el lugar de los tumores, convirtiéndose en la segunda causa de mortalidad entre los adolescentes, inmediatamente después de los accidentes de carretera.

Estas nuevas formas de violencia no son reducibles a un desequilibrio psicológico de los sujetos. Tienen más que ver con la indiferenciación que caracteriza a nuestras sociedades democráticas. En la sociedad, por tanto no igualitaria, todo el mundo tiene un lugar, incluso los pobres, incluso los parias. Nadie sobra. La sociedad moderna deja siempre más personas fuera de toda institución y de todo vínculo social. Su única forma de existir es una

148 A. Camus, *El extranjero.*

especie de sacrificio muy arcaico que consiste en presentar los propios sufrimientos ante el público.

La democracia se manifiesta incapaz de responder al tiempo de violencia identitaria que genera, lo que no puede hacer más que excitar más la violencia misma. La aparición de esos «delitos modernos» que son la delincuencia iniciática de los adolescentes, el incesto o la droga está vinculada de forma manifiesta con el debilitamiento de las referencias simbólicas de la sociedad democrática. ¿Cómo no establecer el vínculo entre la desaparición de los símbolos sociales y el fracaso de la simbolización del sujeto? Si la violencia de la sociedad tradicional era una violencia de emancipación, de liberación, hoy adquiere más bien la forma inversa: la afirmación violenta de sí en una sociedad indiferenciada. Significa menos una voluntad de igualdad en una sociedad jerarquizada que una voluntad de singularidad en una sociedad de iguales. Esas formas de violencia se ven indirectamente reforzadas por la igualdad de oportunidades. De ahí la paradoja que subraya Yves Michaud: «Esta reivindicación brutal y "gratuita" de identidad se expresa en el seno de las sociedades democráticas —o recientemente "democratizadas"— cuyos principios, tanto políticos como jurídicos, excluyen fundamentalmente la violencia. La diferencia entre el principio y la realidad es aquí máxima. A la vez que se difunden los principios de un tal cosmopolitismo, quedan grupos enteros que escapan por completo de este cosmopolitismo aunque experimentan los efectos de su potencial diferenciador. Huérfanos del Estado, desposeídos de toda pertenencia, no les queda más que la violencia para existir»[149].

La violencia nunca podrá encontrar su lugar en el dogma democrático de la «igualdad de oportunidades», es decir en una abstracción. La violencia es rancho aparte, y la democracia no sabe cómo hablar de ella. La sociedad democrática no solo genera a su pesar un nuevo tipo de violencia, sino que sabe responder menos que cualquier otra de ello. Solo puede rechazar lo que remite a la pasión democrática, a los restos de salvajismo de ese hombre que solo ha querido considerar de forma ideal.

El contacto con la justicia se teme y se busca a la vez como el último bastión contra la desafiliación total. Al juez se le convoca como ministro del sentido en una sociedad desorientada. No es el único destinatario de esa demanda, que se dirige también a la escuela o a la psiquiatría. De ahí el malestar de las grandes instituciones estructuradoras como el hospital, la cárcel, la justicia, la escuela. ¿Cómo actuar ante semejante demanda? Cabe considerar dos respuestas: la primera consiste en criminalizar esta búsqueda identita-

---

149 Y. Michaud, *op. cit.*, p. 13.

ria reglamentándola según el derecho penal, es decir no reglamentándola. Aparte de que esta solución autoritaria es cada vez menos satisfactoria, cabe preguntarse si tenemos todavía los medios. Responder mediante la represión a esta demanda inédita solo puede acelerar el proceso de degradación del vínculo social. La segunda respuesta consiste en asumir esta función simbólica e intentar responder a esta nueva demanda de autoridad, más allá de la comprensión clínica y de la reprobación moralizante.

Todas las sociedades democráticas parecen haberse decidido por la primera respuesta, de creer en la inflación de la población carcelaria. «La historia de la pena, ha dicho Jhering, es la de su desaparición.» Es forzoso reconocer que, desde hace unos años, el sentido de la historia se ha invertido por completo. Las democracias se orientan, todas ellas, hacia un encierro cada vez más importante de sus poblaciones. Como a menudo, los Estados Unidos han tomado la delantera. El número de detenidos se ha doblado en diez años y se ha multiplicado por tres en trece. En ese país había 329.821 detenidos en 1980, hay 1.012.851 en junio de 1994.[150] Solo los jóvenes negros representan cerca del 48 % de esa población penal. Los países europeos conocen una progresión similar, aunque sea menos acusada, empezando por Francia. Esas cifras asustan y son comunes a todas las naciones democráticas: ¿no se podría establecer un vínculo entre la inseguridad de la norma y el incremento de la penalización? ¿Cómo frenar esta lógica represiva?

Si no se tienen en cuenta ni el sufrimiento ni las aspiraciones del hombre democrático, no se puede defender la democracia. Se prohíbe reformar la prisión, por ejemplo, porque se es incapaz de comprender que aunque las penas son menos largas, menos crueles y el régimen más suave, cada vez se soportan menos. No se puede comprender que al negarse a diferenciar entre violencia legítima y violencia ilegítima la pena se vuelve absurda; que al negar la existencia del mal se acaba por reactivar los mecanismos más arcaicos de la desconfianza y del miedo al otro; que la suavidad democrática provoca una violencia hipervisible —o, por el contrario, invisible— aún más amenazadora; que la delincuencia se hace identitaria más que libertaria, anómica más que económica; que quizás el individuo de nuestras sociedades modernas sufre más por la indiferencia que por el control social, más por la exteriorización que por el encierro, más por la exclusión que por la inclusión forzada; que la libertad no es digna si no es con la condición de proteger a las personas incapaces de asumirla; que la política no puede resumirse en la dominación, que existe también un pacto, es decir, la afirmación de una voluntad de vivir

150 J.-P. Jean, «L'inflation carcérale», *Esprit*, octubre de 1995, p. 117.

unidos que, además, ha de representarse, so pena de que unas representaciones salvajes desposeen al grupo social del dominio de su reproducción simbólica. Semejante incertidumbre de la norma, por un extraño efecto de vasos comunicantes, apela a un incremento de la justicia.

CAPÍTULO VI
LA MAGISTRATURA DEL SUJETO

A la justicia se la requiere para que aplaque el malestar del hombre moderno que sufre. Para responder de una forma inteligente, debe cumplir una nueva función que se ha desarrollado a lo largo de todo este siglo y a la que se podría denominar la magistratura del sujeto. Las sociedades modernas generan, en efecto, una demanda de justicia cuantitativa y cualitativamente inédita. Se trata a la vez de una demanda de masa y de una demanda masiva. No solo la justicia ha de multiplicar sus intervenciones —lo que ya es en sí un desafío—, sino que es objeto de nuevas solicitaciones. Se la somete a cuestiones morales temibles, como las relativas a la bioética o a la eutanasia, o se le pide que palie los estragos de un vínculo social debilitado entre los individuos excluidos, he aquí que se le exige que diga lo justo en una democracia a la vez inquieta y desencantada.

No hay un libro o un informe sobre la justicia que no constate, para deplorarlo, el vertiginoso incremento de contenciosos desde los años setenta. Es un hecho innegable que en unos quince años, de hecho todas las formas de contenciosos, de primera instancia, de apelación o de casación, judiciales o administrativos, se han multiplicado por dos, o incluso por tres en algunos casos. Siempre puesta de relieve, esta tendencia se ha interpretado pocas veces. ¿Qué significa esta explosión? ¿Qué demanda traduce? ¿Cómo se habían resuelto estos casos en otra ocasión?

Este doble desafío cualitativo y cuantitativo lanzado a la justicia moderna no es coyuntural sino que va íntimamente ligado al desarrollo mismo del hecho generador de la democracia, la igualdad de oportunidades. Todos recordamos las primeras líneas de *La Démocratie en Amérique:* «Entre las cosa nuevas que, durante mi estancia en los Estados Unidos, han atraído mi atención, ninguna me ha sorprendido tanto como la igualdad de oportunidades. (...) Pronto reconocí que ese mismo hecho extiende su influencia bastante más allá de las costumbres políticas y de las leyes, y que no tiene menos predicamento sobre la sociedad civil que sobre el gobierno: crea opiniones, hace que nazcan sentimientos, sugiere usos y modifica todo lo que él mismo no produce.»[151]

Lo que enseña Tocqueville es la transformación del hombre por la democracia. La igualdad de oportunidades trastorna profundamente el equilibrio social. El despliegue hasta el extremo de este dogma democrático debilita el vínculo social, paraliza cualquier influencia natural sobre el otro y, así, agudiza los conflictos. Depone cualquier autoridad tradicional, derriba la organización espontánea de la sociedad y mina el ordenamiento jerarquizado que, al atribuir un lugar a cada uno, limitaba las ocasiones de conflicto. La sociedad democrática deshace el vínculo social y lo rehace artificialmente. Está condenada a fabricar lo que antaño estaba dado por la tradición, la religión o las costumbres. Se ve forzada a *inventar* la autoridad y, al no conseguirlo, se remite al juez. Pero ¿no es eso como lanzarse al agua para que a uno no le mojen? Esta demanda de justicia es paradójica: con el pretexto de protegerse de la intervención ilegítima de otro, se entrega al control del juez. El individuo se libera de la tutela de sus magistrados naturales precipitándose a la de los jueces del estado. La libertad puede llegar a pagarse con una ampliación del control del juez, con una interiorización del derecho y con una tutelarización de ciertos sujetos.

LA EXTENSIÓN DEL CONTROL DEL JUEZ

Hemos pasado en unos años de una sociedad relativamente homogénea en el plano cultural a una sociedad plural. «Los individuos intentan recuperar sentimientos de pertenencia comunitaria al reafirmar su vinculación a tradiciones extrañas a las de la república. El regionalismo, el populismo político, el desarrollo de las sectas o del integrismo religioso, las bandas de jóvenes con problemas de las barriadas desfavorecidas, tantos fenómenos que, más allá de sus particularidades, pueden relacionarse con el declinar de las grandes solidaridades transclasistas que habían estructurado la identidad nacional. Y no es producto del azar si afectan en primer lugar a quienes tienen más que temer que este declinar les deje al margen de la sociedad: los jóvenes parados, los inmigrantes, los "pequeños-blancos" de los barrios degradados, las poblaciones que habitan las zonas menos favorecidas del territorio.»[152] La inestabilidad creciente de los vínculos familiares, la movilidad profesional, la

151 A. de Tocqueville, *De la démocratie en Amérique, op. cit.,* vol. I. p. 87.

152 Secretariado de Estado del Plan, *Entrer dans le* XXIe *siécle, essai sur l'avenir de l'identité française,* La Découverte-La Documentation française, París, 1991, pp. 200-201.

diversidad cultural han modificado la demanda de justicia, convirtiéndose el derecho en la última moral común en una sociedad que ya no la tiene.

La destitución de toda autoridad tradicional

El Código civil es un código burgués que no reconoce auténticos derechos más que a un número limitado de sujetos. Todas las relaciones jurídicas están pensadas a partir del modelo del intercambio comercial, es decir, de una relación entre iguales, económicamente simbolizable por la moneda. El siglo XIX se dedicó a hacer real la igualdad entre los «buenos padres de familia», es decir, entre los hombres adultos y poseedores. Y he aquí que esta igualdad se reivindica ahora para *toda* relación social; entre hombres y mujeres en primer lugar, aunque también entre patronos y empleados, entre padres e hijos.

La historia de la justicia es la de la profanación progresiva de toda autoridad tradicional. Lo atestigua esta anécdota: en 1816, un personaje fue llamado por el consejo de los «hombres probos» de Amiens por no haber remitido, como la ley le obligaba a hacerlo, su libreta, es decir, su certificado de trabajo, a un joven obrero. En la audiencia se produjeron dos incidentes. En primer lugar, al haber reconocido el joven que había robado algunos objetos de menor importancia, el tejedor amenazó con hacer constar el robo como motivo del despido, a lo que el consejo le respondió que no había apreciación moral que aplicar a este documento, al no haber presentado una queja inmediata. Al pronunciarse la sentencia, el patrono exclamó: «¡He aquí un magnífico juicio para unos jefes de taller!» y fue inmediatamente sancionado por esta invectiva. En realidad, una multitud de conflictos los resolvían hasta el final del Antiguo Régimen los notables que ejercían una especie de arbitraje extrajudicial muy extendido. Nuestro tejedor estaba indignado porque se atentase así contra esta concepción tradicional de la autoridad del notable. «Desde su punto de vista, los "hombres probos" minaban el ejercicio de una autoridad moral. ¿Cómo esperar de los asalariados una sumisión deferente, después de haberse visto obligado por un chiquillo a justificarse públicamente, a discutir con él, después de haber sido castigado por un gesto colérico ante la humillación, y después de haberse visto desautorizado para llevar a cabo una medida de disciplina en su fábrica.»[153]

El padre de familia disfrutaba de una autoridad idéntica sobre sus hijos. En la familia aristocrática, según Tocqueville, «el padre ya no tiene más que

---

153 A. Cottereau, «Esprit public et capacité de juger. La stabilisation d'un espace public en France aux lendemains de la Révolution», *Pouvoir et légitimité,* Éditions de l'EHESS, París, 1992, p. 242.

un derecho natural. Se le da un derecho político para mandar. Es el creador y el sostén de la familia; también es el magistrado»[154]. La familia no debe considerarse como una isla de no-derecho a salvo de las evoluciones de la sociedad: es, por el contrario, ese «lugar privilegiado donde se revela la verdad general de la democracia»[155]. La historia del derecho familiar ilustra la lenta penetración de la justicia para controlar las relaciones familiares y la *aceleración* de esta evolución, notoria en estos últimos años. Las relaciones entre padres e hijos se «judicializan» progresivamente, entendiéndose cada día más en términos jurídicos más que naturales.

Una primera corriente legislativa al principio de la III República empezó a recortar esta magistratura natural de los hombres al reconocerles derechos a las mujeres (ley de 1884, que autorizaba de nuevo el divorcio) y a los hijos (ley de 1889 sobre la protección de los hijos y sobre la decadencia de la autoridad paterna). Un siglo más tarde, entre 1965 y 1975, una segunda corriente legislativa determinó la igualdad entre los esposos (mediante una reforma de los regímenes matrimoniales después del divorcio en 1975), así como entre padres e hijos al convertir el viejo *poder paterno* en *autoridad paterna*. Se cubrió una nueva etapa veinte años más adelante con la idea de los *derechos del hijo*, que consagraría la Convención internacional de los derechos del niño. ¿Dónde acabará esta lógica igualitaria? ¿No tropezará con los límites de la naturaleza, que aún no le ha dado al niño la posibilidad de educarse solo?

La asistencia educativa, es decir, la acción del juez de menores para proteger a la infancia en peligro, se hace más jurídica. Mientras se desarrolla de forma más o menos formal en las oficinas del juez de menores, se exige un abogado para cada niño y el respeto de un procedimiento estricto para contener los posibles desbordamientos paternalistas del juez. La introducción de lo contradictorio, que es la marca de lo judicial, obliga a enunciar, formular y desarrollar el razonamiento hasta aquí muy a menudo implícito de los trabajadores sociales y del juez. Ahora hay que tomar las mismas precauciones que ante no importa qué asunto judicial. La democracia ya no tolera ninguna otra magistratura si no es la del juez.

¿Una norma común sin costumbres comunes?

En la sociedad tradicional el camino de la normalidad está totalmente determinado: solo queda la elección de conformarse o de aceptar verse

154 A. de Tocqueville, *De la démocratie en Amérique, op. cit.,* vol. II. p. 241.

155 P. Manent, *Tocqueville et la nature de la démocratie*, Fayard, París, 1993, p. 102.

amonestado. La sociedad democrática ha de enterrar una norma común y de contenido preciso. Una vez más, la familia es el mejor ejemplo de ello. Los comportamientos familiares se diversifican, es un hecho indiscutible que atestiguan, por ejemplo, los numerosos concubinatos o los hijos naturales, que van en constante aumento. Según dicen los demógrafos, se produjo una auténtica ruptura hace unos treinta años. Pero ¿cuál fue esa ruptura? ¿No han conocido todas las épocas comportamientos marginales? La novedad no radica tanto en esos comportamientos como en la indiferencia ante las elecciones de unos y otros. Ya no existe una norma comúnmente admitida. Todas las formas de vivir se hacen igualmente respetables. Las referencias morales ya no se pueden deducir de un comportamiento social estandarizado.

Se ha abandonado el ideal de un mundo normativo que encuadre y prevea todas las situaciones sociales. La ley general es inadecuada para aprehender la diversidad de los valores. Las dificultades que pueden aparecer son tantas y tan imprevisibles que el legislador no puede preverlas so pena de someterse él mismo a unas normas que llevarán rápidamente a resultados inversos a los pretendidos. El ciudadano, preocupado por gobernarse como cree que debe, solo puede aceptar las cosas hechas «a medida».

Es el espíritu de las reformas del derecho familiar lo que todos los países europeos han conocido estos últimos decenios. «Las nuevas leyes, menos legalistas que las antiguas, descansan más en la acción judicial para asegurar su propio funcionamiento, quizá porque no creían demasiado en ellas mismas. En todo caso, lo que han visto en el juez ha sido menos el intérprete de los textos, el artesano de la jurisprudencia, que el prudente consejero (como el juez tutelar) o el ministro de la equidad (como el juez matrimonialista en los divorcios por mutuo consentimiento).»[156] En realidad, el legislador no tiene otra elección que delegar en el juez la tarea de dar un contenido caso por caso a nociones esenciales como la del interés del hijo. El interés del hijo ya no tiene un contenido único y válido para todos los hijos: solo adquiere cuerpo en ese debate en el que ya nadie, ni siquiera el experto, puede pretender que detenta un saber positivo e indiscutible. Se trata, pues, en ello, de una apreciación muy contextualizada, que ha de tener en cuenta los valores de cada familia (el artículo 1.200 del Código civil francés ¿no le pide al juez que «tenga en cuenta las convicciones religiosas o filosóficas del menor de la familia»?).

---

156 J. Cabonnier, *Essai sur les lois,* Répertoire du Decanat Defrénois, París, 1979, p. 176.

«La virtud pública de la indiferencia»

La igualdad de oportunidades priva de legitimidad a todas las influencias individuales, al no tener que obedecer cada ciudadano más que a sí mismo. «La igualdad coloca a los hombres unos junto a otros sin vínculo que les retenga. (...) Les predispone a no pensar en sus semejantes y les presta la indiferencia como una especie de virtud pública.»[157] La democracia hace más incierta la autoridad que requiere más que cualquier otro régimen: tal es la paradoja de la justicia en una democracia. El ejercicio de la autoridad pública, más necesario debido a la relajación del vínculo público, se hace paradójicamente mucho más sospechoso. Es testimonio de ello el lujo de precauciones necesarias para intervenir en los asuntos de los demás: nadie —o casi nadie— puede ejercer espontáneamente la magistratura social sobre quienquiera que sea.

La sociedad democrática evita esta dificultad dándole una formidable amplitud a la noción de contrato. Todo lo que en otro momento se ordenaba mediante un juego de magistraturas tradicionales ha de adquirir ahora forma de contrato. Esta moda ha hecho su aparición estos últimos años en la práctica del trabajo social y, más en general, en toda la acción de los poderes públicos (el crédito personalizado en materia de formación, por ejemplo). Por utilizar una expresión de Portalis, se busca dondequiera confederados más que ciudadanos. El abuso de la imagen del contrato incluso en las relaciones más esenciales, como las familiares, no es más que un paliativo para la pérdida de un mundo común, o una ilusión, hasta tal punto no es posible contratar sin un tercero que autorice los términos y garantice la ejecución de lo convenido.

La incapacidad típicamente democrática de ejercer una influencia sobre otro explica quizá la crisis moral de todas las profesiones cuya función es precisamente influir en el comportamiento del otro: trabajadores sociales, enseñantes o médicos. Ya no ven «en nombre de quién» ejercer esta influencia. Resultan enseguida sospechosos de paternalismo o de control social. El terapeuta y el enseñante, privados de la autoridad de la institución y bajo la sospecha de intrusión ilegítima en la vida de otro o de practicar el control social, están a punto de no ser casi más que los representantes de sí mismos, es decir, muy poca cosa. Así, por ejemplo, los equipos psiquiátricos aceptan con reticencias a las personas, incluso a las enviadas por la justicia, si no manifiestan una «demanda» de atención. Pero ¿quién puede valorar la sinceridad de la demanda de una persona frágil? ¿Cómo pedir ayuda para dejar la droga si no es obligado y forzado por la amenaza de la pena? ¿Por qué dejar de beber

157 A. de Tocqueville, *op. cit.*, p. 131.

si no es para evitar que la esposa le abandone a uno? ¿No se ve toda demanda influenciada por la perspectiva de una reacción social más dura?

Cuando el Estado-providencia se hace más modesto, los interventores sociales buscan justificar su acción más remitiéndose al derecho que al Estado. Ya no es necesario como antes recordar la lenta e inexorable progresión de los derechos del consumidor en el trabajo social. De ahí quizás asimismo la explosión de reflexión ética o deontológica en estas profesiones.

La incapacidad para ejercer la autoridad social normal se traduce en un incremento de la influencia de la justicia sobre ciertos tipos de comportamiento que antes determinaban otras formas de regulación. El juez de menores se encuentra a menudo atrapado en situaciones en las que los padres están «desautorizados», es decir, que son incapaces de ejercer la menor autoridad sobre sus hijos debido a una extraña inhibición. Sienten la tentación de buscar una seguridad en el juez. Un padre solicita una medida de asistencia educativa para su hijo toxicómano al que tiene empleado en su empresa y de quien sospecha que paga la droga con cheques profesionales. El juez explica las posibilidades que le brinda la ley: presentar demanda por el talonario de cheques desaparecido y eventualmente despedir a su hijo por falta profesional. El padre, patrón de una empresa floreciente, se va tranquilizado. ¿Por qué no lo ha hecho antes? ¿Por qué busca el aval del juez de menores para comportarse a la vez como padre y como patrono?

Esta incapacidad de las instituciones para hacerse cargo de forma autoritaria de los sujetos más débiles tiene como consecuencia inesperada reforzar la función asilar de la cárcel. Hoy se ve llegar detenidas a personas que tendrían mejor lugar en el medio hospitalario. El movimiento de la antipsiquiatría, que quiso que los enfermos saliesen del asilo, ha tenido como efecto «externalizar» a un gran número de personas, algunas de ellas incapaces de vivir en el exterior. No es tanto la libertad lo que han encontrado cuanto la «externalidad», es decir, el encierro fuera, la soledad en su sufrimiento y en sus síntomas. Este movimiento de la antipsiquiatría, motivado tanto por consideraciones terapéuticas como por una racionalización del presupuesto, ha tenido como efecto dejar sin tratamiento alguno a muchos enfermos. Ya que tan solo la influencia autorizada por la justicia es legítima, esta ve nacer una nueva demanda de protección de los individuos más desprovistos ante la que se encuentra desamparada.

LA INTERIORIZACIÓN DEL DERECHO

El hundimiento de las referencias sociales colectivas tiene otra consecuencia más inesperada pero que refuerza asimismo el poder del juez: la interiorización de la norma. En un mundo sin normas exteriores de comportamiento, los sujetos se ven condenados a interiorizar la norma. El hombre de las democracias ha de reinventar sin cesar por sí mismo lo que había formulado la ley positiva. El actor jurídico no se contenta ya con aplicar normas cognoscibles: ha de preverlas. La ley penal o civil que precisaba con detalle unas obligaciones tiende a ser suplantada por una obligación general de prudencia sancionada por una ampliación de la idea de responsabilidad. Pero ¿quién la apreciará si no es el juez? La justicia realiza a posteriori lo que el derecho positivo concebía a priori. El mañana se hace inconcebible, el futuro queda fuera de control. El derecho del juez no puede ser más que un derecho del mañana. Pero ¿qué ocurre entonces con el sacrosanto principio de la seguridad jurídica?

Un derecho realizado por el, juez invierte la carga normativa. Al levantar acta de la inseguridad y de la complejidad de nuestro mundo, exige un razonamiento *anticipador.* Ya no es posible ahora refugiarse tras las certezas científicas. La ciencia ya no es buena o mala a *priori:* también exige precaución. Esto se confirma tanto para los operadores económicos como para el sujeto. En la empresa, por ejemplo, se ha asistido a lo largo de los últimos años a un incremento del poder de los servicios jurídicos y a una progresión de su intervención. Antes, los contratos los firmaban los comerciales y los formalizaban a continuación los juristas. En la actualidad, los juristas se encuentran presentes desde el principio de las negociaciones porque el derecho es parte integrante de la estrategia de la empresa. Se ha visto en este fenómeno, como siempre, una influencia de la cultura anglosajona, sin comprender que en un universo sin referencias comunes, como lo es el comercio internacional, lo propio del derecho es anticipar todas las eventualidades. Ya no hay lugar para la confianza o para la garantía superior del Estado, como fue el caso en Francia con el sector nacionalizado.

Cada ciudadano se consagra legislador

El derecho penal debe en principio limitarse a enunciar un catálogo de prohibiciones claras y precisas que no le dejen al juez la posibilidad de interpretar de forma extensiva la ley penal. Esto es lo que los juristas llaman el principio de la legalidad de los delitos y las penas y de la interpretación restrictiva de la ley penal. Pero también aquí la norma es cada vez más indeterminada: las prescripciones formales y claramente enunciadas del derecho penal clásico dejan su lugar a principios que han de apreciarse en lo inmediato.

El nuevo Código penal multiplica los delitos de contorno impreciso, como «poner en peligro deliberado la persona de otro». Esto se convierte en una penalización de la responsabilidad civil. El principio de la legalidad y de la interpretación restrictiva de la ley penal queda en entredicho. En efecto, es al juez a quien le corresponderá decidir *a posteriori* si tal comportamiento «pone en peligro a otro» o no. Para hacerlo, tendrá en cuenta la intención de la persona encausada. «El móvil del criminal, observa Jean de Maillard, tiende a hacerse primordial en la determinación de un número creciente de infracciones, tanto relativas a las personas como a los bienes.»[158] Esta tendencia se ve corroborada por el reconocimiento del error de derecho como causa exoneradora de la responsabilidad penal. La norma debe su completa eficacia a su conocimiento por parte del individuo. La intención la hace suya el derecho penal, lo que no deja de recordar la tendencia a la psicologización de la vida política o la promoción actual de la ética profesional.

En cada ocasión la idea es la misma: una sociedad compleja la regulan los hombres más que una reglamentación sofisticada. Cobrando consciencia de la lógica improductiva de la prohibición, el legislador busca la perspectiva más dinámica de la obligación. La pérdida de las referencias comunes hace que se pase de un mundo de prohibiciones a una obligación general de *prudencia*. Esta exigencia de sensatez recuerda la *precaución* que caracteriza, según François Ewald,[159] las nuevas exigencias del saber y de la ciencia. «Cuanto menos seguro es el derecho, más forzada se ve la sociedad a hacerse jurídica.»[160] Ahora cada ciudadano ha de ser su propio legislador y anticipar las consecuencias sociales de sus actos. El mundo común y el formalismo positivista permitían la circunscripción de un interior y de un exterior, y percibir claramente el territorio de lo prohibido y de lo permitido. En la actualidad, por el contrario, cada cual ha de interiorizar el derecho. El hombre moderno se hace jurista por necesidad; es el precio que ha de pagar por su autonomía. La sociedad democrática paga su emancipación de la norma haciéndose cada vez más con la justicia. Sus miembros se liberan de la obligación social convirtiéndose todos en juristas.

De la prohibición de la droga a la incitación a la mesura

Esta evolución del control social se puede ilustrar mediante el ejemplo de la droga. El último informe del Comité nacional de ética es muy interesante al respecto. Nuestra legislación anterior se apoyaba en el ideal de un mundo puro, liberado de cualquier droga, y se planteaba como objetivo la

---

158 J. de Maillard, «Les maux et les causes. A propos de la crise du droit pénal», *Commentaires,* n.º 67, 1994, p. 616.

159 Véase el número de la revista *Risques* (n.º 11, París) consagrado a esta cuestión.

160 J. de Maillard, *op. cit.,* p. 617.

erradicación del fenómeno. La persecución de este objetivo exigía distinguir entre los productos buenos y las drogas, entre los sujetos saludables y los toxicómanos, la buena borrachera social de alcohol y los malos «viajes» solitarios de la droga. El informe constata la desaparición de ese mundo común ideal exento de toda clase de droga. Parte, por el contrario, de la hipótesis de que la droga no desaparecerá, habiéndose manifestado la impotencia de la represión para eliminarla. «Es forzoso en la actualidad admitir que hay "drogas", que el "abuso" de una droga se diferencia de su uso, que el abuso no se suprime por decreto»[161].

El análisis científico vuelve a plantear esa relación con el mundo binario. En efecto, muestra que los mecanismos de recompensa son idénticos en el alcohol, el tabaco o la droga, y así la distinción entre productos lícitos e ilícitos ya no tiene base biológica. La droga puede ser en ocasiones un factor de socialización. No sería, pues, el producto lo intrínsecamente malo sino el uso que se hace de él. De ahí el ideal de la *mesura* que vendría a sustituir el de la *abstinencia.* La frontera entre lo normal y lo patológico, como la de lo prohibido y lo permitido, abandona el mundo común para dirigirse al interior del individuo mismo. El informe no tiene como objetivo «dejar que se entienda que todas las drogas son buenas y todo consumo aceptable, sino situar el uso de la droga según el punto de vista de la moral personal (deberes consigo mismo)»[162]. Ahí es donde corresponde en último término determinar el límite entre el buen uso y el abuso.

Ya que el Estado no puede controlar ni el tráfico ni el uso de estupefacientes, siente la tentación de cambiar de estrategia y controlar el fenómeno por el otro extremo de la cadena, es decir por el consumo. «Hoy todo lleva a pensar que el mejor medio para contener la oleada de la toxicomanía consiste en formar ciudadanos responsables y bien informados. En materia de sustancias activas sobre el sistema nervioso central, cada persona ha de aprender a conocer sus debilidades y a discernir el límite entre lo que se consiente y lo que no quiere para sí misma.»[163]

Pero el Comité nacional de ética, ¿no está tomando como hipótesis lo que es el objetivo, es decir, un sujeto formado, capaz de controlar su consumo? Ignora que si ciertos individuos consumen drogas es para suavizar un desorden

---

161 Informes del Comité consultivo nacional de ética para las ciencias de la vida y de la salud de los toxicómanos, reflexiones éticas, 23 de noviembre, 1994, París, p. 1.

162 *Ibid.*, p. 11.

163 *Ibid.*, p. 14.

existencial profundo. Si estuviesen tan preparados, ¿qué necesidad tendrían de consumir drogas? Por otra parte, la despenalización y remitirse a la prudencia individual no tendrán las mismas consecuencias para todos los ciudadanos. Supondrá una ganga para algunos artistas cocainómanos y un mayor abandono para los jóvenes de las barriadas. Esta responsabilidad puede ser aplastante para algunos. ¿Qué hay de esas personas incapaces de dominarse, inaccesibles a esa prudencia a la que apela el legislador? La despenalización las enviará a la muerte con toda legalidad. Semejante revalorización de la prudencia y de la responsabilidad exige organizar la protección de aquellos que no pueden asumirlo.

LA TUTELARIZACIÓN DE LAS PERSONAS FRÁGILES

¿Qué hacer con quienes no pueden dar pruebas de esta prudencia que se pretende? ¿Con quienes son incapaces de interiorizar la ley? La abstracción democrática es necesariamente teórica y un tanto angélica: postula la autonomía de los ciudadanos y refunfuña ante lo contrario. A través de la justicia, este dogma democrático entra en contradicción con la fragilidad del individuo de carne y hueso. Las ficciones democráticas tropiezan con la carne de la sociedad. Estos sujetos han de ser a la vez respetados por su palabra y protegidos por su fragilidad. Exigirle al sujeto que se convierta en legislador de su propia vida lleva a establecer una tutela para los sujetos más desasistidos, incapaces de soportar la indeterminación. «El reconocimiento por parte de la sociedad de los derechos del individuo, recuerda Marcel Gauchet, no significa que la misma sociedad le confiera la autonomía indispensable para ejercerlos.»[164] Así, la magistratura del sujeto se convierte en una tarea política esencial. Ya no basta denunciar el paternalismo o el control social: la evolución de las sociedades democráticas le da a la protección toda su dignidad democrática.

La magistratura del sujeto

Una sociedad que atribuye a todos los individuos responsabilidades antes asumidas institucionalmente en el exterior de ellos mismos, dice Alain Ehrenberg, ha de esperar que esos mismos individuos tengan estrategias de autoasistencia inagotables y dirijan las demandas más diversas a profesiones e instituciones.»[165] Más allá de los derechos atribuidos a la personalidad

---

164 M. Gauchet, «Les droits de l'homme ne sont pas une politique», *Le Débat*, 1980, p. 19.

165 A. Ehrenberg, *L'Individu incertain*, Calmann-Lévy, París, 1995, p. 313.

jurídica (como el derecho a la imagen, al nombre, al honor), la justicia se ve frecuentemente solicitada para pronunciarse acerca de la persona misma tanto como acerca de sus derechos, es decir, sobre su libertad (la detención), su autonomía (la tutela), sus vínculos fundamentales con el conjunto o con los hijos (tenencia, asistencia, educación, divorcio). Esta demanda inédita abre un *nuevo territorio para la justicia* al solicitar más su función tutelar que su función arbitral, a la que, por otra parte, se ha visto reducida quizá demasiado a menudo. Esta parte de la actividad de la justicia se ha desarrollado ampliamente estos últimos años.

¿En qué consiste esta función? El juez ha de sustituir a la autoridad debilitada para autorizar una intervención en los asuntos privados de un ciudadano. Lo que es nuevo es el debilitamiento de las mediaciones intermedias: la acción ejercida sobre el interesado es muy normal; propiamente hablando, no hay en ella nada jurídico. Consiste en asistir a una familia en la gestión de su fortuna o, con más frecuencia, de su infortunio, en enseñar a los padres cómo comportarse con sus hijos, en ayudar a una persona a controlarse a sí misma en la vida social, en buscar un trabajo, dicho brevemente, profesionaliza lo que antes normativizaba la vida social ordinaria.

Por eso se le pide menos a la justicia una decisión jurídica que la designación de una persona que informe: asistente social, educador, tutor, administrador de tutelas, etc. La justicia busca reintroducir río abajo las mediaciones que han faltado río arriba. De ahí el éxito de los informadores o de los «adultos-descanso» con los toxicómanos. La función tutelar evoca una idea de *subsidiariedad* que aleja a la justicia de la perspectiva clásica de lo autoritario. Es una forma de crear artificialmente el vínculo social familiar, pero ¿no es a eso a lo que condena la modernidad? El individualismo se paga, pues, con una tutelarización creciente de los sujetos.

Este nuevo campo es tanto más difícil abarcarlos cuanto que el derecho técnico le sirve poco de ayuda. El juez maneja tanto los afectos como los conceptos y puede llegar a confundir su papel con el del terapeuta o el del amigo. A falta de un derecho positivo, ¿qué «normas de juicio» han de guiar la decisión del juez? Jueces e interventores médico-sociales ¿no deben compartir una misma idea del sujeto de derecho? A todos les desconcierta esta tarea.

La transposición de los problemas humanos y sociales a términos jurídicos no deja de causar daños al vínculo social. Lo que las costumbres establecían de forma espontánea e implícita ahora debe establecerlo el juez formal y explícitamente. De ahí esta judicialización de las relaciones sociales. Requerida para que justifique a su vez cualquier intervención, la justicia ha de lanzarse a un proceso infinito de *enunciación* de la norma social. Mediante la voz del juez, el derecho se compromete en un trabajo de denominación y explicitación de las normas sociales que transforma en obligaciones positivas lo que aún ayer estaba en el orden de lo implícito, de lo espontáneo, de la obligación social. La ley le pide al juez de menores que intervenga cuando la salud, la seguridad y la moralidad de un menor están en peligro. El criterio es relativamente claro en lo que concierne a la salud física, pero ¿qué hay de la salud mental? El juez se sorprende de que una madre vista a su hijo pequeño con faldas y de que se dirija a él en femenino. ¿En qué código aparece por escrito cómo vestir a los hijos y dirigirse a ellos? El derecho, que se considera que ha de deshacer las ligaduras ilegítimas y artificiales que impiden que el sujeto sea él mismo, se manifiesta mediante un compromiso cada vez mayor de la justicia en lo que antes se consideraba relevante de las costumbres, de la civilidad, de los «folkways»[166]. Algunos han visto en ello una estrategia del Estado para controlar mejor a los ciudadanos. A fuerza de invadirlo todo, el derecho puede llegar a matar la civilidad. De ahí quizás ese entusiasmo por los palacios de justicia o por todas las demás soluciones informales para reanimar —aunque a toro pasado— la socialidad difunta.

El derecho se convierte, pues, en la *moral por defecto*. Pero ¿no es pedirle demasiado? El derecho no se plantea las relaciones sociales más que a partir de la hipótesis del «bad man», es decir, del contratante malo, del hijo indigno o del empleado desleal. La gente feliz no conoce el derecho. ¿Qué es una sociedad hiperjuricidad? ¿No es esa sociedad en la que la hipótesis del «bad man» tiende a convertirse en la única visión de las relaciones sociales? He aquí el callejón sin salida de la democracia jurídica: esta moral sustitutoria nunca podrá instaurar la confianza. Siempre se trata de una socialidad, pero de una socialidad negativa; claro que hay una reciprocidad, pero está en el orden de la desconfianza. El vínculo social se basa ahora en una sospecha generalizada y en la culpabilización de las relaciones sociales. Existe una creencia común, pero descansa en una desconfianza común. Los actos de responsabilidad médica, que se ve cómo se desarrollan de forma inquietante, son muy reveladores de esa degradación de la confianza espontánea en la sociedad democrática, ya que, si una relación exige confianza, ¿no es precisamente la del médico y su paciente?

La justicia es a la vez bombero y pirómano, en un mismo movimiento aleja a los individuos unos de otros al descalificar la autoridad tradicional y se presenta como la autoridad paliativa de esa ausencia a la que ha contribui-

166 La sociología del derecho distingue tradicionalmente lo que manifiesta *mores*, de los *folkways* y la coacción del derecho.

do. La emancipación democrática, lejos de alejar del derecho y de los jueces, por el contrario, aproxima a ellos. Y ¡cuánto! El derecho invade la moral, la intimidad, el gobierno de sí mismo. La justicia sale de ello profundamente alterada; mientras se limitaba, como hasta el presente, a distribuir estatutos y honores, bienes jurídicos y económicos, he aquí que en la actualidad ha de distribuir asimismo posiciones sociales, o mejor, proveer a los sujetos de identidad social. ¿Es esto en realidad un progreso en pro de la libertad? ¿No se corre el peligro de que el precio sea exorbitante? Requiere de la democracia que invente nuevas formas para resolver los conflictos y para proteger a los individuos frágiles. Pero la suave tutela que ya percibía Tocqueville no es la única consecuencia. Se ve cómo se desarrolla asimismo una especie de criminalización insidiosa del vínculo social. El entusiasmo revolucionario por el hombre nuevo al que la libertad hará mejor será sustituido poco a poco por una visión pesimista que ve en el otro un agresor potencial. Si la justicia es el nuevo escenario de la democracia, su sentido por defecto, el derecho penal, se convierte en la nueva lectura de las relaciones entre personas cada vez más extrañas las unas para las otras.

Hace unos años, semejante constatación de la ampliación del control del juez hubiese hecho estremecerse a un segmento de la opinión pública que hubiese visto perfilarse en ello un control social insoportable. Pero eso no es quizá lo esencial. El peligro de esta ilusión de la democracia jurídica no es tanto el gobierno de los jueces como el poder de nadie, el dogma de la democracia tomado al pie de la letra. La justicia ha de seguir siendo un poder corrector. Los poderes negativos, como lo son la prensa y la justicia, esta incertidumbre de la norma, este juego de masacre en el que la democracia parece haberse comprometido, pueden llegar a instalarse, para suceder a la antigua soberanía política, no el poder de algunos sino la vacuidad del poder. Y así pues abandonar un cierto número de terrenos a la jurisdicción de la fuerza bajo la mirada impotente de los juristas. Esta nueva idealización de la justicia en la democracia podría aparecer solo, como dice Gauchet, para «darle un nombre deseable a la impotencia»[167]. De ahí la necesidad de juzgar a pesar de todo.

167 M. Gauchet, *op. cit.*, p. 6.

CAPÍTULO VII

JUZGAR A PESAR DE TODO

La justicia es objeto de sentimientos encontrados por parte de la opinión pública. A la vez que se espera todo de ella, se le niega el derecho de juzgar los casos demasiado importantes. La democracia le pide lo imposible pero se adapta mal a su dimensión puramente humana, más visible que en cualquier otro régimen. La justicia democrática queda atrapada en una exigencia contradictoria: a la vez que hace frente a desafíos de una amplitud desconocida por ella hasta el presente, ve discutida su intervención. Nunca se la ha idealizado tanto, nunca ha parecido tan frágil por lo poco perfectibles que parecen sus instrumentos. Y, sin embargo, hay que juzgar a pesar de todo.

LA TURBACIÓN DEL LEGISLADOR

La modernidad ha hecho cambiar de forma súbita la escala de las cuestiones sometidas a la justicia. Hela aquí haciendo frente a problemas de una magnitud vertiginosa, inédita en la historia hasta aquí. La ciencia le abre posibilidades infinitas al hombre, que él mismo no sabe cómo —ni sobre todo en nombre de qué— limitar. De la misma manera, los crímenes de masas, que no han faltado en el transcurso de este siglo, han desafiado las capacidades humanas e intelectuales de la justicia. Esos «casos trágicos», como los de la bioética o los crímenes contra la humanidad, no son para el juez lo cotidiano, y sería falso pretender que ejercen una influencia directa en el funcionamiento de la justicia. Sin embargo, hay que considerarlos porque hacen que se comprenda, mejor que cualesquiera otros casos, el nuevo papel de la justicia.

Cuestiones indecidibles

«El Parlamento puede hacerlo todo menos convertir a un hombre en mujer», se complacían en decir en Inglaterra. Eso es posible ahora. El desarrollo de la ciencia y de las biotecnologías plantea cuestiones radicalmente nuevas que los científicos no quieren zanjar por sí mismos. La justicia se ve entonces sumida en cuestiones que afectan a la identidad del hombre: ¿cuándo se inicia? ¿es un embrión un ser humano? ¿cuándo acaba? ¿se puede experimentar con una persona en estado de coma irreversible? Se trate de una cuestión relativa a la bioética, al transexualismo, a la eutanasia o a la medicina preventiva, los jueces se enfrentan en cada ocasión a un problema metafísico para cuya solución el derecho positivo no les brinda mucho apoyo.

Por ejemplo, en la actualidad es posible determinar con una sencilla muestra de sangre los riesgos de desarrollar unos años más adelante tal o cual síndrome. ¿Se le debe permitir a una empresa que se niegue a darle empleo a alguien a los veinticinco años porque tiene más posibilidades de desarrollar un cáncer de riñón o de volverse loco al cabo de cincuenta años? No se trata de una hipótesis académica, el caso fue visto por un juzgado norteamericano en cuanto a unos pilotos de aviación portadores del gen del baile de San Vito de Huntington, un mal que provoca demencias precoces después de la cuarentena. Una prueba de sangre efectuada en un feto podrá determinar las afecciones de que se verá aquejado no solo él mismo sino su descendencia. La medicina es capaz actualmente de atender *in utero* a algunos gemelos aquejados de enfermedades hasta ahora incurables. Cuando solo se puede salvar a uno de los fetos, ¿a cuál ha de elegir el médico? Si son del mismo sexo, la cuestión plantea menos dificultades, pero ¿qué hacer si son de sexos diferentes? ¿Les corresponde a los padres elegir? y, en definitiva, lo mejor ¿no es remitirse al azar? Este saber es vertiginoso. Obliga a elecciones que los médicos ya no se ven capaces de asumir.

Las dificultades de la justicia son evidentes, como lo prueba la reciente decisión de la Cámara de los Lores al autorizar a los médicos a no seguir alimentando artificialmente a Tony Bland, una joven víctima del hundimiento del estadio de Sheffield, que había caído en un coma profundo e irrecuperable. Le pareció oportuno precisar que este caso, al contrario de otros, no tendría valor de precedente. En la incertidumbre, los jueces prefieren pronunciarse caso por caso.

Se ha visto en muchos países que el poder político manifestaba una especie de reticencia a hacer votar leyes en este territorio, lo que explica que en muchos casos, como en Francia, la justicia haya tenido que interrumpir estos casos a la espera de leyes claras. El legislador no se considera suficientemente informado y teme que sus leyes se hagan obsoletas con rapidez debido a los rápidos progresos de la ciencia. Pero remitirse al juez le permite también al gobierno despolitizar un conflicto relativo a cuestiones morales políticamente embarazosas que trascienden el plano político tradicional. Abundan los ejemplos: uno de los últimos es África del Sur, donde la pena de muerte la ha abolido el 6 de junio de 1995 el Tribunal Supremo y no, como se hubiese podido esperar, el Parlamento. La pena de muerte se declaró contraria al derecho a la vida reconocido por la Constitución de 1994. Esta Constitución había permanecido muda ante la pena de muerte, ya que el Congreso Nacional Africano de Nelson Mandela y el Partido Nacional de Frederik De Klerk no lograron ponerse de acuerdo. Ocurre lo mismo con la cuestión del aborto y de las agresiones sexuales en Canadá, o con la adopción en India.

El ejemplo de este último país es interesante precisamente porque muestra tendencias idénticas en un contexto no occidental aunque democrático. El gobierno deseaba legislar en materia de adopción internacional para proteger a los bebés que marchaban en número creciente al extranjero. Los musulmanes se habían opuesto, ya que el derecho coránico ignora la institución de la adopción. Después de dos intentos infructuosos, el gobierno retiró el proyecto, y fue entonces el Tribunal Supremo de la Unión india el que elaboró una reglamentación detallada sobre la adopción internacional. El ejemplo de la mezquita de Ayodhya es aún más interesante. Se recordará que esta mezquita abandonada, construida en un lugar reclamado por los hindúes como un antiguo lugar sagrado del hinduismo, fue destruida el 6 de diciembre de 1992 por unos integristas religiosos hindúes. Embarazado por esta «espinosa cuestión susceptible de provocar convulsiones populares», el gobierno, utilizando su poder de consulta, prefirió remitirse al Tribunal Supremo para preguntarle «su opinión acerca de saber si había habido un templo hindú en el lugar en el que se había erigido la mezquita»[168]. Este se negó a responder a la pregunta, aunque decidió que la adquisición del lugar por los musulmanes no era sospechosa de nulidad y condenó por ultraje a la justicia al primer ministro de Uttar Pradesh, que se había comprometido a que la mezquita no fuese derruida.

Una complejidad inextricable

Otro argumento invocado a menudo acerca de estos casos para justificar la extrema prudencia del político, o su táctica de espera, es su complejidad. La comunidad científica se refugia de buena gana tras ella para no aceptar ninguna mirada extraña sobre sus trabajos. Salimos además de una época de entusiasmo por la ciencia en que a esta se la suponía capaz de cubrir con nuevos descubrimientos los riesgos que generaba. Y, de repente, he aquí que la ciencia aparece como potencialmente criminal. El derecho, que procede me-

168 D. Annoussamy, «La justice en Inde», *Cahiers de l'IHEJ* (No publicado en el momento de redactarse este capítulo).

diante reglas generales y permanentes, no sabe cómo abordar una materia tan evolutiva y teme fijar prematuramente las cosas con normas que se harían rápidamente obsoletas.

La complejidad de nuestro mundo no es solo científica o técnica, es también administrativa. La tecnoestructura se convierte en un monstruo que no se deja conocer con facilidad. ¿Cómo gobernar un Estado moderno? Estas complejas estructuras refuerzan el alejamiento entre el autor de una acción y las consecuencias de su acto. La menor negligencia puede tener ahora consecuencias inconmensurables, como lo han demostrado muchas catástrofes recientes. El menor error de manipulación del conductor de un tren o de un obrero puede suponer la muerte de muchas personas. Esta desproporción es lo propio de esta nueva forma de delincuencia llamada «tecnológica».

El caso de la sangre contaminada ha concentrado todos estos desafíos relativos a la desproporción entre el acto generador y las consecuencias, por el número tremendo de las víctimas, por la amplitud del perjuicio, por la ambigüedad de la ciencia y su complejidad: ha dejado bien demostrada la dificultad de juzgar un caso tan complejo técnica y administrativamente. Esta complejidad se convierte en un verdadero problema para los jurados de Inglaterra o de los Estados Unidos, especialmente en los casos financieros. El riesgo entonces es dejarlo correr ante tal dificultad y remitirse al juicio de aquellos que pueden controlarla, con el riesgo de convertir al mecánico en piloto. Henos, pues, inmersos en un situación paradójica, en la que los que comprenden no pueden juzgar y los que han de juzgar no pueden dominar tal complejidad.

Dimensiones insuperables

El crimen contra la humanidad es un crimen que, por sus dimensiones y por su desmesura, alcanza proporciones nunca vistas. Le plantea a la justicia una doble pregunta: ¿se puede juzgar el genocidio? ¿Cómo responder al desafío del número?

Recordamos la polémica en el momento del proceso Eichmann en Jerusalén que Hannaah Arendt había cubierto para un periódico neoyorquino. Arendt abordó el juicio negándose a atribuirles a los criminales nazis el estatuto de monstruos y puso de manifiesto que el juicio no se puede ejercer más que cuando los que son juzgados «no son ni ángeles ni animales, sino sencillamente hombres». El intelectual judío Gershom Scholem le reprochó vivamente su juicio sobre la actitud de ciertos notables de la comunidad judía durante la guerra: «Había entre ellos muchas personas que no eran diferentes de nosotros, que se vieron obligadas a tomar decisiones terribles en circunstancias que no podemos ni reproducir ni recordar. No sé si tenían razón o se equivocaban. No tengo la presunción de juzgar. Yo no estaba allí.»[169] A lo que respondió Hannah Arendt: «El argumento según el cual no podemos juzgar si nosotros mismos no estábamos presentes ni involucrados parece convencer a todos. Y, sin embargo, *si eso fuese verdad, nadie podría ser nunca magistrado ni historiador*»[170]

Pero el crimen contra la humanidad plantea asimismo problemas en razón del número de las víctimas y de los autores. ¿Se puede juzgar a un pueblo entero o a millares de sus miembros por un crimen colectivo? ¿Qué había que hacer después de la caída del nazismo: contentarse con juzgar a algunos o juzgar a todos aquellos que participaron de una manera o de otra en la máquina de la muerte? Pero ¿cuántos eran? La misma pregunta se ha planteado en Argentina y en Chile después de la caída de la dictadura, que en ambos casos fue muy sanguinaria, y más en general en todos los países antiguamente comunistas. ¿No se corre el riesgo en un caso de encarcelar a una parte del país y en el otro de hacer que un puñado de militares soporten los crímenes de todo un aparato? ¿Y la reconciliación? ¿Y el perdón?

¿Cómo hacer justicia a los millones de muertos del genocidio camboyano? Es más fácil juzgar un crimen —o diez o quince— que miles de ellos. ¿No estará la justicia inquietando a los peces pequeños y dejando a los grandes para el juicio de la historia, menos penoso que el de los hombres? Sería por lo menos paradójico que una persona acusada de crímenes contra la humanidad tuviese más posibilidades de escapar de la justicia que un criminal ordinario. El problema es muy actual. Hay actualmente en Ruanda más de treinta mil personas encarceladas bajo la acusación de genocidio, de las que algunas están acusadas de muchas decenas de asesinatos, y solo hay un puñado de magistrados para juzgarlas. La justicia es muy cara; a muchos países pobres les parece un lujo que no pueden pagar. Un proceso justo requiere personal muy cualificado (juez, abogados, expertos, etc.) y un gran consumo de tiempo, dinero y energía. Si se quiere garantizar a esos millares de sospechosos de genocidio un proceso justo —tanto más necesario cuanto que han despreciado los derechos fundamentales de la persona humana—, hay que practicar autopsias, recoger pruebas, proceder a audiencias y confrontaciones; dicho brevemente, cumplir con todo lo que requiere una buena justicia. Eso movilizaría a miles de jueces durante años. Entonces ¿qué hacer? La amplitud del crimen colectivo le plantea un verdadero problema económico a la justicia.

169 R. Beiner, «Hannah Arendt et la faculté de juger», *Hannah Arendt, Juger, sur la philosophie politique de Kant,* Ed. du Seuil, París, 1991, p. 43.

170 *Ibid.,* p. 142 (el subrayado es nuestro).

La capitulación ante la dificultad de juzgar es otra expresión de la crisis política. Se trata, en realidad, de la posibilidad de un sentido compartido que se desliza detrás de la cuestión del juicio. «El juicio nos ayuda a dar sentido, dice Hannah Arendt, a hacer humanamente inteligibles acontecimientos que, de otra manera, quedarían desprovistos de ese sentido. La facultad de juicio está al servicio de la inteligibilidad humana y el hecho de conferir inteligibilidad es el sentido mismo de la política.»[171]

LA JUSTICIA ENTRE LA IDEALIZACIÓN Y LA DIABOLIZACIÓN

Siendo la justicia uno de los últimos lugares de visibilidad de la democracia, se le solicita cada vez más su función tribunicia. Intentar una acción en justicia tiene por lo menos el mérito de hacer que se hable del problema y de darle así una existencia pública. Esto se ha comprobado en cuestiones de ablación, por ejemplo. Algunos casos se han remitido estos últimos años ante los tribunales de lo criminal para juzgar a unas mujeres africanas que habían practicado este rito en Francia. Los juicios criminales, manifiestamente inadecuados, han tenido por lo menos el mérito de plantear un problema que de otra forma no se hubiese planteado, y quizá también de enviarle un mensaje a la comunidad africana. Se ha pretendido asimismo que este tipo de casos no debía considerarlos la justicia. Se trata de la misma crítica que en el caso Touvier o en el de la sangre contaminada, en los que se le ha reprochado vivamente a la justicia hacer historia y hablar del estado de la ciencia saliéndose de forma manifiesta de su papel. ¿Pueden los jueces hacer historia? ¿Pueden definir el error científico? Lo que se ha criticado ha sido tanto el juicio en sí como el hecho de haber iniciado un juicio en estos casos. ¿Había que instruir un juicio penal en el caso de la sangre contaminada? ¿Había que juzgar a Touvier cincuenta años después de los hechos?

La prohibición de la denegación de justicia

A la justicia precisamente se la busca como sustituto de la política porque no puede dejar de manifestar el derecho, a riesgo de exponerse a las iras de la comunidad científica o de la opinión pública. Cuando la comunidad científica ha de pronunciarse sobre una cuestión, se toma el tiempo necesario y, a veces, acaba concluyendo la imposibilidad de pronunciarse. Lo mismo ocurre con el legislador, como se ha visto con respecto a la bioética. La justicia, a diferencia de las dos instancias anteriores, ha de decidir. La justicia *debe* juz-

171 *Ibid.*, p. 142.

gar con la información de que dispone. Esta obligación de juzgar es lo peculiar del juicio judicial.

Ante tales dificultades, se da la tentación de renunciar pura y simplemente a juzgar. O más exactamente a remitirse a una especie de juicio automático que ya no pasa por ese momento procedimental y público. Se les deja a los científicos la preocupación por establecer la responsabilidad de aquellos de los suyos que no han respetado la deontología, a los medios que definan por sí mismos su ética, al mercado que regule las previsiones políticas y a la historia que juzgue la historia esperando que el tiempo cure todas las heridas. La regulación espontánea de lo social sustituye al juicio.

Cuando se habla de un juicio de la historia se habla de un juicio impersonal, que expulsa dos características fundamentales del juicio, la del tercero (la humanidad no es tercero en relación consigo misma) y la del momento particular en que el juicio toma cuerpo. En otros términos, se le amputan a la justicia las dos condiciones esenciales de su funcionamiento: un juez que dicta en el término de un momento particular. Ésa es la diferencia entre la regulación por el mercado y el juicio. El juicio judicial procede de un momento particular en el que uno se aparta deliberadamente, y de forma absolutamente antinatural, de los propios intereses inmediatos, de la propia situación en el mundo. Pero a la naturaleza no se la vence nunca por completo, y el juicio corre el grave riesgo de darse por el producto de esos intereses.

La amplitud de los desafíos contrasta con el arcaísmo de los medios de la justicia, entendidos no como medios materiales (ordenadores, por ejemplo) sino como su instrumento mismo: el proceso, es decir, la concentración en un espacio de tiempo y de lugar definidos de un debate regido por el procedimiento, que ha de terminar en una decisión rodeada de algunas garantías. La audiencia, con su gran amasijo de enredos, parece irrisoria comparada con los dramas que ha conocido nuestro siglo —los periodistas no se privaron de hacerlo notar con ocasión del caso de la sangre contaminada. Y esos medios no parecen perfectibles. Nunca había parecido la justicia tan necesaria y tan arcaica. El proceso es el único medio a nuestra disposición, y resulta bastante prosaico. La modernidad hace que el juicio sea aún más necesario y más frágil. ¿Tenemos otra elección que la de asumir su parte humana?

Un debate localizado

El juicio judicial es siempre un juicio *localizado* y, se podría añadir, de una situación. Esto es a la vez su fuerza y su debilidad. Es un juicio en un horizonte de finitud. «Juzgar una situación verdaderamente humana es formar parte de la tragedia potencial en esas circunstancias en las que se ejerce la responsabilidad del hombre llevada a sus límites.»[172] Reivindicar el juzgar a pesar de todo es, a fin de cuentas, una reivindicación de la dignidad del hombre.

A diferencia del médico o del empresario, el juez no puede ejercer su poder más que en circunstancias muy determinadas, las de la audiencia, y al final de un intercambio de argumentaciones normativizado por el procedimiento. Su contacto con la realidad está siempre mediatizado por el derecho, el procedimiento o el marco ritual de la sala de audiencias. No hay juicio «puro», liberado de las condiciones físicas de su realización. El jurista se plantea los problemas de derecho desembarazado de su dimensión humana. Hay que desconfiar de las representaciones ideales que conciben el juicio en los términos de un debate completo y bien argumentado. La realidad es muy distinta: más que de un proceso de trata de un procedimiento, más que de un sentido decantado en una norma aplicada a una situación se trata de una construcción común del sentido de un caso. Es, pues, esencial pensar la decisión final como producto de una multitud de pequeñas decisiones tomadas por actores muy distintos, que por otra parte no son todos ellos jueces ni siquiera juristas. Irene Théry ha demostrado el peso, en los juicios de divorcio, de la situación de hecho inicial, que tiene grandes posibilidades de verse confirmada por los informes y sobre todo por el tiempo, que es el gran triunfador en el proceso.[173] De ahí la importancia de emanciparse de una visión romántica del proceso y de interesarse por la instrucción, por los informes y por todas esas decisiones que preparan el momento solemne y ritualizado del juicio.

Hay que dejar, pues, de asimilar el acto de juzgar a los «casos trágicos»[174] o los «hard cases», ampliamente publicitados y abundantemente comentados. No representan más que una ínfima minoría de los casos. Las decisiones que toma el juez ordinario, aunque cabe esperar que estén fundadas en derecho, no disponen de tal lujo de precauciones, lejos de ello. Y, sin embargo, estas decisiones que toma el juez sin una profunda reflexión, por ejemplo, por teléfono, él solo, con urgencia o de una forma muy repetitiva o automática, son importantes. Conciernen lo más a menudo a personas y manifiestan con frecuencia una gran densidad humana: detenciones, penas leves, medidas provisionales de custodia. Siempre llega un momento en que el juez ha de interrumpir la cadena de los argumentos susceptibles de ser expresados y en que debe actuar como si le estuviesen dado todos los elementos. «Pero es precisamente esta ficción contrafactual, por una parte,

172 *Ibid.*, p. 144.

173 I. Théry, *Le Démariage, justice et vie privée,* Odile Jacob, París, 1993.

174 M. Atienza, *Tras la justicia*, Ariel, Barcelona, 1993.

y el horizonte ético que guía su decisión, por otra, lo que parece indicar la dimensión colectiva de la resolución de un conflicto individual. En esta fractura descansa también, sin duda, la significación profunda de la cosa juzgada.»[175]

DECIR LO JUSTO

La necesidad del juicio se ilumina por su extremo, el crimen contra la humanidad, y por su revés, la negación. Los debates parlamentarios del nuevo Código penal han mostrado la importancia capital que el crimen contra la humanidad ha adquirido en la consciencia jurídica contemporánea. Los genocidios de este siglo, y más concretamente el holocausto judío, han permitido a las naciones concordar sobre lo que no querían, sobre una especie de derecho natural negativo. El recuerdo aún cercano de la Shoah ha inspirado la mayor parte de los grandes textos de la inmediata posguerra, empezando por la Declaración universal de los derechos del hombre del 10 de diciembre de 1948. El crimen contra la humanidad es así la referencia fundadora de una nueva rama de la historia de la humanidad. Es también fundadora al dar la clave para comprender la función de la justicia de las sociedades sin trascendencia. El crimen contra la humanidad le recuerda a la justicia su primer deber, que es *decir lo justo.* Decir es su primera —y a veces la única— tarea: tan lejos como nos remontemos en la memoria de nuestro derecho, la justicia está vinculada a un decir público, como lo indica su etimología: «jurisdicción», decir el derecho.

La negación, de hecho, forma parte del crimen contra la humanidad. El asesinato tiene como componente intrínseco su propia negación; por eso, entre otras cosas, no se trata de un crimen común. El otro no es solo muerto, sino destruido, negado, evaporado. Incluso su muerte desaparece. El procesador del crimen contra la humanidad es la negación. La ocultación de las pruebas con anticipación que caracteriza todos estos crímenes no procede de la preocupación, tan humana, de escapar de la sanción sino de la voluntad de realizar el crimen haciendo imposible su prueba. A la vez que se consuma, el crimen hace imposible todo recuerdo. Mata la memoria, prohíbe el duelo al hacer improbable la injusticia cometida, en los dos sentidos de incertidumbre y de improbabilidad.

El sufrimiento de los supervivientes es prueba de ello. Están condenados a soportar durante generaciones una injusticia que les impide vivir. No

175 P. Coppens, «Médiation et philosophie du droit», *Archives de politique criminelle,* 1991, p. 23.

solo se niega el crimen inicial, sino que es inmaterial, y las víctimas se transforman en no-seres. Eso tiene como consecuencia hacer la supervivencia difícil —o imposible— en tanto que los niños son víctimas de un bloqueo psíquico, al fallar la simbolización. «Así, dice esta superviviente del genocidio armenio, no puede haber auténticos intercambios subjetivos entre el niño y el padre superviviente, que se ha vuelto doblemente "clandestino"; porque no puede integrar una parte esencial de su vivencia y también porque esta se ha borrado de la consciencia del mundo.»[176] Recordemos ese momento de intensa emoción del proceso Barbie, cuando una víctima declaró ante el tribunal que por fin podría dormir esa noche, al haber podido mirar a Barbie a la cara.

No ocurre lo mismo con la *desaparición,* forma de represión surgida en la segunda mitad del siglo XX, principalmente en América Latina, que organizaciones de defensa de los derechos del hombre intentan que la ONU reconozca como crimen imprescriptible. Como el crimen contra la humanidad, se trata de una represión minuciosamente organizada que consiste en hacer que reine el terror haciendo que desaparezca no un grupo social completo, como en el genocidio, sino algunas víctimas cuidadosamente seleccionadas. Los autores son, como en Turquía en el caso del genocidio armenio o en Alemania cuando la Shoah, miembros de la policía o de las fuerzas armadas organizadas en escuadrones de la muerte que actúan en paralelo y en concierto con las autoridades. El mecanismo es conocido; se rapta a una persona, con la mayor frecuencia a la luz del día y en un lugar público, como el mercado, o en su casa, entre sus familiares, y nadie la vuelve a ver nunca. Desaparece y la familia vive años con la esperanza loca de su retomo. No solo los supervivientes ignorarán los detalles de su muerte, ni si ha sido víctima de un crimen, ni siquiera si verdaderamente ha muerto. El duelo no tiene sentido; ¿cómo llorar a alguien que no se está seguro que haya muerto? Con la desaparición, incluso falta el crimen.

Este sufrimiento de la negación que prolonga los efectos del crimen a lo largo de generaciones revela a *contrario* el sentido de la justicia, que es establecer los hechos, fijar responsabilidades y darles una apreciación jurídica. La justicia no sustituye a la memoria, es su condición. La muerte es irreversible y ningún juicio hace que vuelvan los muertos. Pero la muerte misma puede ser irreparable. Lo propio del juicio es volver a integrar el crimen en un orden simbólico, darle un sentido a la luz de la discriminación entre el

176 J. Altounian, «Porter le nom d'ancétres clandestins (trauma d'un génocide "secret" chez les descendants des survivants arménniens», *Violence et politique,* Hazan, París, 1995, p. 155.

bien y mal, esencial para todo grupo humano. Renunciar a esta tarea mínima no hace otra cosa más que llevar concretamente a prolongar el crimen. Eso explica por qué el negacionismo está prohibido por la ley penal en Francia; no se trata de una opinión como cualquier otra, sino de la continuación del crimen mismo.

Que se diga (dicte) justicia

Los genocidios se caracterizan por un mismo vocabulario eufemístico. En Turquía, según la terminología oficial, «personas conocidas (los armenios) debían ser objeto de un cambio de domicilio», con «medios conocidos», a «lugares propicios» o incluso a «lugares designados». En Ruanda, la palabra «trabajar» significaba en realidad «masacrar». Las palabras pierden su sentido y se hace posible para los verdugos pasar por víctimas y acusar a las víctimas de ser verdugos. Ninguna comunicación es ya posible cuando las palabras no quieren decir nada. Más que un crimen político, el crimen contra la humanidad es un crimen contra la política, un crimen arcaico, un crimen contra el lenguaje. La primera deuda que hace que nazca es una obligación hacia el lenguaje, la institución de las instituciones. El lenguaje impone, de hecho, una primera división fundamental, la que nos separa de lo real.

La primera obligación que pesa sobre los contemporáneos del genocidio es denunciarlo y, así pues, *decirlo*. Hay que sacar lo indecible del horror y dar testimonio, ya que lo que es indescriptible es imprescriptible. Este imperativo de decir no es privativo de los jueces. Si no se honra esta obligación que pesa sobre cada cual, sea testigo, hijo de víctimas o de verdugos, o simple espectador, nunca podrá decirse el derecho. Por el contrario, la justicia interviene en último lugar para certificar y oficializar los testimonios. Decir lo justo no puede ser más que la reiteración oficial de una consciencia común del mal. Es esencial establecer categorías, empezando por la primera de todas, la que distingue el bien del mal y hacer que cese esa indiferenciación entre la víctima y el agresor. Acusar y crear categorías tienen el mismo origen griego: *kategoreszai*.

Estas reflexiones muestran la continuidad entre el crimen contra la humanidad y los crímenes comunes, especialmente el incesto. Las víctimas de este tipo de crímenes que no dejan huellas aparentes —y que plantean grandes problemas probatorios— ¿no están condenadas al mismo bloqueo psíquico? Su sufrimiento puede ser tanto menos compartido cuanto que no se reconoce y es incognoscible. Solo decir esto puede hacer que se salga de la exclusión victimaría o del bloqueo en la propia locura. El juicio significa la repatriación en la patria humana, es decir, en la patria del lenguaje. Se ha podido ver en el proceso de Nuremberg: los acusados no recordaban, toda Alemania estaba afectada de amnesia. No podía aceptar conscientemente los campos de exterminio. El proceso, al establecer esos crímenes, evitó el rechazo e hizo responsables a sus autores. Cuando la pena resulta vana y la sanción parece inútil, la justicia conserva al menos su función primera, que es un acto de nominación, un decir público.

Asegurar la continuación de la democracia

La demanda de las víctimas de incesto, en su mayoría chicas jóvenes, es menos la represión que el reconocimiento público del ultraje que han experimentado. Aunque solo sea para que cese la duda que pesa sobre su moralidad. La víctima de incesto teme ser sospechosa de haber seducido a su padre, y la víctima de la tortura de que se sospeche que ha provocado esa escalada si no es de haber merecido el castigo. ¿En qué se habrá metido? dicen a menudo los guatemaltecos cuando descubren un cadáver por la mañana en la calle o saben de la desaparición de alguien allegado. El papel de la justicia es precisamente hacer que acabe esta indiferenciación, al separar al agresor y a la víctima. En materia de incesto, no es posible hacer nada —evolución alguna, terapia alguna— antes del juicio, mientras no se pronuncie esa palabra pública y diferenciadora. El autor, ya que está demasiado preocupado por la marcha del proceso, la víctima, porque sufre la presión de la familia para que se retracte y porque se le reprocha la fractura de la familia, con el descenso de los ingresos por el encarcelamiento del padre. Lejos de ser un obstáculo, la purga catártica del pasado, de la que la audiencia tiene el monopolio, es la condición del futuro, el paso obligado para la recuperación de las relaciones familiares.

Ocurre lo mismo al nivel de la vida política de un país golpeado por el terror. La justicia es la condición de la paz, la purga del pasado es la condición del futuro. Es el problema de la impunidad en países que han conocido la dictadura, después del retomo de la democracia. Todo país que se niega a ver su historia está condenado a repetirla. Hay que restaurar la paz mediante la justicia para recuperar el flujo continuo de las relaciones que constituye la vida social.

Se trate de supervivientes de crímenes contra la humanidad o de víctimas del incesto, lo que está en juego cada vez es, de hecho, la continuidad de las relaciones, la vida, dicho brevemente. El sentido del juicio es el «restablecimiento de la "continuidad de las personas", de la que habla Emmanuel Levinas. Por su subjetividad unilateral, las verdades contradictorias suspenden esta continuidad, y en su forma límite la rompen, creando un abismo entre las personas cuyos rostros desfiguran con la máscara hostil del adversario. Por su determinación imparcial de la verdad común, el juez restablece la continuidad.»[177] Se busca la autoridad por su capacidad de detener, de poner *fin* a la controversia y restablecer la verdad, es decir para hacer posible la continuidad del sujeto y de lo social. Esta continuidad no se debe conseguir a expensas de un hombre, al precio del sacrificio de algunos, que es por donde parecen dirigirse nuestras democracias.

Antes incluso de su función de autorizar la violencia legítima, la justicia es una palabra, y el juicio es un decir público. Se trate de los crímenes más graves, como el crimen contra la humanidad, o del incesto, el momento del juicio se basta a sí mismo para vincular y permitir que la vida continúe. Cuanto más de cerca afecta el crimen al orden simbólico, más esencial será ese decir. Esos casos de la bioética, del crimen contra la humanidad o del incesto tienen en común pedirle a la justicia que diga lo que hay de humano en el hombre, que recuerde que está prohibido asimilarlo a una cosa, que proteja la parte de humanidad que cada uno tiene. El derecho se presenta, finalmente, como la promesa de humanidad hecha de los unos a los otros y garantizada por la ley. Lo que nos sustenta como humanos es la capacidad reconocida de ser sujetos de lenguaje, es decir, de hablar, prestar testimonio y comprometernos mediante las palabras. El derecho se analiza en una última lectura como una promesa hecha a la comunidad, nacional o internacional, a las generaciones futuras. De ahí esta regla de oro que es la condición misma del edificio jurídico: los compromisos han de mantenerse, *pacta sunt servanda.*

---

177 S. Cotta, «*Quidquid latet apparebit*: le probléme de la verité du jugement», Archives de Philosophie du droit, Sirey, París, 1995, p. 223.

SEGUNDA PARTE

LA JUSTICIA EN UNA DEMOCRACIA RENOVADA

CAPÍTULO VIII

MANTENER LAS REFERENCIAS COLECTIVAS

La justicia y la República están a menudo en oposición de forma dramatúrgica en un enfrentamiento estéril, es decir, en términos de exclusión recíproca. Para muchos, y sobre todo en Francia, la democracia no puede concebirse más que con una magistratura sojuzgada. Los jacobinos claman contra el gobierno de los jueces en cuanto estos pretenden aplicarles la ley común, mientras que algunos jueces se lanzan a una inquietante sobrevaloración exigiendo cada vez más independencia, sin soportar control alguno. El pasivo democrático ¿no podría enjugarlo una abdicación de la soberanía en favor del juez? ¿No podría la democracia sobrevivir más que mediante la negación de sí misma? No es concebible ningún término medio entre la sacralización del oficio del juez y su supeditación al poder ejecutivo. A la cultura francesa le complacen especialmente estas oposiciones radicales que a fin de cuentas no les sirven ni a la República ni a la justicia. De ahí esta especie de círculo vicioso del que nuestro país no consigue salir. El poder político le niega toda existencia al juez —sobre todo judicial—, que le responde manifestándose con estallidos intempestivos, de los que la actualidad ofrece ejemplos regularmente, en una especie de relación adolescente con el Estado.

¿Hay que oponerse al suave despotismo de la justicia en nombre de una concepción clásica de la democracia, con el doble riesgo de seguir cegándose ante el papel político del juez y, al frustrar la demanda a la que responde, ver a la justicia casarse con otras formas aún más indeseables? ¿Cómo levantar acta a la vez de esta nueva demanda y proteger la democracia de la arbitrariedad de los jueces? ¿Cómo estimar la adecuada distancia entre justicia y poder político? Nuestra época, que se ha vuelto desconfiada en cuanto a cualquier ideología, requiere una aproximación más sutil. El verdadero problema es concebir la complementariedad entre justicia y democracia, es decir, los medios de una dinamización de la democracia *mediante* la justicia y no ya *contra* la justicia.

Contra estas representaciones ingenuas, hay que levantar acta de la parte política que interviene en todo acto de juzgar, sin exagerarla ni negarla. Negarse a verla impide abrir el debate de los años futuros y levantar acta de este crecimiento del poder del juez para dinamizar —y no ahogar— nuestra democracia. La particularidad de los jueces no consiste en estar fuera del sistema «sino en estar vinculados a él de una forma distinta de los demás»[178]. Dejemos pues de oponer justicia y democracia para comprender que gobierno y jurisdicción son dos formas de intervención en el espacio público, el primero como poder y la segunda como *autoridad.*

FUNDAMENTAR LA AUTORIDAD

Todas estas vicisitudes de la democracia jurídica ponen de manifiesto, en efecto, una demanda muy ambivalente: la de un sujeto que pide a la vez más responsabilidad y más libertad, de los medios de comunicación que muestran un interés creciente por los asuntos de la justicia para expropiárselos, de una sociedad desacralizada que no se recupera de haber suprimido sus ritos, de una democracia cuya demanda masiva de funcionarios podría manifestarse autodestructora a largo plazo. La justicia se convierte en destinataria de una nueva demanda de referencias que se dirige a ella en ausencia de otras referencias.

La ambivalencia de las expectativas ante la justicia

Al criticar a toda autoridad tradicional, se trate de la del padre, del marido, del patrono o del gobierno, y al denunciar toda coerción exterior en nombre de los derechos elementales del individuo, el entusiasmo actual ante el derecho mantiene la ilusión de una sociedad despolitizada que llevaría a los hombres a un nuevo estado de naturaleza. Para este rousseaunismo al revés, la historia nos llevaría a un estado de felicidad donde la armonización de los intereses se cumpliría de forma espontánea mediante la acción del mercado, la concordia de los espíritus mediante la interpretación de los medios y la paz mediante los derechos del hombre. ¿Qué hay de más «natural», en efecto, que los derechos del hombre? ¿Qué es más obvio que la ley del mercado? ¿No se impone el capitalismo, después de la caída del muro de Berlín, con tal evidencia que queda fuera del debate político? Las sociedades democráticas, eminentemente políticas, son paradójicamente aquellas en que las alternativas parecen más restringidas en tanto que las cuestiones se ven en ellas

178 J. W. Peltason, «Judicial Process: Introduction», *International Encyclopedia of the Social Sciences,* McMillan, Nueva York, 1968, p. 287.

«naturalizadas»: lo económico se resuelve con el mercado, las prohibiciones justificadas mediante la higiene, el sujeto se explica mediante la psicología y el consenso social buscando en la comunicación mediática. Esta «naturalización» de la democracia desmoviliza a los sujetos democráticos en el momento mismo en que, privados del auxilio de toda tradición, han de responsabilizarse más que nunca de sí mismos.

A la justicia parece que se la convoca a la vez como un medio para cumplir la promesa democrática y como un medio para retrasarla, como si presintiésemos que la «democracia total» llevase en sí el germen de su propia disolución, que su costo podría resultar exorbitante, que la ficción de la igualdad absoluta tuviese algo en sí insoportable y la libertad radical algo inhumano. La desaparición de la autoridad, que ya no sostiene ni el Estado, ni tampoco la tradición, ni las costumbres, es algo que da vértigo.

Este nuevo escenario de la justicia manifiesta tanto la emergencia de un nuevo poder como el signo de la vacuidad del poder, tanto un desplazamiento de la institución simbólica como la angustia ante su posible desaparición. «Cuando ya no existe autoridad en materia de religión, ni tampoco en lo político, los hombres se horrorizan ante esta independencia sin límites.»[179] Probablemente no se debe al azar que tal demanda tome cuerpo en una sociedad desorientada, desvinculada de su tradición, huérfana de los grandes sistemas de sentido. Cuando las ideologías han decepcionado, la lucha política se convierte en lucha procedimental. Ya no se trata entonces de un recurso feliz y confiado al juez sino de una victoria por ajuste, de una *promoción por defecto* que se explica por la retirada del Estado, mediante la angustia por la desaparición de un mundo común o por el declinar de la familia.

La justicia se convierte en el instrumento de una emancipación y en el último recurso contra la implosión de la democracia. La jurisdicción se convierte en el último elemento instituyente posible de una sociedad en vías de desintegración, la política de elección de las sociedades decepcionadas por sus instituciones tradicionales, el único centro posible de una sociedad multicéntrica, la última instancia moral cuando la religión ha abandonado el horizonte democrático, el último escenario de una sociedad ciega a sus proyectos.

Pero la posición de la justicia es paradójica: reacciona ante una amenaza de desintegración que contribuye sin embargo a promoverla. En nombre de los derechos humanos, la justicia erosiona todos los particularismos cultura-

179 A. de Tocqueville, *De la democratie en Amérique, op. cit.*, vol. II, p. 29.

les o religiosos. No se da tregua en destituir la tradición y sus jerarquías. Es a la vez *agente* y *víctima* en este movimiento general de desimbolización que probablemente está vinculado a la revolución de la imagen. La justicia puede verse presa de su propio juego y arrastrada por el mismo movimiento que la ha llevado al primer término de la escena. La justicia se convierte en un contrapoder que ahoga el poder, desarrolla una responsabilidad que desanima cualquier iniciativa, una represión que criminaliza la injusticia social, una autoridad que destituye toda autoridad. El ejemplo de los medios está ahí para atestiguarlo: a la vez que multiplican por diez el papel de los jueces, expulsan a la justicia de los tribunales.

La autoridad vivida como una carencia

La autoridad se presenta ante nosotros como una *carencia,* a semejanza de la justicia, siempre precedida por la indignación ante la injusticia. ¿Cómo explicar que esta carencia no parezca haberse hecho notar hasta recientemente? Desde Tocqueville se sabe que la democracia no es solo un régimen político sino asimismo una sociedad. Pero la democratización de las instituciones y la de la sociedad no han seguido el mismo ritmo. Si se sitúa en la Revolución el principio del proceso de democratización, es forzoso constatar que a continuación de la Segunda Guerra Mundial Francia aún conocía formas de vida muy jerarquizadas, que sus raíces rurales aún no habían desaparecido y que la influencia de la iglesia católica seguía siendo grande. La demanda que se le dirige a la justicia consiste menos quizás en emanciparse de una sociedad tradicional, que ya prácticamente no existe, que en vivir unidos sin tradición. De ahí ese *bascular* de la democracia en el que de repente las fuerzas centrípetas parecen superar las fuerzas centrífugas, en que las que desvinculan son más fuertes que las que unen a la colectividad. Entonces se recurre a la justicia para mantener la cohesión y afirmar el vínculo con el pacto fundador.

La autoridad parece llamada a crecer en la medida en que el Estado se desvanece, crece la autodeterminación y se acusan las divisiones sociales. «La emancipación de los individuos de la obligación primordial que les comprometía con una comunidad que se supone les precedía [...], lejos de suponer una reducción del papel de la autoridad, como lo sugeriría el sentido común o la simple deducción, ha contribuido constantemente a ampliarla.»[180] La autoridad en la sociedad democrática no es el vestigio de un tiempo predemocrático, el indicio de lo que hemos sido o la simulación del

---

180 M. Gauchet, «Les droits de l'homme ne sont pas une politique», *op. cit.*, p. 17.

verdadero poder, sino «un complemento que se ha convertido para nosotros en una carencia —dicho en pocas palabras un relevo a la vez indispensable e imposible»[181].

¿Cómo abordar esta función de la autoridad de la que cuesta tanto hablar? ¿Cómo percibir las formas inéditas que adopta en unas democracias como las nuestras? ¿Cómo seguir honrando los valores de la democracia respondiendo a esta demanda no democrática de la democracia? ¿Cómo satisfacer a la vez la aspiración a la libertad y la necesidad de una autoridad?

Ciertamente, la justicia no tiene el monopolio de esta demanda de autoridad: todas las instituciones la experimentan, empezando por la escuela, aunque también la salud y especialmente la psiquiatría, que se convierte en la destinataria de una demanda de responsabilidad moral. ¿Qué es lo que tiene la justicia de particular entre estas instituciones? Que sobre ella descansa el mantenimiento de las otras categorías. Por ejemplo, la cuestión de saber hasta qué punto la escuela puede aceptar la diferencia cultural —cuestión política donde las haya— queda finalmente zanjada por la justicia. Pensamos, por supuesto, en el chador, aunque más recientemente en la demanda para los alumnos de confesión israelita de ausentarse con ocasión del sábat. «Se requiere del juez que aporte una respuesta a la vez operativa y jurídicamente sólida a un problema social que la desaparición de las referencias comunes ya no permite solventar fácilmente de inmediato.»[182]

La democracia, menos que cualquier otro régimen, no puede prescindir de la autoridad. No se trata de «hacer las cosas de manera que todo el mundo mande, o que nadie sea mandado, sino de obedecer y mandar a los iguales. [El verdadero espíritu de igualdad] no busca no tener ya señores, sino tener como señores a los iguales»[183]. No existe democracia sin la abolición de lo trascendente, pero tampoco existe democracia sin una recreación permanente de una instancia simbólica para llenar el vacío así creado que cumple para el sujeto, para el vínculo social y para el político una función equivalente.

Una autoridad para escenificar el poder

La autoridad nos introduce en el corazón de la dificultad de la *obediencia* en la democracia. Los filósofos se inclinan más generalmente a hablar de la libertad y de la obediencia, y sin embargo es quizá más difícil pensar en la

181 P. Ricoeur, *Lectures I, op. cit.*, p. 36.

182 P. Bernard, *Le Monde,* 2-3 de abril de 1995.

183 Montesquieu, *L'Esprit des lois, op. cit.*, p. 245.

segunda que en la primera. La obediencia no se reduce a ser una cuestión de fuerza. Más que un consejo y menos que una orden, dice Hannah Arendt, la autoridad es un consejo que no se puede desatender sin daño. «La autoridad excluye la utilización de medios exteriores de coerción; donde se utiliza la fuerza, la autoridad propiamente dicha ha fracasado. La autoridad, por otra parte, es incompatible con la persuasión que presupone la igualdad y opera mediante un proceso de argumentación. Donde se recurre a argumentos, se deja de lado a la autoridad. Ante el orden igualitario de la persuasión se mantiene el orden autoritario, que siempre es jerárquico. Si verdaderamente es necesario definir la autoridad, entonces ha de ser oponiéndola a la vez a la obligación por la fuerza y a la persuasión por los argumentos. La relación autoritaria entre el que manda y el que obedece no se basa ni en una razón común ni en el poder del que manda. Lo que tienen en común es la jerarquía misma. [...] La autoridad supone una obediencia en la que los hombres mantienen su libertad»[184].

La autoridad es la que lleva a escena al poder, al vínculo social y al sujeto, lo que los dispone juntos en un espacio común. La autoridad común marca la diferencia entre el vínculo social y la simple yuxtaposición de individuos. Es la parte común indispensable para cualquier diferencia, el mínimo de sentido compartido necesario para la expresión de puntos de vista opuestos. La autoridad encarna a la vez el principio y los principios del poder, le confiere a cada uno una identidad y distribuye estatutos. Es referencia sustraída a la contractualización democrática, marco que permite el debate, prohibición que constituye al sujeto. La autoridad indiscutible de la tradición la sustituye en la sociedad democrática la autoridad de la discusión, es decir una autoridad siempre sometida a discusión. De una legitimidad dada de antemano, la autoridad muta en un debate permanente sobre la legitimidad. La autoridad se convierte en el marco mismo, lo que lleva a escena la deliberación infinita. La autoridad se sitúa *más acá* del debate democrático, como la puesta en forma de este debate. Por eso da cuenta del registro de lo prepolítico, es decir, de lo que es anterior al intercambio político y a la relación de fuerzas. No puede haber debate, por ejemplo, si no se ha dispuesto autoridad alguna para dar término a la argumentación que, sin eso, no tendría fin. Es *el lugar* del poder en relación con su *ejercicio.* Así se ha confundido lo político con el ejercicio del poder, sin caer en la cuenta de que hacía falta asimismo una escenificación, una referencia.

---

184 H. Arendt, *La Crise de la culture,* Gallimard, Folio, París, 1993, pp. 139-140.

AUTORIZAR EL PODER

La distinción entre el poder y la autoridad es anterior a la teoría moderna de la separación de poderes. «Se establece en el corazón de la Edad Media. Desde el siglo XIII, tanto en Inglaterra como en el Continente, el Rey se encuentra regularmente como parte en las causas que dirimen los jueces, que resuelven en su nombre. Así, puede ser juzgado, demandado, condenado; sus actos pueden verse invalidados. El cuerpo judicial, así, está habilitado hasta cierto punto para censurar al cuerpo político. El emperador de Roma nunca ha litigado ante sus prefectos, ni el califa ante sus cadis. Y si en la Europa medieval esta innovación sorprendente parece tan natural y no es objeto de controversia, ello se debe a que los jueces derivan su poder de una delegación doble: del rey como autoridad suprema, aunque también de Dios, ante el que exponen su conciencia»[185]. Así pues, en el modelo político clásico, las dos funciones —poder y autoridad— se confundían en el Estado, y he aquí que se desolidarizan. Esta disociación de la función de juzgar y del poder de gobernar se inscribe en el destino de las sociedades democráticas. Se le pide a la justicia que *autorice* la vida democrática, que le de autoridad. La justicia ha de proveer al poder de un mayor poder. Se supone que el juez legitima la acción política, que estructura al sujeto, que organiza el vínculo social, que controla las construcciones simbólicas, que certifica la verdad.

Para la concepción clásica de la separación de poderes, los órganos han de estar especializados y han de ser independientes unos de otros, de manera que se equilibren para garantizar las libertades. El poder judicial es objeto de una contradicción, que es el punto débil de las democracias: se le confían idealmente dos funciones antinómicas —aplicar las decisiones adoptadas por los otros poderes y controlar a esos mismos poderes—, pero solo puede ejercer una. No puede a la vez aplicar la ley sin apreciar su contenido ni controlar su constitucionalidad. La independencia absoluta de los poderes no existe, o acaba en la parálisis. Si se limita a la aplicación de la ley, es evidente que el juez no puede desempeñar un papel de contrapoder, y, a la recíproca, para contener a los otros poderes ha de disfrutar de una cierta autonomía política.

Los Estados Unidos han elegido la segunda solución y Francia la primera. La concepción francesa de la separación de poderes descansa en una definición negativa, orgánica, abstracta y formal del poder judicial. La expresión

185 R. Jacob, «L'Europe: une culture judiciaire commune», *Cahiers de l'IHEJ*, París, p. 9.

poder judicial «es muy representativa del método general del derecho francés, que es orgánico y formal en el sentido de que los actos se definen, no por su contenido, su carácter o la materia a que afectan, sino principalmente por la forma en que se ejecutan y por el órgano del que emanan. [...] *Poder jurisdiccional* supondría que se le da un poder a una autoridad definida por la función que ejerce»[186]. Las transformaciones de la democracia invitan a reconsiderar la función de juzgar, a la inversa, de manera positiva, funcional, material y pragmática.

En realidad, el poder no puede dividirse en tres ramas a las que se atribuirían funciones específicas. Los poderes no pueden equilibrarse más que si comparten los mismos territorios. En todos los estados que conocen la separación de poderes, cada poder legisla, administra y juzga. El veto del Presidente norteamericano es evidentemente una potestad legislativa. Las conocidas interpretaciones del Tribunal Supremo de los Estados Unidos y su «descubrimiento del derecho» constituyen de forma inevitable una especie de creación de derecho. «Los jueces, considera Martin Shapiro, no son mejores que los demás gobernantes sino que son diferentes.»[187] Todos los poderes —incluyendo el judicial— ejercen una función política aunque de una manera peculiar.

Los juristas discuten hace generaciones si la justicia es una autoridad o un poder. Entre estos términos no hay más que una diferencia de intensidad, aunque igualmente una diferencia de naturaleza, capital para comprender la evolución actual de la justicia. La Asamblea Constituyente de 1958 tuvo una intuición visionaria al distinguir la *autoridad* judicial del *poder* político. Los jueces, al ver en ello una minusvaloración, al pasar del rango de «poder» al de «autoridad», cometieron con ello un contrasentido. Se decía en Roma: «*Potestas in populo, auctoritas in senatu*»: el pueblo tiene el poder, pero la autoridad pertenece al Senado. Las constituciones revolucionarias no se equivocaron al utilizar la expresión «poder judicial» para reducir el papel de la justicia. Al utilizar el término «poder», Montesquieu quería manifestar que lo judicial se convertía en una prerrogativa del Estado del mismo nivel que lo ejecutivo y lo legislativo. Los Constituyentes recuperaron esta inversión terminológica para dejar muy clara la repatriación de la justicia al seno de la soberanía estatista.

---

186 M. Troper, «La notion de pouvoir judiciaire au début de la Revolution française», *Présence du droit public et des droits de l'homme. Mélanges offerts à Jacques Velu,* Bruylant, Bruselas, 1992, vol. II, p. 842.

187 M. Shapiro, «Judicialization of Politics in the United States», *International Political Science Review,* vol. 15, n.º 2, 1994, p. 111.

«Como conocedores de la Antigüedad y como discípulos de los buenos padres de una Iglesia que antaño había opuesto con fines políticos la *auctoritas* del Papa a la *potestas* de los reyes para tenerles mejor sometidos, los Constituyentes, en su deseo de *rebajar* lo judicial, prefirieron naturalmente el término "poder" al de "autoridad", pero a continuación llevaron a sus sucesores, a la vez que se perdía la historia, a un debilitamiento y a una confusión de los valores y de los sentidos.»[188] Saturados aún de cultura latina, sabían muy bien que la *auctoritas* tiene más prestigio y es menos controlable en una democracia que la *potestas,* que no es más que el ejercicio visible del poder. Hannah Arendt recuerda que la autoridad, etimológicamente, es aquello que «incrementa» el poder. La lengua francesa contemporánea ha perdido este nexo. El verbo «autorizar» no quiere decir conferir autoridad sino permitir. Y el adjetivo «autoritario» aporta un nexo peyorativo. La lengua francesa no distingue, como la inglesa, entre *authoritarian,* que significa autoritario, y *authoritative,* lo que es conforme a la autoridad, lo que es legítimo.

La autoridad le aporta al poder la moral, y este le presta la fuerza. Alexandre Hamilton recuerda que «la justicia, por la naturaleza misma de sus funciones, siempre será el poder menos peligroso de los tres. [...] No influye ni sobre la espada ni sobre la bolsa; no puede dirigir la fuerza ni la riqueza de una sociedad ni puede tomar iniciativa alguna»[189]. La autoridad no puede tener ni la bolsa ni la espada, su único registro es la palabra. La autoridad asegura el vínculo con los orígenes; el poder, la proyección hacia el futuro. La autoridad escenifica, el poder actúa. La autoridad es fundamento, el poder innovación. En una época en que «la práctica política, y la gestión de las opiniones tienen la última palabra, existe el problema de la tradición de la autoridad, es decir, la búsqueda de un equivalente para el poder, tan frágil y volátil, en cada época, de la experiencia romana de lo fundacional. Ya que no existe consentimiento sin fundamento, el fundamento, paradójicamente, no hay que establecerlo sino repetirlo»[190].

El Presidente norteamericano jura su cargo ante el presidente del Tribunal Supremo. La autoridad instala al poder en la duración: «El Congreso y el Presidente son también responsables de hacer que se aplique la Constitución de los Estados Unidos, pero el Tribunal Supremo parece hacer más suyo centrarse en los valores constitucionales a largo plazo mientras los otros

188 J.-P. Royer, *Histoire de la justice en France,* Presses Universitaires de France, París, 1995, p. 258.

189 *Federalist,* n.º 78, citado por Guarnieri, *op. cit.*.

190 P. Ricoeur, *Lectures I, op. cit.,* pp. 41-42.

poderes están obligados a encontrar soluciones inmediatas para problemas inmediatos.»[191] A la justicia, como lo demuestra la evolución de los tribunales constitucionales en Europa occidental, se le atribuye la salvaguarda a la vez del principio y de los principios del poder. Del principio, constituyéndose en garantía de la lealtad de los escrutinios, como el Consejo constitucional de la elección presidencial; de los principios, comprobando la conformidad de las leyes con las normas fundamentales.

«No es la Regla la que nos guarda, hija mía, somos nosotras quienes guardamos la Regla», dice la madre priora en *Diálogos de Carmelitas*[192]. La regla guarda el poder, la autoridad guarda la regla. En un caso, la regla es el medio de actuar, en el otro la finalidad. Para el poder, la referencia al interés colectivo es directa, para la autoridad es procedimental. Si el poder reclama una voluntad propia, el juez imparcial debe hacer abstracción de su propia voluntad. Quizá por esta razón los triunviratos no se han mantenido mucho tiempo en la historia y el poder tiene la vocación de tener un titular único, a diferencia de la autoridad a la que conviene mejor la fórmula colegial. La autoridad debe «manifestarse sobre el tono de la declaración (de un enunciado verdadero) y no sobre el de la decisión, de una pura manifestación de la voluntad»[193]. La autoridad y el poder demandarán titulares diferentes y reclamarán regímenes institucionales distintos. El poder está directamente vinculado al soberano, la autoridad más indirectamente. El ejercicio de la autoridad siempre está *referido* a una norma, a un valor, a unos principios generales, mientras que la iniciativa del poder se autoriza por su propia voluntad. La justicia no hace suya esta función de autoridad: se aplica a determinar su lugar.

El poder es aquello que puede y la autoridad lo que autoriza. Uno toma la iniciativa y realiza la acción, la otra le censura o le da validez. El poder es libertad de actuar, la autoridad es coerción procedimental, uno es poder, la otra contrapoder. El primero es activo y positivo, la otra pasiva y negativa. Así es como se ha podido hablar, acerca del Consejo constitucional, de «legislador negativo». El juez, dice Rousseau, «no ha de tener parte ninguna en el poder legislativo ni en el ejecutivo; pero por eso mismo su parte es la mayor; ya que, al no poder hacer nada, puede impedirlo todo. Es más sagrado y más reverenciado como defensor de las leyes que el príncipe que las ejecuta y que el soberano que las otorga»[194]. La intervención del poder es programática, la

---

191 M. Shapiro, *op. cit.*, p. 110.

192 G. Bemanos, *Dialogues des carmélites*, Éd. du Seuil, París, 1951, p. 41.

193 S. Rials, «Entre artificialisme et idolâtrie», *op. cit.*, p. 179.

194 J.-J. Rousseau, *Du contrat social*, *op. cit.*, p. 276.

de la autoridad automática. Una jurisdicción retrasa pronunciarse sobre las cuestiones que se le han sometido, mientras que un Parlamento establece un orden del día. En cuanto a la bioética, el legislador francés ha esperado diez años para intervenir, al no considerarse preparado, mientras que las jurisdicciones, por su parte, tenían que retrasar el pronunciarse. La autoridad es, por su esencia, una institución pasiva que ha de actuar y que no puede sustraerse a su tarea. «Los jueces no pueden elegir su trabajo. Han de llegar a una decisión, estima lord Diplock, de una manera u otra en todas las materias que se les someten. Si se reconocen competentes hacen política, si se declaran incompetentes siguen haciendo política. Lo único que les cabe esperar es ser imparciales.»[195]

El poder asume la división, la autoridad protege el consenso. El consenso llega a ser con frecuencia, de hecho, inencontrable en unas democracias mayoritarias en las que poder político y encarnación del Estado se reúnen en las mismas personas. Cuanto más sea devorado el político por las estrategias a corto plazo y por la comunicación, más se buscará un árbitro desinteresado. La justicia encama lo que Durkheim llamaba «los estados fuertes de la conciencia colectiva». El artículo 7 del Código civil holandés prevé explícitamente este referente: «Al determinar lo que requiere la justicia, habrá que tener en cuenta los principios generales del derecho, las convicciones jurídicas del pueblo holandés y los intereses individuales y sociales que puedan estar en juego en un caso en particular.» El juez no puede crear derecho más que de una forma «intersticial», para llenar las lagunas del derecho positivo; no es más que un legislador suplementario y excepcional. Lord Delvin opone la creación del derecho pasiva del juez a la creación dinámica del legislador. La primera busca la simpatía, la segunda el entusiasmo.

La justicia es guardiana del derecho, es decir, de los pactos anteriores que nos vinculan. Garantiza la identidad de la democracia entendida como una forma que no se mantiene idéntica a sí misma a través del tiempo sino que «se mantiene como una promesa respetada»[196]. Se trate del crimen contra la humanidad, del sujeto de derecho o de la Constitución, el juez ejerce su autoridad protegiendo la memoria de esta promesa inicial con o contra todo, incluso contra la voluntad del titular en ejercicio de la soberanía nacional. La voluntad individual expresada en los derechos subjetivos es tan frágil como la voluntad colectiva encamada en el soberano: las dos pueden caer en la

195 Citado por J. Bell, *Policy Arguments in Judicial Decisions,* Clarendon, Oxford, 1983, p. 5.

196 P. Ricoeur, *Soi-méme comme un autre, op. cit.,* cuarta de cubierta.

servidumbre voluntaria. El juez, sea constitucional o judicial, no es otra cosa que la garantía de esta promesa de libertad hecha a sí misma. La autoridad asegura la continuidad del sujeto de derecho y, así, de la democracia. Vincula el presente con el pasado.

Por ejemplo, el fiscal de una gran ciudad, cuyo alcalde debía comparecer unas semanas después de la vista previa por soborno de testigos, anunció que no requeriría la inelegibilidad porque «no corresponde a la justicia suspender al alcalde sino a los electores». Pero si una jurisdicción le declarase inelegible, ¿haría otra cosa al aplicar la ley que ejecutar la voluntad popular? No se trata del poder de los jueces enfrentado al poder político sino de dos manifestaciones de la voluntad del soberano, la contenida en la ley y la resultante de un apoyo local. Así, el poder procede de la voluntad directa del soberano, y la autoridad de su voluntad indirecta. *La autoridad es lo que establece el vínculo entre el principio del poder y su eterna actualización.*

¿UN EQUIVALENTE MODERNO DE LA RELIGIÓN?

La autoridad se presenta como una respuesta común a dos dificultades distintas de la democracia, a saber, el agotamiento del ejecutivo y la desaparición de la tradición. ¿Cómo explicar que la respuesta a la crisis del Estado y la de la crisis del sujeto pasen ambas por la solución judicial? ¿No estará ocupando la justicia el lugar que deja vacante la religión? Por otra parte, ¿es cuestión de azar que las metáforas religiosas florezcan en este terreno? «El derecho es nuestra religión nacional, dice un jurista norteamericano, los abogados son nuestros clérigos, los palacios de justicia nuestras catedrales donde se representan las pasiones contemporáneas.»[197] Muchos argumentos militan en favor de esta hipótesis.

La justicia interviene de hecho más en unos terrenos que en otros, hasta tal punto que cabe preguntarse si no está conquistando un territorio propio. Así, como lo presiente Philippe Raynaud, «el equilibrio de los poderes lleva a poner de manifiesto una esfera especializada de competencia del juez (que no es solo un ejecutivo de un carácter un tanto peculiar), y esta no puede ejercerse sin un cierto poder de decir lo justo, que no se confunde ni con la legislación con un juicio "determinante" aplicando una regla predeterminada a un caso fácilmente identificable»[198]. ¿En qué casos se ve la justicia intervenir con el

---

197 J. S. Auerbach, *Justice without Law? Resolving Disputes Without Lawyers,* Oxford University Press, Oxford, 1983, p. 9.

198 P. Raynaud, «La démocratie saisise par le droit», *op. cit.*, p. 12.

consentimiento —cuando no es con la petición expresa— del poder ejecutivo? En cuestiones relativas a la persona humana, a la definición de la vida y de la muerte en el terreno de las cuestiones bioéticas, en la eutanasia como en el caso Tony Bland en Inglaterra, en la adopción como en India, en las agresiones sexuales como en Canadá, en el transexualismo como en Francia, en el aborto como en los Estados Unidos, en la pena de muerte como en África del Sur, en los conflictos interreligiosos como en el caso del templo de Ayodhya o el del crucifijo en Baviera; es decir en terreno limítrofes con lo religioso.

La justicia se plantea de forma más cotidiana como la *instancia moral por defecto* y el derecho como la última moral común. La larga historia de la justicia es la de su intromisión en unas relaciones cada vez más íntimas de las que casi ninguna escapa a su jurisdicción, como las relaciones familiares o amorosas, políticas o comerciales, o incluso la relación médico-enfermo. No se le pide tanto controlarlas socialmente —lo que sería francamente imposible— como que las moralice estableciendo la norma. La última moral en un mundo del que han desertado las distintas morales es la del derecho. Nuestra sensibilidad democrática soporta a duras penas que unas personas de conducta moralmente dudosa no sean inmediatamente justiciables por derecho, como lo ha mostrado el caso de la sangre contaminada. Gran parte de la opinión pública no ha acabado de comprender por qué el doctor Garretta no había sido condenado más severamente y no puede admitir que el derecho tenga sus razones que el corazón no comprende. ¿Cómo explicar de otra manera esta exigencia nueva de una vida virtuosa entre nuestros hombres políticos que se manifiesta en tantos «casos»? Incluso los que se reían ayer del orden moral burgués y denunciaban el «opio del pueblo» son los primeros en exigir hoy sanciones judiciales. La confusión entre el derecho y la moral, sobre la que se basaba la concepción tradicional del derecho, ha dejado de aceptarse.

Cuando las costumbres comunes desaparecen, no es tanto la libertad lo que se perfila como una nueva *normalización* que tiene como sus oficiales a los periodistas que persiguen los devaneos de la clase política, los vigilantes de todo tipo que hacen que se respete el orden políticamente correcto, los expertos de toda clase de disciplinas que no pueden eliminar de su apreciación toda normalidad social, los heraldos de una higiene sobre la que se basan las nuevas prohibiciones penales, y los partisanos del mercado que, como todo el mundo sabe, es una formidable máquina uniformizadora de los comportamientos a partir del consumo. El derecho natural, que era la base de la filosofía cristiana, se ve así arrojado fuera y sustituido... por otro derecho natural. Más allá de la ciencia, de la medicina, de la economía, de la transparencia política, y en nombre de lo indiscutible, se impone esta nueva normalización, y un regreso de la idea de lo natural.

La justicia ha tomado asimismo el relevo de la religión en la *celebración de los ritos.* Escenifica el ideal democrático de la deliberación. Los procesos se convierten en grandes ceremonias nacionales que purgan la emoción colectiva, bien directamente o con los medios interpuestos. Los «sucesos» fascinan porque, a la vez que circunscriben nuevos problemas y manifiestan una demanda política, dan ocasión a las instituciones de regenerarse a un bajo costo. La justicia produce así la comunión con el conflicto, recicla el horror en el consenso, convierte lo «tremendo» en «fascinante». Como la liturgia, viste con palabras el sacrificio y proporciona un médium para la comunicación con lo invisible de la democracia. Como cualquier iglesia, se convierte en un lugar de afirmación del ideal y de reafirmación del vínculo social.

Finalmente, a la justicia se le atribuye la dirección de las personas desorientadas, de los desechos de la indeterminación moderna; dicho de otra manera, se hace cargo de lo que ayer se llamaba la «salud» de las personas. Por eso los jueces se entienden tan bien con los terapeutas, con los que trabajan cada vez más. La magistratura del sujeto constituye, como se ha visto, un nuevo e importante terreno para la actividad de los juzgados. Uno se encuentra con un juez cuando antes iba a consultar al director espiritual.

La analogía entre las nuevas atribuciones de la justicia y las que en otro tiempo eran de la religión es sorprendente, como se ve. Las dos asumen el vínculo: entre el presente y el pasado, entre la referencia y la acción, entre la sanción y el consuelo, entre el derecho y el deber. Determinan unos límites y así, en otros términos, definen la «identidad» de lo político, de lo social, de lo familiar. Esta nueva religión jurídica, que tiene al hombre más que al grupo como objeto, es además universal. La antigua oposición griega entre *Themis* y *Diké*, es decir entre el derecho intrafamiliar sagrado y el derecho interfamiliar utilitarista, ¿no merecería que se la reanimase? El derecho adopta la forma de la coerción indispensable para el comercio entre iguales o la de la mediación con lo trascendente.

De ahí la inversión de la hipótesis generalmente admitida: la justicia no vendría a despolitizar a la democracia sino, por el contrario, a responder a una aceleración súbita *de la democracia,* resultado del vuelco experimentado en la esfera política de un gran número de ámbitos considerados en otro momento propios de la religión. La «salud», la moral, el principio y el final de la vida, la liturgia, todo eso escapaba a la política. La religión, en la democracia de ayer, estaba en el orden de lo privado; un mismo espacio público podía albergar muchas religiones diferentes, con la condición de mantenerlas en sus fronteras. Pero esas cuestiones se han propulsado de súbito al universo político. De ahí el malestar ante estas cuestiones casi indecidibles, que problematizan un pacto secreto muy antiguo establecido entre el príncipe y el papa, repartiendo los poderes entre lo temporal y lo espiritual, entre la ley y la fe: para aquélla las cuestiones políticas, la administración de la ciudad, la paz interior y exterior, y para esta las cuestiones de la «salud», del sentido de la vida, de la definición del sujeto y de la muerte.[199]

Así, no sería tan solo la retrocesión de lo político lo que explicaría la progresión del derecho, sino también la retrocesión de lo religioso. Ya no hay que razonar solo acerca de dos términos —justicia y política— sino de tres: política, justicia y religión. La emancipación de la religión, que no es su paradoja menor, llevaría a una nueva religión política de la que no se sabe el nombre. Para Marcel Gauchet, no se ha producido ningún progreso democrático sin acompañarse de una mayor influencia de lo colectivo que ha de garantizarlo. Así, la afirmación del individualismo y de los derechos del hombre, lejos de ser un descargo de la empresa del Estado, es, por el contrario, coextensiva del desarrollo del Estado.[200] «Esta expansión no ha podido producirse más que al precio del desarrollo correlativo de lo que representa la negación de lo individual. La afirmación de la autonomía individual ha ido y va rigurosamente emparejada con un crecimiento de la heteronomía colectiva.» La profundización en la autonomía se traduciría de forma inesperada en una abdicación secreta en favor del derecho y de la justicia.

Lo trágico de la democracia

La justicia concentra toda la tragedia de la democracia al mostrar a la vez su incapacidad para prescindir de la autoridad y para darle un fundamento y un régimen institucional. Más que cualquier otra, la sociedad democrática requiere una trascendencia pero a la vez la prohíbe. Esta es la paradoja de la justicia que ha de ejercer una función tercera en una sociedad de iguales, ocupar un lugar exterior en una sociedad sin distancia. El juez no debe sustituir al tercero absoluto por el que la democracia no acaba de vestir luto. En cuanto a la comunidad política, el juez está a la vez dentro y fuera; comparte con los justiciables por lo menos un mismo lenguaje, una pertenencia común a la patria humana. Después de haber comprendido que la justicia tenía que *autorizar a la democracia,* hay que preguntarse *cómo democratizar la autoridad.*

¿Cómo resolver esta contradicción de la que la justicia es el síntoma? ¿Cómo evitar una fractura de las sociedades democráticas entre aquellos que

---

199 B. Barret-Kriegel, *L'État et les esclaves, op. cit.,* p. 112.

200 M. Gauchet, «Les droits de l'homme ne sont pas une politique», *op. cit.,* p. 17.

tienen los medios de la autonomía y aquellos otros a los que aplasta la indeterminación? ¿Cómo salvar a la justicia de esta deriva sacrificial siempre presente? ¿Cómo hacer que exista un espacio público con personas atomizadas y más distanciadas las unas de las otras? ¿Cómo evitar que la democracia se vacíe de su sustancia debido a unos funcionarios cuya legitimidad democrática es débil? ¿Cómo ejercer una influencia legítima sobre ciertos sujetos sin oprimirlos? ¿Cómo proteger unos valores comunes en una sociedad cuyos miembros reivindican a justo título el derecho de vivir según su propio sistema de valores? ¿Cómo constituir una autoridad política sin vaciar de sentido la soberanía? ¿Cómo puede la autoridad de la justicia no solo no mutilar estos poderes sino *incrementarlos*?

¿Cómo resolver esta contradicción mayor de la democracia que se basa en el rechazo de la tradición pero que no puede vivir sin raíces? «Las sociedades anteriores a las sociedades democráticas están naturalmente vinculadas por la tradición, por la continuidad de las generaciones, subraya François Furet, cuando es propio de la naturaleza de las sociedades democráticas olvidar su pasado para recrearlo con cada generación.»[201] De ahí la importancia del trabajo memorístico en las democracias para llenar ese vacío existencial y permanente de tradición. El pacto democrático es lo que ocupa el lugar de la tradición en una democracia. El juez es el custodio de la memoria, pero de una memoria reforzada: la de las promesas que los fundadores hicieron pensando en nosotros.

Para intentar responder a estas preguntas, esta segunda parte rehará el camino de la institución a partir de esta constatación: la justicia está llamada a convertirse en una instancia simbólica que les recuerde tanto a la comunidad política como al sujeto democrático el pacto que los fundamenta. En nombre de este pacto la pena podrá recuperar su doble función como sanción y como reintegración. La cohesión social requiere de la justicia un nuevo modelo de justicia más descentralizado. Estas nuevas funciones asignadas al juez requieren, finalmente, que su lugar en la comunidad política se revalorice.

---

201 F. Furet, «1789-1917: Aller et retour», *Le Débat*, n.º 57, 1989, pp. 4-16.

CAPÍTULO IX

DESPERTAR EL PACTO DEMOCRÁTICO

La justicia ha de desactivar el riesgo de una democracia extrema del que habla Montesquieu. Esta tarea, como se ve, va en contra de la tendencia natural de la democracia que es negar el mal, vaciar lo político de lo que, sin embargo, procede, abolir toda distancia, oponerse a cualquier diferencia e impugnar cualquier jerarquía. En este sentido, es algo *contra natura*. Ha de manejar la violencia legítima contra la suavidad de la democracia, asumir la distancia en una sociedad de proximidades, mantener ficciones en un mundo escéptico, administrar sanciones en un mundo anómico, diferir en un mundo de lo directo, imponer la frustración en una sociedad de seducción, encontrar lo justo en un mundo desencantado, dar la referencia en un mundo desorientado. Esta distancia interna de la democracia es esencial para cualquier forma de reflexividad. La justicia detiene la lógica autodestructiva del individualismo para transformar al individuo en sujeto de derecho, pondera la alternativa entre liberalismo salvaje y dirigismo mediante la idea de una procedimentación del derecho y tempera los ardores de los jueces. Establece lo justo en una sociedad desencantada, recuerda la norma común en una democracia pluralista, erige una barrera simbólica en una democracia directa, encarna la autoridad en una democracia representativa.

La autoridad ha de mantener la distancia fundamental de la democracia mediante un trabajo a la vez de puesta en forma y de escenificación. Esta distancia es indispensable para la respiración de la democracia. Si el poder se ve tentado constantemente a identificarse a sí mismo y a emanciparse de cualquier referencia, si los medios derivan hacia una democracia directa liberándose de la mediación de la institución, si la democracia individualista confunde al individuo con sus deseos y sus emociones, la justicia se plantea como una instancia simbólica que hace de pantalla entre lo real y su representación, entre el poder y su fundamento, entre el individuo y el sujeto de derecho. Antes de ser represiva o social, civil o penal, arbitral o tutelar, la justicia es una *instancia simbólica* que ha de proporcionar referencias colectivas.

La justicia se asemeja a una «institución identificadora», que Charles Taylor opone a lo que llama las «instituciones de servicio». «Por una parte, hay estructuras cuya relación con nuestra vida solo es instrumental, aunque el servicio que ofrecen es muy importante, y, por otra parte, hay medios cuya frecuentación es para nosotros el lugar primario de definición de valores importantes, partiendo de los posibles polos de identidad.»[202] La modernidad vuelve las instituciones identificadoras hacia unas instituciones de servicio, y las que conservan un gran valor identificador, como la religión o la cultura, están en vías de privatización. Este es asimismo el riesgo para la justicia: la idea de un «servicio público de la justicia» se abría paso no hace tanto tiempo en la plaza Vendôme. ¿Cómo resistirse a esta tendencia natural? ¿Qué significa en concreto para la justicia plantearse como una institución identificadora? El palacio de justicia, incluso cuando sus tribunales estuvieran vacíos, seguiría significando el lugar de la ley. La justicia, como identificadora, lo es tanto para la sociedad al instaurar el debate como para el individuo al restaurar el sujeto de derecho.

LA MEMORIA DE LOS LUGARES

La justicia es una *instancia,* un lugar que existe por sí mismo, cuya virtud es existir, y la existencia es una virtud. La justicia es indisociable de un lugar que permita a cada actor identificarse con su papel, y asimismo de un *escenario* en el que el grupo social cumpla incansablemente su destino. El parentesco entre el escenario teatral y el escenario moral es profunda: el escenario de la jurisdicción remite a la jurisdicción del escenario. Por eso la televisión desempeña a su pesar el papel de instancia moral. Aunque todas las demás instituciones morales se viniesen abajo, recuerda Schiller, el escenario seguiría cumpliendo un desempeño moral: «La jurisdicción del escenario empieza donde acaban las leyes del mundo. [...] Criminales empedernidos, que hace tiempo se pudren en el polvo, se ven convocados ahora por la llamada todopoderosa de la poesía y vuelven a interpretar su vida infame para el aprendizaje terrible de la posteridad. Impotentes, como sombras de un espejo cóncavo, los terrores de sus siglos pasan ante nuestros ojos, y nosotros maldecimos su memoria con voluptuoso horror. Cuando ya no se enseñe ninguna moral, cuando ninguna religión encuentre ya fe, cuando ya no esté presente ninguna ley, Medea vendrá a aterrorizarnos precipitándose por las escaleras del palacio después del asesinato de sus hijos.»[203] De ahí

202 C. Taylor, «Les institutions dans la vie nationale», *Esprit,* marzo de 1994, p. 93.

203 F. von Schiller, *La Scéne considerée comme institution morale,* 1784, citado en *Justice et théâtre,* Éd. Quintette, París, 1991, pp. 119-120.

la importancia de no rehuir esta dimensión espectacular del oficio del juez, que ha de preocuparse de escenificar adecuadamente esta virtud. La democracia espera del legislador que sea un buen director dramático del debate judicial, y que los jueces sean buenos actores.

Un universo de distancia

El juego no goza de buena prensa en este fin de siglo tan prendado de la «autenticidad». La reivindicación de un «decir verdadero» la mantienen los medios. La democracia desmonta sin cesar sus escenarios en los que ve una última desigualdad que combatir cuando las jerarquías sociales han desaparecido. Pero eso es un engaño: los lugares del juez y del acusado nunca serán intercambiables. El espacio judicial no ha de dudar en marcar su diferencia y en saber mantener la distancia, con el riesgo de frustrar a los mirones en que nos hemos convertido todos.

Esta prudencia la sugieren los excesos de los que el siglo XX es escaparate. El despotismo ha tenido dos aspectos muy diferentes: el de una politización del proceso, y también el de una interiorización excesiva, de un «exceso de juego» y de una «insuficiencia de juego». El lugar judicial lo han desnaturalizado en primer lugar los sistemas totalitarios que han organizado procesos políticos en los que todo estaba decidido de antemano, montándose el decorado tan solo para estimular una especie de unanimidad ritual. Pero esta perversión de la justicia no es la única. La justicia informal, es decir aquella que se desarrolla en un despacho al resguardo de las miradas del público, como es el caso del juez de instrucción o de su colega el juez de menores, margina también el momento solemne de la audiencia. Y esta forma banalizada secreta en su propio cuerpo al defender otra forma de despotismo menos visible y más suave en la que la dominación se esconde tras un paternalismo de Estado. Le abre camino a un control de la interioridad, que ha denunciado con gran rigor Michel Foucault.

El espacio del proceso condiciona la relación entre las personas, es decir, etimológicamente, entre las «máscaras». La ceremonia del lugar les quita la afectividad a las relaciones interpersonales y las convierte en relaciones de derecho. El escenario suspende todos los sentimientos, protege al juez de la culpabilidad de juzgar, o al acusado de la de su crimen. La justicia no ondea en los corazones ni ha de corregir comportamientos: su misión es restaurar el orden simbólico del derecho y, así, dar significado a la distancia.

El mundo judicial es un mundo frío, solemne y apartado de la vida cotidiana. La comunicación en él es la contraria de la de los medios. Las partes están lejos del juez y han de hablar en público en un lugar impresionante. La comunicación del proceso es frustrante: todo en él es formal y por tanto artificial. Parece estar en los antípodas de la actual ideología de una comunicación directa, instauradora de una especie de comunión efusiva. La artificialidad de la audiencia es, sin embargo, la condición de la verdad convencional de la democracia. Las formas del proceso parecen insuperables, como escenografía del Otro, de la democracia por una parte y por otra del marco para el debate.

Este espacio vacío de la sala de audiencias manifiesta la distancia fundadora tanto del sujeto como de la comunidad política. La función política del espacio judicial es instaurar una *distancia* entre dentro y fuera, entre lo privado y lo público, entre el sujeto de carne y hueso y el sujeto de derecho. Esta distancia entre los diferentes protagonistas del proceso no significa otra cosa que la interrupción de la fusión con el otro, la prohibición del incesto, que es de alguna manera la ley de las leyes. La distancia que significa el rito judicial configura el lugar vacío de la ley, inaccesible para todos, en torno al cual se organizan los intercambios sociales. El palacio de justicia ha de significar la *exterioridad* de la democracia, ese espacio que no puede ocupar nadie y que el derecho no hace más que indicar.

Esta metáfora espacial ha inspirado a muchos pensadores de la democracia. «Al indicar un lugar de la ley es como el poder desempeña su papel instituyente y simbólico del campo social. Aunque no indica eficazmente ese lugar si no es renunciando ostensiblemente a ocuparlo.»[204] El Estado de derecho ha de renunciar incesantemente a cubrir esta distancia y, así, enterrar la omnipotencia. El rito judicial podría muy bien aparecer como más auténtico que la comunicación pretendidamente espontánea que propone los medios. Se inscribe en contrapunto con los medios, de los que se ha dicho que no se dan descanso en abolir la distancia esencial en toda democracia.

Esta separación entre el escenario y la sala es eco de la distinción de lo privado y lo público, con la diferencia entre la coacción de los cuerpos y la libertad de la conciencia. Las relaciones en los tribunales son exteriores y convencionales: pretender concederles más verdad amenaza aún más las libertades. En consecuencia, cuanto más fuertes y simbólicamente afirmadas estén las fronteras de este espacio, más favorecerán el juego en el interior del escenario y la libertad en el exterior.

---

204 M. Gauchet, «L'expérience totalitaire et la pensée de la politique», *Esprit*, julio de 1976, p. 24.

Recordar los orígenes

Quien entra por primera vez en un palacio de justicia francés se sorprende en primer lugar por su aspecto de templo griego. La mayor parte de los palacios de justicia construidos desde la Revolución han adoptado este estilo arquitectónico. Una vez en el interior, le sorprenderá la profusión de símbolos, como la espada y la balanza, por supuesto, aunque también las tablas de la ley, las inscripciones en latín, y las alegorías pintadas en las paredes. ¿Cómo explicar tal densidad simbólica? Todos esos símbolos son otras tantas referencias a los *tiempos fundadores* de nuestra civilización. Empezando por la Biblia, en la que tiene su fuente nuestra moral judeocristiana. Y Grecia, que liberó a la razón de su ganga religiosa. Es Roma, a continuación, la que inventa el derecho. El símbolo de la balanza es aún más antiguo: se remonta a la pesada de las almas en el antiguo Egipto. A menudo también se encuentra en los tribunales la efigie de nuestros grandes legisladores: Justiniano, Carlomagno o Napoleón. O de los reyes jueces, como San Luis impartiendo justicia bajo un roble, que se encuentra en el Tribunal de casación de París. La Revolución también ha hecho su aportación, con los bustos de los juristas revolucionarios o de los redactores del Código civil.

Esas diferentes épocas no se excluyen entre sí sino que se yuxtaponen. Uno no se sorprende al ver en el Tribunal de casación la abeja napoleónica junto a las flores de lis o los emblemas de la República. Pero ¿cómo puede la democracia, que rechaza toda trascendencia, seguir invocando a la vez la Biblia, la monarquía y a los tiranos? Por otra parte, en el palmarés del número de inscripciones, la República resulta ampliamente perdedora, como si estuviese en los palacios de justicia más como invitada que como anfitriona. ¿Querrá hacerse perdonar, en esos lugares sagrados, haber nacido matando al rey? ¿Hay que ofuscarse ante tantas menciones de una historia que no siempre ha apreciado la democracia? A decir verdad, son tantas que se anulan, y ¿no accede una democracia a su mayoría de edad cuando ya no teme a su pasado?

Nuestros palacios de justicia están asimismo trufados con rostros de la Medusa, con serpientes por cabello y llorando lágrimas de sangre. En la mitología griega, la Medusa transformaba en piedra a quienes osaban mirarla. Como el mal de ojo, fuerza a apartar la vista.[205] La mirada *se invierte*: miramos

---

205 Esta imagen tiene una gran presencia en *El proceso* de Kafka. Así, en la narración *Ante las puertas de la ley*, el centinela le dice al campesino: «Encontrarás en la entrada de cada sala centinelas cada vez más poderosos: a partir de la tercera ni siquiera yo puedo soportar su vista...». Al final del capítulo VII, K. ya no soporta ver un botón dorado del uniforme del ujier.

esos símbolos menos de lo que ellos nos miran. Los hombres deliberan bajo la mirada de sus padres fundadores, que les recuerdan sus juramentos.

Nuestros edificios parlamentarios y judiciales rebosan bustos de grandes legisladores, imágenes terroríficas, símbolos nacionales, frescos históricos que recuerdan el largo camino de las libertades democráticas, como en la rotonda del Tribunal Supremo de los Estados Unidos. La estatua de Lincoln permite a sus sucesores invocar su autoridad. No se concibe ningún espacio colectivo sin una cultura que le procure una expresión simbólica propia, que exprese sus valores en el lenguaje de la piedra.

El edificio del tribunal de justicia contribuye a instituir la autoridad del juez, entendida como capacidad de dar forma —tanto en lo material como en lo simbólico y en lo intelectual— a la deliberación pública. La autoridad es la fuerza de dar forma. La autoridad compensa el carácter evasivo del poder. «El poder es volátil, la fundación es lo que lo hace perdurable; ya que la acción es más frágil que la obra, el poder del que emana siempre tiene necesidad de ser incrementado por algún equivalente de la experiencia romana de la fundación.»[206] He aquí la función del rito judicial: movilizar tantas veces como se le solicite los símbolos de la justicia. La autoridad no es otra cosa que «la energía que perdura del acto de la fundación, la energía de los orígenes», dice Paul Ricoeur. Tal es el sentido de la *repetición,* que es lo propio del rito: repite incansablemente el momento de la fundación del proceso y recupera sin cesar desde el principio esta tarea de evitar el cuerpo a cuerpo, la venganza y la violencia.

Estos símbolos en apariencia anticuados son la clave de la modernidad; al recordar nuestras tradiciones superadas continuamente por la aventura democrática, permiten seguir adelante. El marco es, entonces, lo que ocupa el lugar de la tradición para los contemporáneos. La cultura común se hace huidiza a medida que nuestras sociedades se diversifican. El recurso al momento de la fundación es tanto más necesario y vital cuanto que el pluralismo es grande. Un pluralismo sin referencia a una autoridad es tan ilusorio como una ampliación de los derechos subjetivos que no encuentre nunca la contrapartida de sus obligaciones. Cuanto más innova una sociedad y se aparta de la tradición, más necesita recordar ese acontecimiento fundador. La sociedad democrática sustituye la tradición con una abstracción: el contrato social. Pero ¿cómo darle una consistencia simbólica a esta realidad desencarnada?

Los palacios de justicia modernos son mudos; nada los distingue de los otros edificios públicos. Este silencio arquitectónico es peligroso. Los palacios

---

206 P. Ricoeur, *Lectures I, op. cit.,* p. 40.

han de seguir siendo, en la democracia de mañana, escenarios, templos y foros. Nuestras sociedades que, como se dice, buscan con afán un sentido para su acción, han de empezar a encontrarlo en esos edificios que albergan sus deliberaciones cotidianas, es decir su gestión permanente. El arquitecto no sabe qué oponerle al vacío democrático que rechaza todas las tradiciones. Así es como, en muchos sentidos, nos vemos precipitados en un *futuro fundador.* Los textos supranacionales, a veces de alcance universal, en los que basamos nuestro destino colectivo, son muy recientes. Los más antiguo de esos textos no tienen ni cincuenta años. ¿Qué es medio siglo ante la eternidad? ¿Cómo comunicar con un tiempo fundador del que todavía no hemos salido? Nuestra dificultad ¿no procedería más de una proximidad demasiado grande a lo que nos fundamenta que de un alejamiento demasiado grande? De ahí la importancia de encontrar un lenguaje de piedra para textos como la Convención europea de los derechos del hombre, para la Declaración universal de los derechos del hombre del 10 de diciembre de 1948. Un artista había pintado en el pavimento de la sala de los pasos perdidos del tribunal de Estrasburgo el conocido artículo 6 de la Convención europea de los derechos del hombre: «Cualquier persona acusada de una infracción se supone inocente hasta que su culpabilidad se establezca legalmente». Para unos individuos perdidos, el palacio ha de ser una referencia y un lugar pedagógico: ha de remitir tanto a un pasado inaccesible como manifestar el momento indisponible de la vida en sociedad, ahí donde acaba la libertad individual.

Sublimar la violencia

Nos sorprende también descubrir en un palacio de justicia tantas representaciones de violencia, como fauces impresionantes de león, objetos cortantes y cuerpos mutilados. Este simbolismo cruel sorprende: hubiese cabido imaginar que tal lugar buscase por el contrario tranquilizar, animar a la reconciliación mediante imágenes amables, e inspirar la concordia.

Pero es que en esos lugares la violencia no se rechaza sino que, por el contrario, se muestra y se sublima. Esas imágenes que apenas llegan a nuestra conciencia cumplen sin duda un papel de compensación. Esas venganzas terribles, esas fauces de león, esas lanzas punzantes, no solo inspiran respeto sino que nos liberan de nuestra agresividad devolviéndonosla bajo una forma simbólica, eufemística. Esas representaciones crueles, a veces casi sádicas, nos dispensan de serlo nosotros, desactivan nuestras pulsiones soterradas al presentarnos el espectáculo aterrador, pero liberador, de la violencia. Dan fe del parentesco del proceso con el sacrificio de que habla René Girard.[207] Esa

207 R. Girard, *La Violence et le sacré,* Grasset, París, 1973.

simbología es tanto más necesaria que su origen... Un defecto de autoridad se paga con un crecimiento de la violencia, con un resurgimiento de lo sacrificial, como lo demuestra la evolución de la violencia en la sociedad democrática.

A diferencia de la violencia de la que hablan los medios, el rito judicial muestra *a la vez* el espectáculo de la transgresión y el de la reabsorción. Le da así un sentido y le propone un exutorio legítimo. En otros términos, la violencia no se deja ver nunca sola: se entrega con una significación. Las reacciones que suscita esta violencia se ven como canalizadas por el derecho y el procedimiento. El proceso es una domesticación de la violencia mediante el rito y el procedimiento. En la audiencia, el crimen no se rechaza sino que se repite en un universo simbólico que desactiva toda violencia. Se reconstruye simbólicamente mediante la palabra: a todos los protagonistas —testigos, expertos, policías— se les convoca e invita a decir lo que ha ocurrido. El proceso es una conmemoración del crimen con la intermediación de la palabra y del procedimiento. Anula la violencia salvaje con una violencia eufemística, la que se le impone al acusado. Esta violencia catártica solo es posible gracias al efecto de disimulo que opera el ritual. Ese espectáculo de la violencia mediatizada por la palabra está indisolublemente vinculado al espectáculo de la reabsorción de la violencia. En los medios, por el contrario, la violencia se muestra lo más a menudo sola, cruda y absurda; y se comprende que suscite reacciones emotivas incontroladas. De ahí que el interés por la violencia de derecho común no pueda menos que crecer por el hecho de la desaparición de lo exutorios clásicos de las pasiones democráticas, como lo eran la lucha patriótica, política o sindical. La sociedad democrática tiene tantas más dificultades para asumir sus pasiones cuanto la emoción pública se va haciendo cada vez menos simbolizable.

Autorizar un debate racional

El lugar de la justicia es un lugar separado, lo que no soporta bien la televisión, que hace que todos los lugares sean equivalentes. La institución de un lugar de deliberación no se confunde ni con el lugar más pequeño de la negociación o de la terapéutica, ni con el lugar más grande, es decir, el espacio público por entero. El Estado ha de garantizar el buen funcionamiento de la justicia en un *espacio protegido,* delimitado en el interior del espacio público.

Este exorcismo de la violencia colectiva, como la memoria viva de la tradición que contiene el marco ritual del proceso, no se comprende aunque se percibe. El marco, de hecho, es percepción; su acción no es inmediatamente inteligible para la razón. Es presencia; es lo que lo engloba, el universo simbólico, que es por otra parte él mismo una representación del universo, el lugar que abriga el desarrollo de la instancia. El lenguaje, a la inversa, es lineal;

permite encadenar de forma lógica los argumentos y excluir los diferentes sentidos posibles para llevar a una solución. Contrasta en esto con el símbolo que es, por definición, polisémico. El marco, por el contrario, es inmóvil, es repetición: es insensible a los regímenes políticos, al tiempo, a la historia. No evoluciona, es un no-acontecimiento indispensable para que se produzca un acontecimiento: el proceso. Da a los argumentos una situación, un arraigo en la historia.

Así, por su recurso constante a la tradición y por su simbolización de la violencia, el marco ritual no oprime a la razón sino que la libera. Permite combinar razón y tradición, lo irracional de la violencia con una elaboración racional. El intercambio normativizado de argumentos no es más que la «parte viva» del proceso, que requiere un «espacio protegido». Limitar la justicia a un simple debate es olvidar que los que debaten no se encuentran nunca en estado de ingravidez social sino que también son sujetos de pasión. No hay juicio —jurídico al menos— más que en situación, es decir tributario de un lenguaje y un marco especiales. El símbolo establece un vínculo entre texto y contexto. Marco simbólico y debate van a la par, como tradición y argumentación, como autoridad y poder. El dispositivo ritual combina el espacio indispensable de la autoridad y el espacio abierto de la discusión. Kafka, una vez más, lo prueba mediante el absurdo. En *El proceso,* lo sagrado omnipresente pero impalpable oprime y prohíbe toda comunicación. No es posible ninguna palabra racional, ningún cambio. La tarea de «distanciación de lo mental mediante las imágenes» es imposible. Joseph K. no consigue controlar esas imágenes que acaban por devorarle. Sucumbe a las órdenes de una autoridad inencontrable y cruel cuya ley se ha perdido.

La autoridad de un marco simbólico identificable, de una mediación institucional, es indispensable para el ejercicio de cualquier poder, empezando por el poder argumentativo. El marco simbólico niega la relación de fuerzas y las diferencias sociales, autoriza un debate racional, expurga la violencia y celebra, más allá del conflicto, la permanencia de un destino colectivo y la paz. El pacto democrático inicial se ve «engrandecido» por las instituciones.

REANIMAR EL SUJETO DE DERECHO

Mientras la justicia no era más que el relevo del poder, de la religión o de las costumbres, su función simbólica estaba poco solicitada. Este papel está dormido en una sociedad saturada de sentido como la sociedad tradicional, en la que la justicia se aplica a suavizar los conflictos. Una función de autoridad más autónoma en una democracia privada de sentido supone —es una de las grandes originalidades de la justicia actual— que asuma mejor su papel de instancia simbólica. Cuando a la justicia se le requiere que cumpla el papel de autoridad por defecto, *su función simbólica ya no se le solicita.* Si la sociedad democrática está amenazada de derrumbamiento simbólico, es este papel identificador el que hay que reactivar tanto en cuanto al espacio público como en cuanto al sujeto de derecho.

Para captar la idea de sujeto de derecho, quizá no sea inútil devolverla a una perspectiva histórica. Todos los sistemas de justicia descansan implícitamente en una representación del delito o del desorden social, de la persona y de la forma de enfrentarse con ella. Muchas representaciones del sujeto de derecho se han sucedido así en la historia.

La falta y el castigo

El código penal de 1810 presentaba la infracción como un mal uso del «libre arbitrio», como un cálculo que había que estimar no rentable. La delincuencia se consideraba un *acto* y, así, como expresión de una voluntad sana que ha manifestado un fallo, «un error en el recorrido», bien de una voluntad desviada que persiste en el mal o como los «viejos caballos con la querencia de la cuadra».

Ya que no concibe otra solución más que la exclusión, este primer modelo puede calificarse como sacrificial. No se le pide a la justicia que tome en consideración las sutilezas de las relaciones afectivas o la injusticia de las situaciones sociales. La justicia tiene una función esencialmente punitiva: ha de excluir al creador de desórdenes. Eso es tan cierto en materia civil como penal. Así, el juez del divorcio expulsa del domicilio conyugal al que ha faltado y le retira la custodia de los hijos, el juez de menores aleja al niño maltratado y le lleva a colonias agrícolas lo más lejos posible de su hogar, y el juez de lo penal envía al delincuente a la cárcel. Al condenado se le retira pura y simplemente del mundo: el mejor ejemplo de ello es la muerte civil, es decir, la supresión de todos los derechos cívicos y civiles a los condenados a penas largas.

Se trata de un derecho muy «puro» al que no contaminan conocimientos ajenos, como las ciencias humanas. Las categorías del derecho están claras: el problema es civil o penal, el delincuente es o bien un loco o es completamente responsable. No puede haber gradación en la responsabilidad ni transición, por tanto, entre la libertad total y la prisión. No hay lugar para el ten con ten.

Se supone que todo el mundo disfruta de la misma capacidad social, y ahí es donde le duele. Este sistema formal no garantizaba verdaderamente derechos más que a un número limitado de personas: los hombres, maduros, propietarios de bienes, católicos, legítimamente casados. Los otros no eran más que parcialmente —o nada en absoluto— sujetos de derecho. El derecho positivo requiere necesariamente un modelo social que haga de referente. El legislador, como los jueces, los abogados, los psiquiatras o los trabajadores sociales se remitían implícitamente a este modelo. El hundimiento sociológico de este modelo social dominante ha perturbado todo el equilibrio del derecho.

El síntoma y el tratamiento

Esta dialéctica de la falta y el castigo se ha visto sustituida progresivamente por la del síntoma y el tratamiento, apareciendo el criminal más como un enfermo que como un malvado. En el segundo modelo ha prevalecido la lógica del cuidado: por eso se le puede calificar de terapéutico. La delincuencia aparece aquí, no como una voluntad mal encaminada, sino como la manifestación de una personalidad perturbada. Marc Ancel, que fue en Francia uno de los promotores de este modelo de justicia en materia penal, no ocultaba su voluntad de hacer que cediesen las ficciones clásicas del derecho para darle a la función judicial una mayor eficacia. Esta escuela de la nueva defensa social «se inscribe como reacción contra el juridicismo y contra la introducción de las ideas metafísicas o de las ficciones legales en el derecho» y afirma la necesidad de una cierta «desjuridización»[208] de la justicia. Inútil es decir que a esta época se remonta la percepción psicologizante del sujeto. La resocialización es el primer objetivo, así, la justicia ha de tenerlo todo de su lado o bien abandonar la responsabilidad jurídica si ya no parece responder a la realidad. Para esta concepción tan subjetiva del sujeto de derecho, es en el sujeto en el que hay que buscar la responsabilidad bajo la forma de un sentimiento de culpabilidad. Este fue el reino de una concepción determinista del delincuente de la que no hemos acabado de desembarazamos.

El sujeto de derecho más allá del individuo

¿A qué representación del sujeto hay que vincular la de nuestro final del siglo XX? Ciertamente, no ya a esa ficción de la persona absolutamente libre, social y económicamente autónoma, a ese comerciante, a ese burgués del siglo XIX, ni a ese individuo determinado, desposeído de toda soberanía para sí mismo, tan característico del Estado providencial; sino más bien a la de un sujeto de derecho, un sujeto *capaz*. Nuestro fin de siglo redescubre que la capacidad no es un hecho: «El vínculo entre la acción y su agente no es un

208 *Revue de science criminelle et de droit comparé*, París, 1959, p. 182.

hecho que pueda observarse; es un poder que un agente se considera capaz de ejercer»[209], o que los demás le obligan a asumir. El juicio *apela* a la responsabilidad tanto como la constata.

El tercer modelo —al que llamaremos *cívico*— supone que el sujeto no es reducible a sus determinismos ni a sus deseos. Procede de una instancia interior, de una relación de sí consigo. «La perspectiva de una sumisión a unas leyes que me he dado a mí mismo supone de hecho la posible referencia a una tal mismidad de *mí mismo,* planteada como distinta de lo que en mí se somete. El ideal humanista de autonomía requiere, así, en mí la definición de una parte de humanidad *común,* irreductible a la afirmación de mi singularidad única y a la que mi singularidad ha de someterse.»[210] El individualismo rechaza esta parte común al estimar que las diferencias han de «constituir ley».

Pero ¿qué es en concreto un sujeto de derecho? Una persona *autónoma, capaz* en el sentido jurídico del término, es decir única habilitada para definir sus intereses, y por tanto *autor de una palabra propia.* No se puede limitar el sujeto a una suma de reivindicaciones unilaterales, como lo hacían los derechos subjetivos, bajo pena de destruirlo y de olvidar su misma esencia, que es ser *a la vez* titular de derechos y de obligaciones. Al sujeto de derecho no pueden reconocérsele derechos si no es porque es capaz de responder a ellos. Se le puede definir como sujeto de palabra *y* de escucha, como autónomo *y* dependiente, como depositario de una dignidad inalienable *y* susceptible de verse debilitada.

Nuestros tiempos parecen redescubrir el valor rehabilitador de la *obligación* como medio a la vez de reinsertar y pagar la deuda social, de los *debers* como la otra cara de los «derechos para». Todo esto solo es posible si al sujeto de derecho se le reconoce como sujeto de palabra, lo que para la justicia no deja de tener consecuencias: el retraso en explicarse, aunque también la capacidad de asumir compromisos de los que el juez será la garantía, la posibilidad de modificar el curso de la institución mediante una palabra de peso. Hay que postular la *indivisibilidad* del sujeto de derecho que nunca puede perder esta calidad. No puede haber exclusiones en estos atributos del sujeto de derecho, al que se designa como «dignidad» en algunos tratados internacionales. El sujeto de derecho sería la versión judicial del ciudadano que ya no está ligado a una nacionalidad sino simplemente a la condición de hombre.

---

209 P. Ricoeur, «Morale, éthique et politique», *Pouvoirs* n.º 65, 1993, p. 7.

210 A. Renaut, «Individu, dépendance et autonomie», *Individu sous influences. Drogues, alcools, médicaments psychotropes,* publicado bajo la dirección de Alain Ehrenberg, Éd. Esprit, París, junio de 1991, p. 231.

El modelo cívico surge como alternativa sujeto-no sujeto, persona a la que se considera completamente libre y sana de espíritu o, por el contrario, lanzada a la locura e inmersa en la muerte civil. A todos hay que reconocerles una dignidad igual e inalienable que se ha depositado en cada hombre, cualquiera que sea su situación social o mental. El límite del sujeto ya no pasa *entre* los sujetos para separar de los demás a los ciudadanos que tengan derechos, sino en el *interior* de cada sujeto para definir un umbral infranqueable que permita a su vez considerar con más pragmatismo su situación concreta. La idea de un individuo completamente asimilado a su deseo estalla y se divide en dos: en la calidad de sujeto de derecho depositario de una dignidad irreductible que nunca deberá perder, por una parte, y por otra en la consideración de un ser singular que puede estar en crisis o pasajeramente debilitado. La acción de las instituciones tendrá como material la *situación* y como objetivo la *dignidad*. Estos dos estados del sujeto de derecho introducen una tensión, una dinámica en la acción de la justicia. El reconocimiento de este límite, que determina la dignidad más allá de la cual nunca será posible descender, permite tomar en consideración situaciones concretas que el modelo liberal del derecho ignoraba deliberadamente aunque sin perderlas, como en el modelo del Estado providencial. La vuelta a la plena capacidad del sujeto de derecho le da a la acción social su horizonte: considerándose la crisis por principio como algo pasajero.

Esta combinación del reconocimiento de una dignidad irreductible y la consideración más pragmática del comportamiento del sujeto la ilustra bien esta declaración de unos trabajadores sociales especializados en la toxicomanía: «El toxicómano es ante todo una persona que tiene derecho, como toda persona, al respeto y a la dignidad. Sigue siendo un sujeto responsable especialmente en cuanto a la actitud que desarrolla ante su toxicomanía. Su tratamiento se ha de plantear y desarrollar, junto con su adicción, fuera de toda coacción física o moral. No obstante, si el individuo representa un peligro importante para sí mismo o para la sociedad, y la coacción se manifiesta útil, solo se deberá ejercer en el marco de las garantías previstas por la ley.»[211] Y en otro documento, este europeo: «El toxicómano es un ciudadano por entero, con sus derechos y sus deberes. [...] La toxicomanía, incluso la más prolongada, se ha de considerar una situación transitoria.»

Se establece así una distancia en el mismo interior del individuo mediante la introducción de dos polos —la dignidad común y la situación concreta— que no era posible mientras se confundían el sujeto jurídico y el individuo

211 Declaraciones de la Asociación nacional de interventores en toxicomanía (no publicadas en el momento de redactar este capítulo).

psicológico. «En el fondo, subraya Denis Salas, el desafío de la reconquista de este territorio perdido por el derecho penal es reintroducir una distancia entre el individuo en su dimensión psíquica y la persona jurídica titular de derechos y deberes... Dejar que el menor crea que es siempre psicológicamente débil y jurídicamente incapaz, abandonar al "demente" a su único estatuto de enfermo mental, es negar la función instauradora del sujeto mediante el derecho. [...] El derecho penal debería decirle al individuo que su personalidad no es medible solo en su individualidad; que le da un estatuto social y cívico más allá de su persona privada; que afecta a la parte de él mismo que es acreedora y deudora de múltiples maneras ante la sociedad.»[212]

El sujeto de derecho como condición y finalidad de la democracia

Restaurar el sujeto de derecho se convierte en un objetivo político —y no solo humanista o caritativo— para la justicia. Entre sujeto de derecho y Estado de derecho se instaura, en efecto, una especie de circularidad. «El poder político, debido a la fragilidad que manifiestan las paradojas del poder, solo "se salva" por la vigilancia de esos mismos ciudadanos que la ciudadanía en cierto modo ha engendrado.»[213] El sujeto de derecho no es solo una condición de la intervención social, sino que constituye asimismo el objetivo último. «La democracia no acaba así de crear las condiciones de su funcionamiento.»[214] Que cinco millones de franceses no tengan acceso a alguna forma de representación es peligroso para la comunidad política entera. Volver a dar una identidad a las personas se convierte en una prioridad política... y en una tarea muy concreta para los servicios sociales que trabajan próximos a las jurisdicciones cuyo primer trabajo es a menudo reconstruir informes de afiliación social y hacerse cargo de los individuos desafiliados.

Ser ciudadano es tener la posibilidad de asociarse realmente en la gestión de la vida pública; ser usuario es simplemente poder defender los propios intereses antes de tomar una decisión. La diferencia entre el usuario que tiene derechos y el ciudadano es que este último está en el origen del poder del funcionario. Los ciudadanos, en el sentido político de la palabra, detentan la soberanía original, lo que significa que los dirigentes han de conseguir de ellos su investidura y darles cuenta de su gestión. Los sujetos de derecho, a diferencia de los sujetos al derecho, son a la vez seres dotados de derechos y

---

212 D. Salas, «État et droit pénal, le droit pénal entre "Thémis" et "Diké"», *Droits*, n.º 15, 1992. p. 90.

213 Paul Ricoeur, «Morale, éthique et politique», *op. cit.*, p. 17.

214 P. Manent, *Histoire intellectuelle du libéralisme*, Calmann-Lévy, París, 1987, p. 387.

coautores del derecho. Tener derechos es ante todo tener el derecho de participar en el debate sobre el derecho. Devolverle al individuo dominado, determinado, bajo la presión de la exclusión social, su dignidad de sujeto de derecho, despertando la parte de soberanía que él contiene, tal es el objetivo de la intervención judicial.

No hay sujeto de derecho sin palabra común

La justicia deberá determinar la incierta frontera de lo que está a la libre disposición de los sujetos de derecho y lo que en cierto sentido no está a su disposición. Ciertas cosas han de sustraerse a la libertad contractual. El cuerpo humano no es un bien mercantil, aunque las culturas jurídicas europeas manifiesten distintas sensibilidades respecto a este problema. ¿Es posible elegir el propio sexo? El papel de la justicia, en cuanto al transexualismo, es «reanimar el orden simbólico en cuyo interior debe inscribirse cada uno más allá de su individualidad, aunque sea doliente. En este sentido, el juez no sirve de sostén de historias individuales. No considera con amistad o solicitud los episodios felices o desdichados de la vida humana. Se hace cargo, no de las relaciones "cortas" de personas con personas, sino de las relaciones "largas" en las que la identidad de cada uno se pone en juego a través de las instituciones»[215].

Ante todas estas nuevas demandas, la justicia ha de proteger la parte simbólica que asigna un lugar en la comunidad humana. El orden simbólico, con la imagen de la sala de audiencias que es su metáfora viviente, atribuye un lugar concreto a cada cual. No es posible colectividad alguna sin sistemas simbólicos, como el lenguaje o el sistema de parentesco que tienen en común hacer que los lugares no sean intercambiables. Son precisamente estos montajes simbólicos los que se ven amenazados por la ilusión de la democracia directa, que propone una relación inmediata con el mundo. El niño no puede cambiar de lugar con sus padres, su relación no es simétrica. El derecho es el guardián de este orden simbólico en el que no es posible ningún cambio. Lo que la justicia repara más allá de los casos individuales es el orden simbólico en su totalidad, empezando por lo que nos funda como humanidad, es decir, el lenguaje.

No hay sujeto de derecho sin función simbólica, es decir, sin una palabra común que le dé perspectiva; calificar la conducta de alguien es confrontar el sentido que él le ha dado, lo que ha sido el hecho para él, con el sentido que

---

215 D. Salas, *Sujet de chair, sujet de droit, la justice face au transsexualisme,* Presses Universitaires de France, París, 1994, p. 151.

le da el grupo social. Nadie debe quedar excluido del acceso a esta palabra, ni siquiera aquellos que están aparentemente privados de su consciencia. Privar al enfermo mental del proceso, como lo hacía el derecho liberal con el pretexto de que no tiene libre arbitrio o con el pretexto de ahorrarle una pena injusta e inútil, como lo consideraba el derecho del Estado providencial, es simplemente negarle el acceso a lo simbólico. Los montajes jurídicos «tienen como finalidad separar al asesino de su crimen»[216], es decir, hacer de forma que el asesino reencuentre el rebaño humano estando reinscrito en la humanidad [...]. El asesino responde de su acto, este acto adquiere el estatuto de acto humano por el hecho de que un juez lo inscriba por su autoridad en la palabra. No juzgar al «loco» es quitarle al sujeto, según un psiquiatra especializado en esta materia, «la posibilidad de verse en su historia y, así, recuperar una identidad coherente. Se le condena a que haya algo loco en él, y a que siga habiéndolo»[217].

La reinserción en un espacio común

¿Cómo escapar de una psicologización del crimen? ¿Cómo laicizar nuestras representaciones de la transgresión? ¿Qué sentido político, y no moral ni escatológico, dar a la pena? Después de la dialéctica de la falta y el castigo, y luego de la del síntoma y el tratamiento, nos encontramos ante la de la *perturbación identitaria* y la *reinserción en lo simbólico.*

El delincuente busca una referencia común y la respuesta en términos psicológicos no basta: no es posible encerrar la cuestión identitaria en una cuestión puramente privada, de la misma manera que no se la puede aliviar con una respuestas estereotipada. Pero si la reacción seguritaria es ilusoria, el rechazo libertario de cualquier intervención sobre los individuos es también peligroso en tanto que la sanción penal puede llegar a parecer la única eficaz. El psicópata, el toxicómano, el delincuente sexual multiplican sus acciones mientras su problema no se ha resuelto y mientras la ley no se ha pronunciado. No basta con cuidarles, hay que reafirmar la ley simbólica.

El juez se encuentra entre muchos imperativos contradictorios: aplicar el derecho y reparar la ofensa que se le ha hecho al orden público, pero de manera inteligente, y sobre todo eficaz. De ahí el desafío que constituye para una sociedad desacralizada y para un individuo desorientado la preservación de un momento de autoridad, es decir, la utilización a la vez de

---

216 P. Legendre, *Le Crime du caporal Lortie,* Fayard, París, 1989, p. 159.

217 M. Colin, J.-P. Beauchet, «L'article 64 ou le fou deshumanisé», *La Dangerosité,* Privat, Toulouse, 1991, p. 65.

la fuerza legítima y de la dimensión simbólica. Tal confrontación con la dimensión colectiva de la vida social es indispensable para la constitución del sujeto. La reinserción en lo simbólico pasa por la reinserción en el lenguaje, la institución de las instituciones. La dimensión autoritaria de la justicia no tiene sentido más que para darle peso al lenguaje, a las palabras del juez y a los compromisos establecidos ante él. A partir de esta violencia simbólica de la *cualificación,* es decir, del sentido no disponible, puede trabajar el psiquiatra. Se ha creído equivocadamente que el psiquiatra podía «cuidar» él solo ciertos comportamientos desviados prescindiendo de lo judicial. Por eso los psiquiatras les dicen ahora a los jueces: «Recordad la Ley, y nosotros podremos trabajar a continuación.»

No se responde de la misma manera a una delincuencia que expresa una perturbación de la identidad que a una agresión deliberada contra el orden público. Si la forma es la reacción ante una falta, el control social la solución para un síntoma, la reinserción en lo simbólico es la única respuesta para una perturbación de la identidad. La justicia se ve presa en una alternativa infernal: si se inclina por castigar, se muestra injusta, pero sí solo quiere cuidar, no solo se inhibe ante la víctima y ante todo el orden social, sino que además resulta contraproducente desde un punto de vista terapéutico. Y no se consigue decidir ante la alternativa: ¿ayudar o castigar?

Esta oposición parece a la vez falsa y nociva. En primer lugar falsa, porque hace muchísimo tiempo que ya no existe una represión «pura», es decir, sin ninguna perspectiva de reinserción. Y aún menos después de la supresión de la pena de muerte, lo que, simbólicamente, le da a cualquier pena el horizonte de un regreso a la sociedad. Por otra parte, no existe ayuda que no pase por un momento de fuerza coercitiva, que no se apoye en un recurso a lo prohibido. Nociva, a continuación, porque no se gana nada contrastando demasiado las dos lógicas —la buena salud reparadora contra la mala justicia separadora, el valor seguro de la represión contra lo aleatorio de la terapia. La articulación de estas dos lógicas plantea más dificultades que su disyunción.

CAPÍTULO X
SANCIONAR Y REINSERTAR

Si la justicia ha sido formal y excluyente en el Estado liberal, luego terapéutica y redistribuidora en el Estado providencial, ha de ser a la vez simbólica y reintegradora en una sociedad cuya pena mayor es la exclusión. Se le reprocha con frecuencia a la idea de reintegración un cierto angelismo que no toma suficientemente en consideración la defensa social. Existe el riesgo de quedar encerrados en un diálogo de sordos en el que se enfrenten de forma brutal derechos subjetivos e interés colectivo, seguridad pública y libertades individuales, ejemplaridad de la pena y función terapéutica. ¿Qué hacer? En primer lugar, hay que tener en cuenta la deriva sacrificial que caracteriza a nuestras sociedades emancipadas de una tutela estatista demasiado fuerte. El carácter sacrificial de la justicia procede de una doble diferenciación: en primer lugar entre los sujetos (el grupo y el que es expulsado) y entre el espacio común y el no lugar del exilio. Hay pues que oponerle la *continuidad del sujeto de derecho* y *la continuidad del espacio público.* Una segunda condición consiste en reconsiderar las modalidades de la violencia legítima. A fuerza de ver violencia en todas partes ya ni se piensa en el único lugar en que es legítima, es decir en la justicia penal. Hay que reencontrar más allá del sacrificio y de la terapia, la justa distancia, más allá de los derechos y las necesidades, la dignidad, y más allá de la pena y la seguridad, la sanción.

MÁS ALLÁ DEL SACRIFICIO Y DE LA TERAPIA: LA JUSTA DISTANCIA

El individualismo hace a la opinión pública menos tolerante, más compasiva y más medrosa. La idea de ciudadano, es decir, un sujeto político, se pierde en beneficio del individuo que sufre. La lógica de los derechos subjetivos y de la autonomía de una parte, y por otra la de la integración en una comunidad vital indispensable, entran en colisión. La idea de sujeto de derecho introduce un principio de *transividad* entre todos los ciudadanos, la víctima y el autor de la infracción, el sujeto que sufre y el sujeto que triunfa, el preso y el hombre libre. Cualquiera que sea su situación concreta, tienen en común ser y tener la vocación de seguir siendo sujetos de derecho.

Norma de derecho, norma de juicio

La cuestión de los derechos subjetivos muestra la diferencia de perspectiva entre el derecho y la justicia. Los derechos subjetivos pueden acumularse sin temor a que se contradigan. El juez, por el contrario, ha de deslindar pretensiones rivales, y la mayoría de las veces de una fuerza jurídica equivalente. Tampoco le sirve de mucho al juez la proclamación solemne de los derechos. ¿Se sospecha que un niño ha sido objeto de malos tratos por parte de sus padres? Por supuesto, tiene derecho a la integridad corporal, pero sus padres tienen un derecho igual a un proceso justo. Así pues, al niño no se le podrá creer bajo palabra y todas las pruebas deberán poder discutirse.

Entonces es cuando interviene la idea de norma de juicio adelantada por François Ewald, es decir «no una norma que enunciase una instancia sino lo que normativiza el juicio en todas las instancias, no algo que se aplica sino aquello a través de lo cual se juzga»[218]. En otros términos, se trata de la norma interna de juicio de los jueces. Esta norma ha evolucionado en los últimos decenios. A la única preocupación por condenar, a la que se ha añadido la preocupación por cuidar, la sustituye hoy el objetivo más global de sancionar y reintegrar en una misma decisión. Se sigue esperando de los jueces que condenen, separen, alejen, pero se les pide más. La reintegración se ha convertido en la amplia finalidad del acto de juzgar. Los jueces están desde ahora y en adelante absorbidos tanto por la condena como por la reinserción, tanto por los derechos de visita y las consecuencias del divorcio como por la separación, tanto por el regreso del niño como por la retirada. Ya no buscan excluir sino encontrar la distancia justa entre el delincuente, el niño en peligro y el esposo en falta y los demás miembros del grupo. Los miembros de una misma colectividad tienen intereses antagonistas y a la vez solidarios. En materia de malos tratos, por ejemplo, los jueces han cobrado progresivamente conciencia de que el alejamiento del niño —o el encarcelamiento de los padres— se traducía muy a menudo en sancionar al niño, al mismo que se quiere proteger, al privarle de todo contacto con sus padres a los que sigue necesitando. La familia, símbolo de la comunidad en la que nadie podrá nunca ser verdaderamente un tercero para el otro, muestra los límites de los derechos subjetivos considerados como norma única de juicio para la justicia.

---

218 F. Eward, *L'État-providence,* Grasset, París, 1986, p. 436.

Esta búsqueda de la justa distancia entre intereses contradictorios pero indisociables se caracteriza por un cierto pragmatismo. Nuestra época desconfía de las proclamas que no cuestan caro, concibe la justicia más bien en la realización concreta de un valor. Así, el interés del niño, referente supremo de nuestra justicia familiar, no tiene un contenido idéntico y absoluto como un derecho formal: solo tiene sentido en una situación concreta en la que se apoyará el juez. Para este tipo de decisiones, lo posible ocupa el mismo rango de lo deseable. El juicio se hace más móvil y busca —en la medida de lo posible— adaptarse a la situación, a su historia, a su evolución y a sus posibilidades de cambio.

Este interés por la reinserción se extiende a la víctima. El proceso debe darle asimismo la sensación de que se le ha escuchado aunque solo sea para permitirle comprometerse en un proceso de duelo. Las víctimas se sienten frustradas a menudo porque al final del proceso no se les informa de lo que pasa con el condenado. ¿No deberían tener el derecho de saber dónde está y cómo evoluciona? Esto habría que ponerlo en paralelo con la necesidad para el detenido de seguir confrontándosele con las consecuencias de lo que ha hecho, incluso después del proceso. La idea de organizar una ayuda específica para algunas víctimas desestabilizadas por un drama se abre camino. Las víctimas no han de quedar abandonadas a su aflicción y a su soledad, y tienen el derecho a esperar de la justicia que garantice el respeto de sus intereses durante un período en el que no se encuentran psicológicamente con ánimo para defenderlos por sí mismas. Este espíritu es el que ha presidido la creación de una asistencia psicológica para las víctimas de actos de terrorismo por cuenta del Estado tras el atentado de la estación Saint-Michel el 25 de julio de 1995.

Así, la búsqueda de la justa distancia más que la designación de un ganador y de un perdedor parece anticipar las evoluciones del derecho. Lo propio del derecho no es contradecir las evoluciones de la sociedad en la que se inscribe. Así, si era *individualista en una sociedad jerarquizada, ¿no se hará solidario en una sociedad atomizada?*

MÁS ALLÁ DE LOS DERECHOS Y DE LAS NECESIDADES, LA DIGNIDAD

La cuestión de la pena es a la vez muy antigua y radicalmente nueva. Por una parte, en efecto, sigue mostrándose rebelde a toda racionalización, por la fragilidad de la lógica que la vincula al crimen y por cuanto la imaginería rechazada de la venganza sigue desesperadamente presente. Pero por otra parte concentra en sí toda la ambivalencia de nuestro moderno individualismo. La multiplicación hasta el infinito de las garantías, la prolongación de las medidas de instrucción y el diferimiento del momento autoritario de la justicia, que en su conjunto han de evitar el recurso a la fuerza, traicionan las resistencias de la «suavidad democrática» ante el uso de la violencia. La prisión encama la ambivalencia democrática ante la autoridad. Es donde se encuentra esta contradicción capital: a causa del abandono del vínculo social se recurre cada vez más a ella, pero no se sabe qué hacer con los presos si no es darles cada vez más derechos.

La mejora de la prisión se ha pensado hasta ahora exclusivamente en términos de unos nuevos derechos subjetivos (léase libros, televisión, abandono del uniforme de preso, etc.) para el detenido. Son esenciales y hay que mantenerlos pero ¿cabe quedarse ahí? Aparte de posibles efectos perversos (sensación de omnipotencia entre los detenidos, rivalidad y celos de un personal de vigilancia que se siente olvidado por las reformas), esta multiplicación de derechos muestra enseguida sus límites. «Los locutorios libres, la introducción de la televisión, son cosas extremadamente positivas. Pero se viven como minucias que se han otorgado para evitar lo peor y que finalmente no afectan a lo que es su reivindicación fundamental, que es ser considerados como sujetos de derecho. Lo que es intolerable para ellos es lo arbitrario, es decir el hecho de que se les trate como objetos; no eligen ni la prisión, ni la celda, ni los vecinos, ni su destino, ni su futuro.»[219] Una verdadera humanización ¿no consiste en reforzar no solo los derechos de las personas detenidas sino asimismo las *exigencias* a su respeto? Esa es la única manera de hacer de la pena un auténtico acto positivo de pago de una deuda, y no ya un sufrimiento absurdo, experimentado pasivamente. A condición de saber en nombre de qué imponerlos.

No se puede limitar el criterio del proceso justo tan solo al respeto de los derechos del hombre. Se trata ciertamente de una condición necesaria pero no suficiente. ¿Qué hace el juez, una vez respetados estos criterios? La doctrina jurídica se vuelve repentinamente muda. Hace pensar en una cirugía que se limitase a la asepsia. Una institución justa no debe solo preocuparse por no condenar a inocentes, ha de velar asimismo por no maltratar a los verdaderos culpables. La solución no reside en el rechazo de toda violencia en tanto que tal ni en la atenuación de la violencia con la multiplicación de los derechos subjetivos de los detenidos, sino en la *inteligencia* de la violencia necesaria. La prisión, como la violencia, no es buena o mala *a priori,* solo puede ser justa o injusta. Lo que más falta le hace en la actualidad es un criterio

---

219 H. Vertet, *op. cit.,* p. 4.

de evaluación con el que confrontar sus prácticas. Si no se puede pensar en ella como institución justa, solo cabrá hacerla más soportable sin reformarla verdaderamente.

Solo un criterio de justicia le dará a la pena una *dinámica* y permitirá salir de los problemas actuales. De ahí la urgencia de una reflexión ética sobre la pena, lo que no quiere decir renunciar a todo discurso sensato y dejar la puerta abierta para los buenos sentimientos. Este criterio se puede encontrar en la idea de *dignidad* entendida como una exigencia *a la vez* en favor del sujeto y *en consideración* a él, como condición y objetivo de la comunidad política. Se diferencian tradicionalmente los objetos de derecho que tienen un precio de los objetos que tienen una dignidad. La noción de dignidad ha aparecido en unos textos jurídicos fundadores de valor universal, junto al concepto de derechos del hombre del que es la substancia. «Todos los seres humanos nacen libres e iguales en dignidad y en derechos. Están dotados de razón y de conciencia y han de actuar los unos con los otros con un espíritu de benevolencia», dice el artículo primero de la Declaración de los derechos del hombre. Si los derechos del hombre son una *condición* de la justicia, la dignidad de todos ¿no es su *proyecto*?

Garantías formales para la idea de dignidad

Cada sistema apela a unas garantías particulares adaptadas a los riesgos propios que genera: así, un sistema centralizado de control social ha de tener como contrapartida el derecho a callar, un sistema cívico exige, por el contrario, que todos tengan voz para expresarse públicamente. Si la garantía formal va unida al control social, el uso de la palabra concuerda con el modelo cívico. Si el derecho formal descansa en unas garantías contra el control social y la intrusión del Estado, nuestros tiempos son más sensibles a la idea de garantizar el uso público de la palabra para todos. Los procedimientos como la *plea bargaining,* es decir la posibilidad de negociar la confesión por una atenuación de la pena, dejan entonces de considerarse como el abandono de los derechos formales. Todos los procedimientos de reparación, de mediación o de negociación no son ni penas ni medidas de seguridad sino elecciones de procedimiento, en los que lo importante es la capacidad que se les ofrece a todos de comportarse como sujetos de derecho.

El Estado social ha ido quizá demasiado lejos en la desposesión de los sujetos de su propio destino, cumpliéndose la conocida profecía de Tocqueville que pensaba que acabaría «despojándonos por completo de la preocupación de pensar y del esfuerzo de vivir». El sujeto de derecho trata de recuperar la soberanía sobre sí mismo, de la que le había desposeído un cierto saber científico o tecnocrático. El creciente alejamiento entre los sujetos y sus representantes, debido al tamaño, la complejidad y la especialización de las sociedades modernas, supone el riesgo de esterilizar la democracia. Los «excluidos» lo son en primer lugar de las formas tradicionales de representación, es decir, de la vida política, sindical, asociativa, etc. Quizá sea este el motivo del éxito actual de todas las formas alternativas del proceso (negociación, reparación, mediación...) que traducen el deseo de mantener el control en la solución del conflicto a la vez que un intento, ciertamente tímido, de constituir un espacio público a la vez ni institucional ni terapéutico. Como si la democracia intentase compensar esas fugas de soberanía «por arriba», como Europa, que aleja los centros de decisión, o como la mundialización del derecho, por ejemplo, mediante un ejercicio más inmediato de la soberanía.

El proceso como una tregua

Tener en cuenta la dimensión de lo simbólico es también alejarse de una visión demasiado *materialista* de la justicia, y en especial de la pena. Demasiado acaparada por sus efectos en lo real, la institución no le ha tomado toda la medida a la verdadera demanda. No limitemos la audiencia al capítulo obligado de la pena: tiene una dinámica propia que, en algunos casos, puede hacer que la pena sea casi inútil. El juicio, al hacer «visibles» las trasgresiones y a su autor, es ya una reinscripción en lo simbólico. El juicio es, ante todo, un acto oficial de nominación, un *decir público.* Con ocasión de la ley de 1954 sobre los toxicómanos, los juristas no parecían conmoverse ante un «no ha lugar» pronunciado por un juez de instrucción si la cura de desintoxicación había dado fruto. En la actualidad se insiste más bien en la necesidad de «apelar a la ley» pronunciando para un toxicómano curado una dispensa de pena porque nadie, ni siquiera el juez, puede dejar de dictar derecho. Se ha pasado así de una justicia que aceptaba como límite *una pena sin dictar sentencia,* es decir, una reacción social como la cura de desintoxicación sin declaración de culpabilidad, a la inversa, es decir en busca de la manera de *dictar sentencia sin pena.*

El acceso a la madurez, dejar atrás la primera infancia o la interiorización de la ley requieren tiempo —en todo caso más tiempo que el momento del proceso. No se puede plantear ninguna solución sería sin una especie de *tregua.* Para empezar, parece parcialmente superada la representación de una pena redentora inmediatamente después de delito. Se abandona insensiblemente la idea de un juicio de trayectoria judicial. La intervención de la justicia ha de entenderse como un recorrido compuesto de momentos autoritarios y de otros más dialogados. La coacción, lejos de desnaturalizar el diálogo, lo dinamiza. La justicia no se sitúa por completo en el lugar del sufrimiento y de lo autoritario sino en una interactividad entre una justicia impuesta y una justicia negociada, entre una justicia precisa y una justicia convenida que remite a una revaloración de la relación entre la palabra y la acción. La historia del proceso es la de su extensión en el tiempo; hasta perder de vista el momento mismo del juicio, como en la justicia informal. El juicio ya no debe considerarse como un poder que se agota al ejercerse sino como un proceso que abre un espacio y crea las condiciones para una cierta interactividad entre la persona procesada y la institución. La introducción de la *duración* y de la *relación* es la condición de una justicia inteligente. Revolucionan en profundidad el sentido de la justicia.

Un diálogo bajo influencias

Se le ha pedido a la justicia que no se mostrase *ante todo* violenta, es decir que nunca se plantease la represión como respuesta primera y principal, sino preferir a ella formas más convencionales de garantizar la autoridad del derecho. Más que proceder mediante coacciones decididas luego hechas realidad, la justicia se orienta hacia una forma de ejercicio de la autoridad haciendo que las partes del conflicto compartan e interioricen obligaciones y necesidades, apelando a su responsabilidad. La justicia ha de esforzarse por inventar formas más dialogadas y participativas de garantizar el orden social. Así, la intervención de la justicia se inicia a menudo con una conversación: la audiencia de conciliación para los «hombres buenos» o para el divorcio (es verdad que raramente positiva), la conversación con el juez de menores y, por supuesto, la vista previa en lo penal.

La primera obligación es explicarse, luego la prisión preventiva hasta el proceso, lo que no es contradictorio con el derecho al silencio pero supondría quizá privar al procesado del derecho de no comparecer en la audiencia, rechazando que se le saque de la celda, como se dio el caso en el proceso Barbie, ante el tribunal de Lyon. La calificación de los hechos es, a continuación, un trabajo esencial. A menudo es objeto de un desacuerdo profundo con las partes. Tales padres ¿consideran que su comportamiento con su hijo solo revela su libertad educativa o sus referencias culturales? La justicia lo califica de malos tratos. La justicia es *coerción del sentido* antes de ser *coerción física*. El juez le da al sujeto el nombre verdadero del acto que ha cometido: golpes y heridas, estafa, sevicias a niños, etc. Esta denominación es extremadamente importante para la reinserción. El juez apela a la parte del derecho inamovible y determina la frontera entre lo que es negociable y lo que no lo es. Por ejemplo, en materia familiar, el juez de menores hace la distinción entre lo que manifiesta libertad en las prácticas educativas y lo que no es aceptable. El juez enmarca el debate, los encierra en unos límites temporales, concreta el objetivo y recuerda lo prohibido.

Pero este no es un diálogo ordinario. El juez no es un verdadero interlocutor, encarna la figura del ausente, del que habla *ex officio,* quien representa al grupo social completo. ¿Cuántas veces toman las partes al juez como testigo pidiéndole que comparta sus sufrimientos, que se compadezca? Pero ése no es su papel. Es el que ve sin ser visto, como lo recuerda la etimología de la palabra «árbitro». ¿Qué valor de más aporta su presencia en la discusión? Le da peso a lo que se dice, al estar las palabas de cada uno como lastradas por la mirada pública. El juez garantiza las palabras registradas «en acta», según los términos propios del procedimiento; recoge el consentimiento, notifica las obligaciones y oficializa las promesas; es el notario de los compromisos sociales. El compromiso han de poder confirmarlo los hechos: por este motivo, el proceso no puede limitarse a un solo momento sin duración sino que debe necesariamente prolongarse en el tiempo para que pueda someterse a prueba la palabra dada.

De la misma manera que el ciudadano no debe confundirse con el individuo, la palabra pública debe diferenciarse de la palabra privada. La institución no solicita cualquier tipo de palabra: a diferencia de la justicia informal del Estado providencial, que confundía la confesión, la confidencia y el compromiso, lo que hoy se requiere es un uso público de la palabra. A quien se cita es al sujeto político y no al individuo. Eso solo es posible con la condición de reconocerle como autor de una palabra propia capaz de relatarse, convencionalizarse y prometer.

El consentimiento supone la capacidad de *comprender* y de hacerse consciente. De ahí la prioridad dada a la información y a la *prevención,* palabra clave de todas las políticas públicas; de ahí asimismo la multiplicación, inclusive en el procedimiento judicial, de medidas de salvaguarda como la «exhortación terapéutica»[220]. El postulado de la capacidad de entendimiento del sujeto parece también darle una salida al delicado problema de la diferencia cultural, tan importante en nuestras sociedades marcadas por la inmigración. ¿Cómo concebir una justicia que no dedique tiempo a enseñar lo que es la ley? Hay que poner manos a la obra para que el extranjero perteneciente a una cultura radicalmente distinta pueda conocer su cultura de inmersión. Como sujeto de derecho, se le supone capaz de hacer abstracción —al menos temporalmente— de su propia cultura, comprometiéndose por ejemplo a no hacer que circunciden a su hijo o a modificar sus métodos educativos ya que no está en su país.

220 Es el procedimiento lo que le permitía al sustituto del fiscal obligar a las personas perseguidas por uso de estupefacientes a que frecuentasen centros de atención.

Permitir al sujeto que se comprometa

La palabra no tiene sentido si no influye en el comportamiento del interlocutor o, en su caso, de la institución. Se ha visto, en efecto, que en Francia progresan estos últimos años las posibilidades brindadas a las personas denunciadas de modificar el curso del procedimiento por su voluntad, pidiendo, por ejemplo, un aplazamiento para preparar su defensa, aceptando o rechazando un trabajo de interés general —o bien, un día, confesándose culpables.

Eso es cierto tanto antes de la sentencia como después. Prácticamente todas las nuevas penas desde 1945 tienen en común no haberse podido pronunciar sin el consentimiento expreso del interesado. La justicia espera de él un *compromiso.* Hay que diferenciarlo de la *promesa,* el *juramento* y el *contrato,* incluso aunque el compromiso tenga algo que ver con todos estos conceptos: con la promesa, la dimensión de la voluntad que se aliena; con el juramento, la automaldición pública; con el contrato, la reciprocidad. Se trata en realidad de reanimar el pacto fundador del vínculo social que ha quedado malparado. La reinserción no consiste en encontrar un lugar, consiste en entrar de nuevo en la deuda social. La dimensión identitaria de la delincuencia incita a reforzar este sentido de la pena: darle ocasión al sujeto de que pague su deuda.

MÁS ALLÁ DE LA PENA Y DE LA SEGURIDAD, LA SANCIÓN

Ya que la pena no se puede racionalizar, ¿se la puede modernizar? La única alternativa para la prisión actual ¿es la no prisión, es decir la libertad total? Nuestra época, más fatalista, se resigna a ese mal necesario y pide que se encuentre una comprensión para la pena. Dicho brevemente, después de haber rechazado por utópico un mundo sin penas, ¿cómo concebir una pena *inteligente*? ¿Cómo no cargar a un individuo, por supuesto culpable, con las injusticias de las que él mismo ha sido víctima? ¿Se puede compensar un sufrimiento de otra manera que infligiendo otro? No se saldrá del problema actual más que partiendo del lenguaje antiguo para pensar en la *sanción* más allá de la pena. «Sanción», del latín *sancire,* tiene la misma etimología que «sagrado». La sanción, según el diccionario Littré, es «el acto por el cual, en un gobierno constitucional, el soberano aprueba una ley; aprobación sin la cual no sería ejecutoria», lo que subraya la proximidad de las ideas de sanción y autoridad.

Cualquier reflexión sobre la pena recae en su ambigüedad entre sanción y reprobación pública por una parte y, por otra, *sufrimiento,* las tres inscritas bajo el signo de la coacción. En la pena de prisión, es el sufrimiento, la privación de libertad, lo que constituye la sanción; por el contrario, en la medida de trabajo de interés general (TIG), lo que se busca es la coacción más que el sufrimiento. En la prohibición, dictada por un juez, de frecuentar a la víctima, ya no se trata de una coacción sino de un *límite,* de una restricción de la libertad, que se vivirá quizá como una *frustración,* pero ¿no es eso ineluctable en una sociedad que privilegia hasta ese punto el deseo?

Igualdad ante la ley e individualización de la pena

¿Cómo conciliar estos dos imperativos concurrentes y contradictorios que son, por una parte, la igualdad ante la ley y, por otra, la individualización de la pena? La idea de *igualdad ante la ley* significa menos ahora una sanción uniforme para todos, un mismo contenido, una misma pena por ejemplo, sino por el contrario el derecho de todos a un trato individualizado por parte de la justicia y de las instituciones penales: en otros términos, no el mismo baremo para todos sino una atención igual, y, por supuesto, idénticas garantías. Pero ¿cómo se puede concebir que a un individuo se le reduzca la pena porque tiene menos necesidad que otro de una responsabilización social? La individualización tropieza con la justicia distributiva. ¿Se puede resolver esta contradicción?

¿No habría que replantear la conocida cuestión de la cesura del proceso penal, es decir la distinción de la parte que resuelve acerca de la culpabilidad y aquella que fija la pena? «La primera parte, propone Marcel Lemonde, [estaría] dedicada al examen de los cargos y solo de los cargos; la segunda, que no tiene razón de ser más que en caso de declaración de culpabilidad, al estudio de la personalidad del culpable.»[221] ¿Por qué no ir todavía más lejos y, mediante esta distinción entre la sanción y la pena, prever que la jurisdicción determine la duración total de una sanción aprovechable en función del comportamiento del condenado? Una jurisdicción penal podría así decidir acerca de la culpabilidad y de la duración global de la sanción, al manifestar la medida de la reprobación social en función especialmente de la gravedad de los hechos, y otra jurisdicción aplicaría sanciones, siendo competente para fijar las modalidades más adecuadas a la situación concreta del individuo según su actitud posterior al proceso (la indemnización de la víctima, por ejemplo). Esta diferenciación permitiría que la pena mantuviese su verdadera naturaleza de deuda social. Por otra parte, esto es algo que ya se practica de forma empírica.

La unidad de la pena se desmiembra así en un gran abanico de modalidades diferentes de purgar la deuda social que no suponen todas necesaria-

---

221 M. Lemond, «Le fou, le coupable, le psychiatre et le juge», *Le Monde,* 13 de mayo de 1989.

mente que haya sufrimiento. En su aspecto interior, ¿no debería quedar como forma extrema la prisión, y reservada para los casos más graves? ¿No habría que plantearse el idear dos formas de encarcelamiento muy cortas (solo tres días después de iniciarse el proceso para constatar los hechos y tomarse tiempo para encontrar soluciones adecuadas)? ¿Y crear instituciones especiales para los extranjeros en situación irregular que no requieren muchas medidas de seguridad? ¿O idear centros en los que el aislamiento fuese estricto para penas cortas inferiores a dos meses de las que se sabe que son socialmente las más devastadoras?

Una respuesta sistemática y diversificada

Pasamos progresivamente de un sistema de penas selectivas y ejemplares a una sanción sistemática, global, diversificada, positiva y socializada.

Se está abriendo camino la idea de que a cada infracción ha de seguirle una reacción social por mínima que sea, so pena de que se desacredite la ley penal. Esta *sistematicidad de la respuesta penal* está a la orden del día, Semejante sistematicidad no se puede plantear si se sigue pensando en la pena según un modelo único. La *diversificación de las reacciones* es indispensable. La prisión ha de dejar de ser la pena básica. Esta diversificación le permite a la judicatura recuperar su lugar y reservar la solemnidad de la audiencia solo para ciertos casos que merezcan ese trato. Hacer menos, pero hacerlo mejor. Esta preocupación por una mayor eficacia de las sanciones, lejos de ser antinómica de la dimensión simbólica, es en realidad su condición misma.

La *respuesta* sustituye a la *sanción* tradicional: el derecho deja de ser ese inventario rígido de medidas para acercarse a la civilidad. Así se ve cómo el término «respuesta social» sustituye progresivamente al de la pena. Gracias al tratamiento sistemático de todos los casos elucidados que estimula la Cancillería, el magistrado de los tribunales puede verse capaz de aportar de inmediato una primera respuesta judicial, que es por eso más creíble y tangible, tanto para el delincuente, que sin eso podría tener la sensación de que puede mantener su comportamiento delictivo con toda impunidad, así como para los servicios de investigación y para la opinión pública en general. La agilidad de la medida permite plantearse prestaciones muy diversificadas, que van desde las simples excusas hasta un resarcimiento y el rendimiento de un servicio, sea directamente a la víctima o bien a la colectividad. Habría que profundizar en estas últimas modalidades de reparación simbólica en beneficio de la colectividad.

De ahí la voluntad de *globalizar* la respuesta, es decir de no darse por satisfechos al reprimir la infracción, sino dedicarse a sus orígenes, tomando asimismo el entorno afectivo, social y económico, y solicitando la colaboración de todos, incluida la víctima. Esta es la base de la idea de mediación, por ejemplo. Quizá habría que plantear mediaciones en casos más graves que los de vecindario o de la pequeña delincuencia, a condición de que la víctima fuese también demandante.

Una reacción social más inteligente supone que sea *positiva*. Se han confundido sanción y represión, cuando la primera puede ser positiva (así como un examen sanciona un ciclo de estudios). La reparación o la mediación penales se dirigen al futuro más que al pasado; buscan menos expiar un error anterior que repararlo. Incluso pueden alejarse de la materialidad de la infracción anulando el sufrimiento infligido a otro, no mediante otro sufrimiento sino con un placer, una gratificación (por ejemplo, prestándole un «servicio» a la víctima). También la civilidad se ve afectada por el derecho... ¿No habría que darle un giro más oficial al final de la sanción y dinamizarla con la perspectiva de una rehabilitación más abierta, con un olvido más rápido en caso de éxito? Se reintroduce la mirada social, pero de forma no sacrificial: la idea de *visibilidad* sustituye poco a poco a la de *ejemplaridad*.

La sanción se convierte en cosa de todos, no solo de las instituciones penales sino asimismo de los electos, del sector asociativo especialmente, o de la empresa. El movimiento de división del trabajo social parece invertirse en beneficio de una *socialización* de la sanción penal que afecta ya ahora a todo el grupo social. De ahí la necesidad de pensar en la manera de vincular más estrechamente a los ciudadanos con el conjunto de la justicia penal. En cuanto a la droga, por ejemplo, ¿no habría que pensar en una responsabilización de los toxicómanos más ciudadana y menos institucionalizada? ¿Haciendo que la metadona la expendiesen farmacéuticos y médicos que hubieran recibido una formación especial?

Pero hay personas para las que ningún trabajo social o terapéutico parece suficiente. ¿Qué se puede hacer por ellas? ¿Qué plantear en cuanto a estos sujetos no recuperables, indiferentes a cualquier dimensión simbólica? No se puede rehuir la cuestión de la pena en un medio cerrado.

La continuidad del espacio público

La prisión se organizó en principio en torno a la idea de relegación. Era al que se relegaba a las personas que ya no tenían derechos. Era un no lugar público, o más exactamente un lugar de no derecho. El Estado de derecho concebía su papel, así como el de autorizar esa interrupción de los derechos de la persona y del espacio público. Los lugares de relegación estaban antes en el otro extremo de la tierra. La perspectiva actual es completamente distinta. El papel de la justicia no es el de limitar el número de rechazados sino el de luchar contra este carácter sacrificial. Esta es toda la diferencia entre rechazar, dejar fuera de juego, por una parte, o poner a distancia pero siempre en el mismo terreno, por otra. La justicia democrática no se dedica a autorizar la suspensión de los derechos sino que busca por el contrario asegurar *la continuidad del espacio público y la indivisibilidad del sujeto de derecho.*

El espacio público es una idea política antes que un lugar perceptible. Cuando el juez atiende un caso de divorcio en privado, sigue estando en el espacio público aunque la materia tratada sea privada. La justicia siempre es pública, y el proceso es la escenificación más perceptible del espacio público entendido como el lugar en que se le reconoce a cada uno su capacidad de sujeto de derecho y, así, hacer un uso público de la palabra. La cárcel puede ser un espacio público si las relaciones en ella son relaciones de derecho, es decir justiciables a partir de una referencia común. Esta es la justificación de la presencia del juez que aplica las penas a prisión y el principal argumento en favor del refuerzo de su judicialización. Ni psiquiatra, ni administrador, ni defensor, es como cualquier juez un personaje simbólico que encarna la presencia del grupo social completo. Hace que exista la palabra pública de los detenidos como presidente en un debate que es indispensable para la supervivencia de un sujeto de derecho.

La continuidad del espacio público supone asimismo una continuidad de la mirada pública. Esta mirada pública le da todo su sentido a una iniciativa como la del Observatorio internacional de las prisiones que determina como tarea suya mediar en las relaciones entre la opinión pública y la cárcel informando con regularidad a una sobre el estado de la otra. La televisión puede contribuir a darles a los detenidos una realidad ante la sociedad. Estos últimos años ha habido un gran número de iniciativas que permiten a los detenidos expresarse en la prensa, en emisiones en vídeo, o hacer que entren artistas en las cárceles.

Una violencia limitada

La violencia de la prisión está en primer lugar, obviamente, limitada en el tiempo. Queda asimismo restringida en su objeto: se limita a la privación de libertad y, así, a la restricción de la libertad de movimientos. La medida no se encuentra más que en el *quantum* de la pena, es decir en su duración, aunque también en la delimitación en reconsideración constante entre lo que manifiesta privación de la libertad y lo que es inútil humillación. Porque la humillación descalifica la violencia y la hace ilegítima. La violencia legítima se ve constantemente amenazada de caer en la injusticia: por tal motivo ha de esforzarse por proteger esta cualidad frágil y precaria.

Una verdadera reforma de la prisión ha de poner fin evidentemente a los *tratos degradantes* que niegan la dignidad del hombre, ha de combatir la *frialdad tecnocrática* de la que ha desaparecido toda huella de humanidad y oponerse también a la *infantilización* que puede verse atizada por la acumulación de derechos subjetivos, que son tres perversiones posibles en el universo carcelario. Para la persona encarcelada, la dignidad tiene un contenido muy perceptible y concreto.

La medida de la violencia se traduce asimismo mediante la *discreción* ante un sujeto que está a merced de la institución. Se define negativamente como algo *infranqueable*: la acción institucional ha de detenerse ante una zona de intimidad del sujeto, inviolable para quien quiera que sea. El detenido no tiene en la actualidad un espacio personal que no sea susceptible de verse visitada de improviso; puede verse sorprendido en cualquier momento por la mirada de un guardián, su correo lo puede leer todo el mundo, y se le registra continuamente, y en ocasiones se le desnuda por completo. El tuteo sistemático, ¿hay que consentirlo? La dignidad tiene algo que ver con la imagen, con la capacidad de salir a escena, es decir de elegir las prendas de vestir, lavarse, afeitarse, dar de sí mismo la imagen que se desea dar, tener acceso a todo lo relacionado con la identidad cultural y religiosa, en pocas palabras, con todo lo que concierne a los «cimientos ceremoniales del yo», según la expresión de Yves Bertherat.

La afirmación de un «yo» supone un juego institucional, y en consecuencia poner fin a una cierta concepción de la institución, total, o totalitaria, que se lo *aportaba* todo al detenido (alimento, trabajo, cultura, salud, educación, etc.), rechazando además cualquier mirada exterior. El detenido sigue siendo un *ciudadano* (mantiene especialmente el derecho a votar, mientras no se le condene); y más en concreto sigue siendo un *usuario:* de la sanidad, de la educación, de la cultura. Por otra parte, en este sentido van todas las reformas desde hace unos años, hasta la ley de enero de 1994 que deja en manos del Ministerio de Sanidad los cuidados en las cárceles. Finalmente, el detenido sigue siendo *justiciable:* a la institución judicial no se la requiere prácticamente nunca para que atienda delitos cometidos durante la detención (robo, violación, golpes y heridas voluntarias). Esta especie de suspensión del orden público republicano va desde el más pequeño detalle (que en el medio carcelario adquiere con rapidez proporciones importantes), como la desaparición de efectos personales con ocasión de las transferencias, contra los que no tiene recurso ninguno, hasta las violaciones, es decir hasta los atentados más graves contra la integridad del individuo. ¿Por qué no se juzgan de una forma normal? Esta internalización de los conflictos es muy mala cuestión, cuando toda reglamentación jurisdiccional es por naturaleza visible y pública. Dentro, tanto como fuera, el detenido ha de seguir siendo protegido por las leyes de la República: ¿cómo inspirarle el respeto a unas leyes a las que la institución misma no se somete?

Una pena articulada con una palabra

Como se ha visto, ser sujeto de derecho es ante todo que a alguien se le destine una palabra: aquella que separa, la que acompaña, la que reconcilia, la que notifica una decisión o la que consiente. El contrato ha invadido también la justicia hasta el corazón, es decir hasta la pena. Hace unos veinte años todas las reformas presentan esta característica común de no poder aplicarse sin el consentimiento del condenado. Tal es el caso de la prórroga con puesta a prueba, del control judicial, del trabajo de interés general, etc. Cabría temer que la justicia se agotase en esta negociación infinita para conseguir la adhesión de los interesados a las medidas que se plantea adoptar, pero eso sería olvidar que estos compromisos son mucho más que disposiciones de procedimiento. Son ya el principio de la reacción social que consiste en restaurar a la persona en su calidad de miembro de una comunidad política.

El sufrimiento de la pena no tiene, pues, sentido más que en la perspectiva de la reinserción en lo simbólico, es decir de una palabra que le dé sentido. Para muchos, en lo inaceptable de la pena y de la prisión entra el absurdo. El sufrimiento es tanto más absurdo —y por tanto violento— cuanto que no está supeditado a palabra alguna ni está orientado a un objetivo claro. Eso se inicia al nivel judicial: una buena audiencia en la que el acusado ha podido explicarse y comprender algo —y así reconocer la sanción como algo justo— es la condición indispensable para el buen desarrollo de la sanción que le sigue. La pena ha de inaugurarla una palabra. ¿Dedican los jueces el tiempo suficiente a explicar su decisión? El derecho a la palabra significa a continuación y muy concretamente estar relacionado con un cierto número de decisiones esenciales, como las de la Comisión de aplicación de las penas, poder hacer valer el propio punto de vista y conocer, en caso de rechazo, el motivo exacto para saber a qué atenerse la próxima vez. Convertir lo «experimentado» en «negociado» supone considerar al detenido como susceptible de entendimiento. El juez de *aplicación* de penas ¿no es a menudo un juez de *explicación* de la pena?

Si se desea ayudar a alguien a reinsertarse, lo primero es hacer que reconozca su desvío. Y aún más en este nuevo contexto en el que la incertidumbre de la norma les impide a los detenidos comprender que han infringido la regla. La interiorización de la norma se convierte hoy en cuestión esencial. Sin embargo, todo el régimen actual hace que el detenido se enfrente con su pena pero nunca con su crimen o con su delito. En la actualidad, la práctica quiere que no se le hable nunca al detenido condenado de lo que ha hecho, es decir de lo que ha motivado la detención posterior al juicio. Sin embargo, el trabajo terapéutico no puede empezar verdaderamente más que después del juicio: sin embargo la intervención de un psiquiatra no está prevista por el Código más que antes del proceso, con ocasión del informe en el que el juez plantea la cuestión de la reinserción («¿es el acusado accesible a una sanción penal? ¿Tiene cura o es readaptable?»). La justicia no se preocupa por saber si los medios de esta readaptación se pondrán en acción. Puede ocurrir que el detenido no vea a un psiquiatra posteriormente, a no ser por motivos de orientación interna de la administración penitenciaria. Todo se concentra en torno a la cuestión judicial y no de la humana. Absolutamente a contracorriente del comparecimiento y por tanto de la desresponsabilización, hay que permitirle por el contrario al detenido que vuelva a adueñarse de su historia, que integre el acto que ha cometido en su propia historia; dicho brevemente, que reconstruya su propia coherencia narrativa. La cárcel ha de darle la ocasión para una autorreflexión crítica, para un regreso a sí mismo. Y para eso la psiquiatría ha de entrar en la cárcel, lo que ya hace pero de forma aún insuficiente.

El beneficio de la pena para el detenido es, como se sabe, parabólico: después de un período positivo en el que evoluciona, llega un momento en que el sentido del tiempo se invierte y actúa para destruirle, para deshumanizarle anulando los logros anteriores. «Estar detenido es quedar excluido del fluir del tiempo. El tiempo fluye sin referencias. Cada día, cada mes, cada año, es idéntico al otro. El pasado es recuerdo, el futuro es imprevisible y temible. No cabe hacer proyectos para dentro de cinco, diez, veinte años»[222], dice Vertet. ¿Cómo estructurar de forma inteligente el tiempo? ¿Cómo ritmar el tiempo de la pena, darle un sentido, es decir, un objetivo, puntuarlo, dinamizarlo, aprovecharlo para relanzar a un individuo antes que para destrozarle? ¿Cómo hacer que dependa de un compromiso, lo que contiene la traducción inglesa de la libertad condicional que ha mantenido el antiguo contenido de la palabra francesa: *parole*? En la actualidad lo que reduce la pena son solo medidas de gracia (en el 14 de julio o con motivo de una elección presidencial). Como el crecimiento de la población penal está cada vez más fuera de control, se la reduce de la forma más arbitraria (con medidas de gracia) o menos estimulantes (con reducciones automáticas).

La dignidad como bien común

La recuperación del detenido como sujeto de derecho, su reintegración en el espacio público, vuelve a darle al personal de vigilancia toda la

---

222 H. Vertet, *op. cit.*, p. 5.

importancia política y la nobleza de su misión: el respeto de la dignidad de los detenidos. A través de la dignidad de los detenidos, es la suya la que los guardianes afirman. La dignidad es por definición un bien común que nos garantizamos mutuamente, es decir del que todos somos a la vez garantes y beneficiarios. Los derechos del hombre no suponen la victoria de los delincuentes sino la dignidad de los policías. Así, erramos el camino al convertir la cárcel en una bolsa de no derecho, cuando por el contrario ha de anticipar el retorno a la vida civil mediante una especie de «cura de ciudadanía» al permitir a unas personas a menudo muy desposeídas recuperar el uso de la palabra, reconstruir su identidad, recuperar la dignidad del compromiso.

¿Hay que ver con Foucault, tras esta intromisión de la justicia penal en la vida personal de los sujetos, una forma aún más eufemística de dominio político y temer, con Tocqueville, el espectro de un Estado tutelar? La voluntad de considerar, detrás de la miseria de los individuos, la dignidad del sujeto de derecho, y de paliar el déficit simbólico que algunos pagan tan caro es quizás el mejor antídoto para luchar contra ese sadismo más o menos consciente de las instituciones que, al pretender reinsertar, marginan aún más. El papel de la justicia consiste también en reinsertar a las personas que ha retirado de la vida civil al tejido social tradicional, lo que quizá sea mucho más difícil que condenar. Todos los jueces de menores saben muy bien que es mucho más delicado devolver un niño a su familia que retirárselo. En el momento del regreso es cuando son mayores los riesgos de malos tratos. Nuestras sociedades democráticas están mucho mejor dispuestas para celebrar ceremonias de exclusión que ceremonias de reintegración. Es la tendencia natural de cualquier sociedad; pero ¿no es papel de la justicia el de ir contra la naturaleza? ¿No consiste asimismo en reintegrar a los ciudadanos que ha excluido? El gran problema de las sociedades democráticas que generan la exclusión ¿no será pronto la *reconciliación*?

CAPÍTULO XI
PROMOVER EL DEBATE

Un mercado, buenas gestiones y un árbitro: ¿qué más necesitamos? Para los neoliberales, que llevan el individualismo al extremo, el papel del derecho ha de limitarse al mínimo estricto, es decir a enunciar algunas prohibiciones esenciales y a remitirse en cuanto al resto a la regulación interna de la sociedad. Pero los conservadores se inquietan ante la «pérdida de los valores» del derecho, la «desamortización legislativa», la emergencia de unos «principios vagos». ¿Se preguntan dónde se mantienen la unidad y la coherencia del derecho? Y, por otra parte, ¿el derecho pretende tener tal cosa? ¿Dónde está la ley común? ¿Cómo concebir el espacio común cuando, precisamente, la democracia se basa en el derecho de cada cual a oponer su libertad al grupo? El liberalismo político ¿no es viable más que con la condición de reforzar las propiedades concretas de los individuos? Es este el debate en que se enfrentan, en los Estados Unidos, los «libertarios» y los «comunitarios». ¿Es posible escapar bien al retorno a un derecho más clásico, es decir sustancial, o bien a la atomización de los individuos y, por tanto, al abandono del espacio público? ¿Existe una tercera vía, más allá de la disolución del derecho o de la restauración del antiguo orden?

Después de los excesos del Estado providencial, ¿volveríamos pura y simplemente, como piensan algunos, al modelo arbitral y clásico? La solución de las dificultades con que tropieza la justicia en la democracia ¿queda en la vuelta al *statu quo ante,* es decir un retomo puro y simple a la forma tradicional de la justicia? El modelo que se anuncia es el de una *justicia descentralizada.* Después de un carácter simbólico más afirmado, esta es la segunda característica de la justicia democrática. La justicia se hace a la vez más simbólica y más descentralizada. El mundo común no ha desertado del horizonte democrático pero se guarece menos en unos valores sustanciales comunes que en un método común, en un procedimiento. Para comprender este nuevo modelo que está a punto de nacer hay que analizar en primer lugar su arraigo en unas formas nuevas de justicia que anuncian una transformación del acto mismo de juzgar.

NUEVAS FORMAS DE JUSTICIA

Para avanzar en este debate hay que partir de los dos grandes modelos que se han propuesto para identificar mejor las grandes opciones con que se enfrentan todos los sistemas judiciales de los países democráticos.

El derecho positivo de las sociedades homogéneas

El primer modelo que nace con el Código civil al principio del siglo XIX está íntimamente vinculado al Estado liberal y a la sociedad industrial. Se trata del modelo más próximo de la clásica separación de poderes: el legislador prevé el futuro, el juez es el servidor de la ley. El derecho se concibe como un universo cerrado de normas técnicas que se acerca a la realidad mediante sus propias categorías sin preocuparse por su conformidad con la vida.

El derecho determina como su objetivo la delimitación de esferas de acción para la persecución de intereses privados en las que interviene poco. Por este motivo se ha hablado de derecho «autónomo». Evita apoyarse en el poder económico, político o doméstico, respectivamente controlados por el mercado, la representación nacional o la autoridad paterna. En materia económica, se dedica a delimitar las reglas del mercado prohibiéndose revisar el equilibrio de las prestaciones contractuales, por ejemplo. De la misma manera, en política, el derecho delimita el poder de cada uno de los órganos constitucionales. Finalmente, en materia doméstica, define vínculos de parentesco y se remite en cuanto al resto a la autoridad del *pater familias.*

Este modelo sería impensable fuera de una sociedad jerarquizada, estable y homogénea, que encierra los comportamientos sociales en papeles muy precisos y canónicos. El arrendatario ha de disfrutar del bien «como buen padre de familia», el esposo está en falta si se ha apartado del papel conyugal definido por la familia católica y burguesa que tenían en mente los redactores del Código civil.

Las promesas del «derecho providencial»

Una nueva concepción del Estado no ha tardado en contradecir este bonito arreglo del derecho clásico. El Estado ha querido intervenir directamente en las esferas antes autónomas con la intermediación de leyes sociales para asegurar no ya solamente una igualdad formal sino una igualdad material entre los ciudadanos. Este es el período del SIMC (salario mínimo interprofesional), por ejemplo, que prohíbe que el contrato de trabajo prevea una remuneración por debajo de un determinado umbral. La mejor ilustración de este nuevo modelo es la conocida ley de 1948 que fijaba el montante de los alquileres según categorías de vivienda para proteger a los inquilinos contra propietarios todopoderosos en un período de penuria de viviendas. Este modelo se vincula al Estado providencial y a sus promesas de felicidad para todos.

De la justicia se requiere que cumpla materialmente —y no solo de una manera formal— la igualdad de derechos y que palie el desequilibrio entre las partes. Si el parlamento fue el gran beneficiario del primer modelo, el administrador lo es del segundo. Al juez se le asignan objetivos determinados: poner fuera de peligro al niño, asegurar empleos, reinsertar a los detenidos. El juez se reafirma por sus logros en la realidad social y ya no, como antes, por un criterio estricto de legalidad. Con el advenimiento del Estado providencial, el juez se convierte en un «cabecilla», forzado a enderezar todas las injusticias del mercado y a atender los accidentes de la industrialización. Cuando la justicia no normativizaba la vida social más que en los márgenes, como el siglo pasado, podría contentarse con celebrar algún proceso que otro. Las exigencias del estado providencial la obligan a adoptar un funcionamiento burocrático. La oficina del juez sucede a la sala de audiencias como el mejor lugar de la justicia: en ella, el juez, asistido por todo un areópago de expertos y de trabajadores sociales, puede mostrarse más cualificado. El derecho ha de sustentarse en conocimientos que le son completamente extraños, como la psicología, la contabilidad, etc. Los papeles del juez, del experto y del administrador se confunden. La razón del juez se vuelve instrumental, ya no solo ha de aplicar unos principios sino buscar los medios más seguros y más rápidos para llegar a un determinado fin.

Este segundo modelo manifiesta hoy importantes signos de agotamiento. Hoy se habla mucho de «retorno del derecho», pero más bien se trata del fin del olvido del derecho bajo el Estado providencial. Después de los modelos del derecho formal y del derecho material, ¿cómo concebir hoy el papel del derecho? Si el derecho liberal del siglo XIX fue el del poder legislativo, el derecho material del Estado providencial del siglo XX, el del ejecutivo, el derecho que se anuncia podría ser muy bien el del juez. Pero ¿de qué juez? ¿El árbitro o el juez-entrenador?

Nuevos lugares

Se han sucedido históricamente dos grandes modelos de justicia, formados por una representación del derecho, por una concepción del sujeto de derecho y, por supuesto, por una práctica judicial. Se ha pasado de un modelo de *justicia ritual,* que correspondió históricamente al Estado liberal y que se ha podido llamar así porque lo esencial del papel de la justicia se desarrollaba en la sala de audiencias, a un modelo de *justicia burocrática* en el que la justicia debía tener una mayor preocupación por lo alto y lo bajo de la audiencia. Este segundo modelo manifiesta hoy de forma incontestable sus límites debido al agotamiento del Estado providencial al que correspondía. Si la sala de audiencias le proporcionaba al primer modelo su representación más perfecta —un papel al margen que se dedica a resolver extraordinaria y majestuosamente—, si la oficina del juez le ha sucedido en el segundo, el nuevo modelo de justicia no podría simbolizarse mejor que con el *palacio de justicia* que practica la mediación civil o penal y el *arbitraje comercial*. Se trata de lugares en apariencia exteriores a la justicia, y sin embargo no está ausente de ellos, lejos de eso. De hecho, tienen en común pedirle de prestado a la justicia su *método*.

A diferencia de la simple transacción o del arreglo, que siempre han existido, estas nuevas instancias están en relación constante con la justicia: el juez está presente mediante su «sombra» proyectada. Se trata de una presencia simbólica: se habla de ella, se hace referencia a ella, se anticipan sus reacciones.

La mediación se caracteriza por una libertad que es grande pero no total. Todos los programas de mediación parten de una especie de constitución, un protocolo, dicho de otra manera de un procedimiento, que todas las partes han de comprometerse a respetar antes de comprometerse en el diálogo. Como el acuerdo no puede establecerse desde el principio, a menudo se inicia el trabajo con un compromiso previo sobre la forma en que se buscará. Con el beneficio de este acuerdo inicial, las partes podrán abordar todos los aspectos del conflicto evitando el dogal de las categorías jurídicas. Así, en el marco de una mediación penal, será posible abordar el contexto del conflicto que se inscribe en un tejido social a menudo complejo y tener en cuenta unas relaciones futuras que se exige que tengan los interesados. Los inquilinos, hartos del ruido del negocio del vecino de abajo, llegan con él a las manos en el hueco de la escalera. La policía establece un procedimiento por lesiones en el enfrentamiento de las dos partes, que se remite a la mediación de la autoridad judicial, y se firma un protocolo de acuerdo según el cual el carnicero —ya que este es su oficio— se compromete a disponer su material para la venta la víspera por la noche mejor que en la madrugada y, por otra parte, los vecinos aceptan modificar la disposición de las habitaciones de sus pisos para que su habitación no quede ya sobre el negocio. Como se ve, se trata de soluciones muy simples, pero que vacían verdaderamente los contenciosos donde la justicia probablemente no hubiese hecho más que envenenar las cosas.

¿Que una pareja en trance de separación no llega a un acuerdo? Se les propone ir a un centro de mediación familiar cuyo objetivo será, no buscar con ellos el origen de la separación en una perspectiva terapéutica, sino crear las condiciones de un diálogo para que la separación pueda realizarse teniendo en cuenta los mejores intereses de ambos y de los hijos. A veces el centro de mediación familiar interviene después para proponer un lugar neutro para la entrega de los hijos, o bien para el ejercicio del derecho de visita cuando no es posible ejercerlo de otra manera. La mayoría de las veces no hay un solo mediador sino un colectivo compuesto por muchas personas con diferentes calificaciones (lo más a menudo trabajadores sociales y juristas). Existen desde hace unos años colectivos especializados en la mediación. En algunos programas, especialmente en uno de los primeros, en Valence, en el colectivo de mediación debía constar de forma obligatoria un representante de la comunidad de origen de cada una de las partes, es decir del autor de la infracción y de la víctima.

Algunos de estos programas están geográfica e intelectualmente cerca de los palacios de justicia, cuando no están en su interior, y otros son independientes por completo. Pero incluso los más próximos no hay que analizarlos como una excrecencia de la institución judicial en tanto se inscriben en un *movimiento de diversificación de las instancias de debate*, como lo ilustran los comités de prevención de la delincuencia, los palacios de justicia y los distintos programas asociativos de mediación civil o penal.

Todas estas nuevas formas de justicia tienen en común atribuir una gran importancia al contacto directo entre las partes, por supuesto que con su consentimiento. El marco es peculiar: es más ágil que el procedimiento jurídico pero no por eso es totalmente informal. Contra la burocracia y las ventanillas, al cara a cara lo adornan todas las virtudes. Los protocolos insisten en la necesidad de reunir a *todas* las partes involucradas. Más allá de una técnica de resolución de los conflictos, de ahí deriva una nueva concepción del sujeto de derecho a quien se le reconoce la capacidad de defenderse a sí mismo. En la mayoría de estas nuevas instancias el abogado está ausente; de hecho, solo puede representar los intereses de su cliente y no puede suplantar su «soberanía», consentir en su lugar por ejemplo. El individuo no puede quedar reducido a una suma de intereses afectivos, financieros o jurídicos: ha de poder expresar directamente su voluntad.

La mediación no es más que una alternativa de la justicia, una nueva técnica de resolución de los conflictos: prefigura la emergencia de una nueva forma de regulación social. Y quizá también una nueva socialidad: «Queda preguntarse si la mediación, al proponerse organizar la vida de la familia disociada según principios elaborados por los mismos cónyuges, no se convierte en promotora de nuevas normas de funcionamiento familiar o de una nueva ideología de la familia.»[223] La mediación no es solo signo de una nueva

223 B. Bastard, L. Cardia-Vonéche, *Le Divorce autrement; la médiation familiale*, Syros-Alternatives, París, 1990, p. 45.

concepción de la intervención judicial sino, más allá de eso, de una evolución de lo imaginario contemporáneo.

Estos nuevos lugares de justicia descentralizados tienen como objetivo no cuidar del individuo o intervenir directamente en lo social, sino favorecer una *autorreflexión crítica* de todas las partes (usuario-profesional, infractor-víctima, padres-hijos, etc.) al presentar una instancia para la discusión. Para fecundar esta reflexión se le pide a un *tercero* que mantenga la acción de las distintas partes en determinados límites y las impulse a encontrar soluciones. Este tercero determina límites temporales, concreta el objetivo, sanciona los compromisos y, finalmente, *garantiza* la justa aplicación del protocolo a todos, empezando por él mismo.

Justicia informal y justicia descentralizada

¿En qué se diferencian estas nuevas formas de justicia descentralizada de la justicia informal que practicaban los jueces hace tiempo en sus despachos? La justicia informal, como se sabe, es la agilización de las normas de procedimiento que realizan los jueces, y se caracteriza por la confusión de los lugares, de los momentos y de los actores. Es la «justicia de despacho» por excelencia la que superpone el juicio y el tratamiento social del problema en un mismo plano. El prototipo de ello es el juez de menores que acumula funciones civiles (protección de la infancia en peligro) y penales (infancia delincuente); es a la vez juez de instrucción, juez de sala y juez de ejecución de las penas. Es el hombre orquesta de nuestros tribunales de menores, lo que en ocasiones se le reprocha. Esta confusión de poderes (concentración en un mismo hombre), de materias (civil y penal), tiempos (instrucción, sala y ejecución) y conocimientos (psicología y derecho), exige una aclaración del papel de cada uno de ellos. La descentralización de la justicia —denominamos así a este movimiento de autonomización de los lugares de resolución de los conflictos— quizá aporte una respuesta a esta crítica.

La descentralización de la justicia, por el contrario, se caracteriza por una desconfianza no ya ante el formalismo sino ante la justicia informal. Denuncia esta confusión y responde a ella mediante el desarrollo de lugares que persiguen objetivos distintos, reconociendo su autonomía en cuanto a la justicia e intentando combinarlos con ella. Enmarca mediante reglas *sui generis* lo que se desarrolla al margen de lo judicial. Mientras que en la justicia informal el juez se convierte de buena gana en terapeuta o mediador, en ese otro medio lo que se produce es más bien lo contrario. Todo el mundo se convierte en juez en el sentido de que cada uno ha de hacer abstracción de sus intereses particulares para plantearse la mejor solución para todos. Esto procede no de una desconfianza sino por el contrario de una confianza recuperada en el procedimiento entendido en el sentido pleno del término. Se desconfía de las instituciones pero se gusta de las instancias, es decir de las posibilidades de discusión, de deliberación.

Los múltiples acuerdos establecidos entre las asociaciones y las jurisdicciones son testimonio de esta preocupación por una *dialéctica más clara* entre los distintos actores. Esta diferencia más neta entre lo judicial y lo extrajudicial permite cambios interactivos. Por otra parte, tal descentralización del acto de juzgar no se produce solo entre la institución judicial y una asociación, sino asimismo entre el juez y la familia. ¿Qué diferencia existe para una familia entre presentar un protocolo de acuerdo preparado con su abogado o elaborado con la ayuda de un centro de mediación familiar? Se trata, pues, de una forma completamente nueva de juzgar, de conjugar el derecho y el hecho que así se perfila. La justicia ya no se encuentra directamente en un criterio sustancial sino indirectamente en el medio de inventarlo, es decir en el debate, en el procedimiento.

Nuevas relaciones entre el Estado y la sociedad civil

El gran acontecimiento de estos últimos años es, sin duda, la descentralización del Estado. Este término no debe entenderse solo en su sentido jurídico —la transferencia de una parte de la soberanía del Estado a las colectividades locales— sino como una nueva relación política característica de una sociedad policéntrica. Está vinculado en parte al movimiento de las sociedades occidentales —especialmente de la francesa— hacia un mayor pluralismo social y, por otra parte, al retroceso del Estado providencial. Al cobrar conciencia de que quizá había acaparado en exceso el vínculo social, el Estado se desvincula. El gobierno centralizado, que se ha hecho difícil —o improductivo— por la complejidad de las redes de comunicación administrativas, no parece corresponder ya a la evolución de la misma democracia. En una sociedad con múltiples legitimidades ya no hay un actor, público o no, que pueda pretender él solo encarnar el interés general. Incluso en cuanto a sus funciones de mayor regalía, el Estado se encuentra sometido a la concurrencia. El Estado se convierte en animador; así, en la política ciudadana, es decir el conjunto de políticas particulares destinadas a mejorar la vida en los barrios con dificultades, no es el único prestador de servicios sino el *eje* en tomo al cual gravitan un conjunto de actores a los que moviliza con el objetivo de garantizar la prestación más adecuada a las necesidades de cada uno. Ha creado así los Comités para la prevención de la delincuencia y toda una serie de instancias locales de deliberación que en ocasiones tienen un papel nada despreciable.

Este método de gobierno se ha extendido a muchos otros sectores. Se constata una rápida difusión de los conceptos y los métodos de la política ciudadana en las grandes administraciones y en las colectividades locales. La política ciudadana constituye hoy una referencia importante en el proceso de modernización de los servicios públicos, integrada por un número creciente de administraciones centrales o de organismos cuasi públicos.

Este modelo se encuentra hoy en muchos países con las mismas características. «Los consejos locales de reducción de la inseguridad son lugares de expresión y donde se escucha a todos los actores que tienen que ver con la delincuencia. El diagnóstico es el resultado de una confrontación de muchas lecturas, de muchos puntos de vista sobre la realidad. Los rumores se unen a la investigación científica, el punto de vista del electo al de los técnicos, la mirada del ciudadano a la de quien decide. Este cruzarse de saberes supone tres condiciones: la paridad de los protagonistas (cualquiera sea su calidad), el respeto de las normas deontológicas y de las garantías de los derechos individuales, y la definición de un protocolo de acuerdo que permita definir objetivos y planes de acción comunes.»[224]

Todo el mundo sabe, por ejemplo, que preocupa mucho la inseguridad en el interior de los establecimientos escolares y en el exterior próximo a ellos (extorsión, droga, violencia, robo de velomotores, etc.). También el Ministerio de Educación ha establecido comités locales de lucha contra la inseguridad escolar, precisando sus objetivos: «Aunque la acción local para la seguridad cuente con la colaboración de profesionales, ha de ser también cosa de todos. Los grupos de acción local, pues, han de velar por la información y la participación de los principales interesados: los alumnos, sus padres, el personal de los establecimientos, así como quienes viven en los barrios afectados, han de conocer el trabajo emprendido. Asimismo, en cuanto sea posible, han de participar. La mejora de la seguridad supone, de hecho, que se aborden las cuestiones de comportamiento, de relaciones humanas, de responsabilización individual y colectiva que no cabe abordar sin la participación de todos los que sienten un interés por la vida del establecimiento».[225] No es el bienestar directo del individuo o del barrio lo que se busca, ni solo la paz pública, como en el Estado liberal, sino la *autorregulación,* es decir una responsabilización ante los problemas de la seguridad por parte de los mismos interesados. Esta voluntad de devolverles el control de la vida colectiva a los interesados fuera de la mediación exclusiva del Estado muestra que de lo que se trata es de una transformación de la democracia.

---

224 M. Marcus, C. Vourc'h, *Securité et démocratie, op. cit.,* p. 139.

225 Circular conjunta de los ministerios de Educación, Interior y Justicia n.º 92-334 del 13 de noviembre de 1992.

¿Una respuesta a la crisis de la representación política?

Esta nueva orientación de las políticas públicas inaugura una nueva forma de representación política. Los excluidos, como se sabe, lo son en primer lugar de la representación política, sindical y asociativa. Estas nuevas instancias tratan de recuperar un contacto con las poblaciones marginadas, que han perdido la representación política clásica. Se trata de una nueva forma de representación que apela a sus votos en el informe Cardo sobre la lucha contra la inseguridad urbana, por ejemplo, al proponer «buscar personas de relevo, surgidas del barrio, que sean portavoces de los habitantes ante el tribunal o ante el comisariado. Puede tratarse de representantes de asociaciones locales, especialmente asociaciones de inquilinos o de animadores locales, encargados en cierto modo de defender la identidad de una población»[226]. El mismo informe dice párrafos adelante que todo eso se inscribe «en una política pública global que tenga como efecto, más allá de los dispositivos de inserción, de ayuda, etc., movilizar a los habitantes para que se hagan cargo de su propio futuro en términos de solidaridad comunitaria y no solo asistencial»[227], siendo el objetivo afirmado revitalizar el tejido social[228] responsabilizándolo.

Se trata de una forma de compromiso nueva que dobla la representación política institucional dando a los que lo deseen la posibilidad de la vida política local. Esta representación no es automática sino que depende de la inversión personal que algunos quieran hacer en esta nueva oferta política. La participación se une a la representación. Este movimiento de *desprofesionalización* de la representación y la reivindicación correspondiente de una *«self-advocacy»* del sujeto manifiestan una fuerte tendencia de nuestras democracias. Más que de una crisis de la representación política, de lo que se trata es de una crisis de la representación sin más, y no es ajena al derrumbamiento simbólico de nuestras sociedades modernas.

Pero ¿no toman nuestros diputados como postulado lo que es el objetivo? Así, cuando parten de la hipótesis de una sociedad capaz de controlar sus conflictos, ¿no tienen por adquirido precisamente lo que hay que construir, a saber una sociedad civil adulta? ¿No es precisamente el problema la erosión de las mediaciones intermediarias, que además siempre han sido débiles en nuestro país?

---

226 Informe del grupo de reflexión Justicia-Ciudad bajo la dirección de M. Cardo, Veyrinas y E. Raoult (no publicado en el momento de redactarse este capítulo), p. 5.

227 *Ibid.*, p. 9.

228 *Ibid.*, p. 10.

El papel del tribunal

El mejor indicador de esta evolución de la justicia es la transformación del papel del tribunal. Iniciativas locales, que han ido extendiéndose estos últimos años, muestran la importancia que está adquiriendo la noción de «política penal». El Ministerio de Justicia tiene un papel secundarizado, lo que no quiere decir secundario, sino al contrario, reflexivo: da el impulso inicial, estimula, coordina, reflexiona sobre las iniciativas locales, las homologa, las financia, pero, hablando con propiedad, no las decide.

La competencia tradicional del tribunal, hacer que se respete la ley, ha de completarse con la capacidad de sus titulares para «mantenerse con los pies en el suelo», mostrarse pragmáticos, concretos, adaptados a su medio ambiente. Los tribunales no solo han de preocuparse por la represión sino también proponer una «respuesta judicial *eficaz*». Para eso han de incrementar la rapidez de reacción. El sentido de «tratamiento en tiempo real de los casos elucidados» consiste en dar inmediata continuidad a una infracción, fijando de inmediato una fecha para la audiencia, y es lo que permite aportar una solución real y concreta a los casos de menor importancia. Una política como esta trastorna profundamente la cultura tradicional de la jurisdicción, que consideraba el diferimiento como un signo de majestad.

Lo más notable en la evolución actual del papel del tribunal es la emergencia de un funcionamiento por objetivos, dejándose una mayor libertad a los procuradores, o a los sustitutos, para movilizar los medios locales adecuados. La lógica vertical tecnocrática se ve reemplazada por una lógica totalmente inversa, horizontal, de apertura hacia el tejido social, hacia lo que los anglosajones llaman *comunidad*. «De forma más ambiciosa, la creación de un palacio de justicia puede llevar a una verdadera desconcentración de la acción tribunalicia al nivel del barrio afectado, siendo entonces el magistrado responsable de la coordinación (entre otros), encargado de las relaciones con las unidades de la policía [...], responsable del vínculo con los cargos electos locales, los consejos comunales de prevención de la delincuencia y las asociaciones, encargado de coordinar la acción judicial en este mismo terreno.»[229] El tratamiento en tiempo real «le permite al tribunal disponer de un observatorio privilegiado de la delincuencia en el ámbito de su competencia así como de la actividad de los servicios de investigación. El fiscal del Tribunal Supremo es así capaz de ajustar de forma permanente, en función de la evolución de la criminalidad, sus prioridades locales de política penal»[230].

---

229 Circular del ministro de Gracia y Justicia del 2 de octubre de 1992.

230 *Ibid.*

La habilitación legal del tribunal, sin ser secundaria, ya no aparece como exclusiva y suficiente para fundamentar su reconocimiento social y por tanto su autoridad. He ahí una ilustración suplementaria de la evolución de la autoridad en nuestro mundo. La fuerza de una decisión será ampliamente tributaria del respeto en que se tenga a la persona que la ha tomado, su experiencia, su competencia, su diligencia y su «profesionalidad». Comprendemos mejor el alto grado de *personalización* de las innovaciones en este terreno de los últimos años. La concepción moderna de la independencia ya no es el enclaustramiento, el repliegue en una legitimidad exclusivamente jurídica y corporativista sino que, por el contrario, procede de la acumulación de muchos tipos de legitimidad.

Aparece como legítimo el tribunal —o el titular— que ha pasado la prueba. Esta eficacia ha de ser ante todo reconocida por quienes trabajan con el tribunal y, más allá, por toda la población. De ahí la atención cada día más evidente que se dedica a las víctimas, como recomienda esta circular del Ministerio de justicia: «Las víctimas, habitantes de estos mismos barrios, tienen por su parte la sensación de que sus intereses no se tienen suficientemente en cuenta [...]. Con esta finalidad, justicia y policía judicial han de aplicarse en primer lugar a responder mejor a las expectativas de la población, especialmente a las de las víctimas. La eficacia de las respuestas judiciales también ha de incrementarse para evitar que en el delincuente se desarrolle una sensación de impunidad, causa evidente de reincidencia. [...] La policía y la justicia penal tienen a su cargo responder a la demanda social que se expresa a través de las quejas de las víctimas. De la capacidad de las instituciones represivas para responder a esta demanda dependen en gran parte la imagen y el lugar de la justicia en la sociedad.»[231]

A este nuevo papel del tribunal lo acompaña una rearticulación con los magistrados de sala. Se convierte en la *interface* entre el Estado y la justicia, entre lo colectivo, la política pública, por una parte, y la situación individual por otra, al redescubrir el significado auténtico de la expresión «acción pública». Quizás el magistrado de sala había adquirido una posición demasiado importante, que no conviene a un juez del que hoy se espera una distancia mayor en cuanto a las políticas públicas. Eso explica quizás las reservas de algunos jueces de menores en cuanto a la política actual de los palacios de justicia y de mediación que les despoja de hecho de una imagen de pioneros.

UN NUEVO ACTO DE JUZGAR

Estos nuevos lugares de justicia encarnan una forma de democracia *descentralizada*. El Estado, en efecto, concibe su papel normativo de forma refleja

231 *Ibid.*

por la concertación, la deliberación asociada o la negociación colectiva, es decir homologando el derecho fijado por las mismas partes. Proteger el interés colectivo se concibe tanto de forma dirigista y voluntarista como de forma secundaria e indirecta. Un derecho más adaptado a la realidad social han de secretarlo en parte los mismos interesados. Así, junto al Estado que antes detentaba el monopolio de la producción normativa, se ve cómo se desarrollan otros focos de juridicidad: los mercados, las sociedades profesionales, la familia misma.

Una nueva concepción de la acción colectiva justa

No se trata más que de una nueva forma de secretar derecho. Es el criterio mismo de justicia lo que ha evolucionado hacia una forma más procedimental. A menudo se entiende mal el término «procedimental»: se ve como un derecho formal, frío y moralmente inexpresivo, una dimisión ante cualquier pretensión ética. Estas críticas carecen de fundamento: no solo no ha desaparecido la preocupación ética, sino que quizás está más presente que en el modelo anterior del Estado providencial. Solo su forma ha cambiado: ya no se trata de una exhortación abstracta impuesta desde fuera sino de la homologación por parte del juez de una decisión cuyo contenido moral han fijado las mismas partes. El contenido de la norma ya no es investigar en un comportamiento social estandarizado o abandonado a la fantasía de cada cual, sino que es el objeto de una definición caso por caso.

El artículo 372-1 del Código civil ilustra de forma suficiente este nuevo acto de juzgar. Prevé que «si los padres y las madres no llegan a ponerse de acuerdo sobre lo que exige el interés del hijo, la práctica que hubiesen podido seguir con anterioridad en parecidas condiciones les servirá de norma». La familia se ve así habilitada para secretar su propio derecho. El juez no deduce de un modelo social o de un experto lo que exige el interés del hijo, lo sabrá escuchando a los interesados. En efecto, ¿cómo podría el juez conocer esta práctica anterior más que mediante un diálogo directo con las partes? La norma ya no tiene contenido positivo, sino que el procedimiento se convierte en una forma de aprehensión de la realidad, la única forma de aplicar valores comunes, como la igualdad o la proporcionalidad, a situaciones concretas.

Una concepción procedimental le exige al juez que cumpla un papel de reflexión y ya no deductivo para requerir a las partes que definan por sí mismas —y respeten— su propia norma moral. El juez garantiza los intereses de la justicia ya no como antes, con la simple interpretación de una norma de derecho, sino manteniendo con la realidad que se le encomienda una relación de nuevo tipo, a la vez más concreta y más atenta a ciertos principios.

El juez ha de dar un sentido concreto a los principios en cada situación. La norma ya no tiene contenido general y universal *deducible a priori*, le corresponde al juez actualizar y contextualizar sin descanso su espíritu. No se trata por tanto de una capitulación de la justicia sino, por el contrario, de su preocupación por asumir la pérdida de criterios sustanciales de justicia querida por la democracia.

El entierro de un criterio único de verdad

En el primer modelo del derecho positivo el juez ha de ser ante todo un buen jurista. En el segundo, le confía al experto el que intervenga en su nombre en la realidad del sujeto, de la familia o de la empresa. Este saber pretendidamente científico evacúa la representación política o el derecho: ¿qué vale una convicción ante la certeza científica? En el modelo del Estado social, las ciencias sociales son investidas con la función de mencionar la realidad y, así, cimentar la acción. Es lo propio de la tecnocracia y de la ideología del cuadro de mandos, es decir del político que conduce a la sociedad en función de los indicadores que le proporcionan sus servicios. Nuestra época, que ve derrumbarse esta ideología de las ciencias sociales, se vuelve hacia la deliberación colectiva. Este tercer modelo supone el *entierro de un criterio único de verdad, derive este de la ciencia o de la ley*.

La justicia se concibe ahora como la rearticulación de los distintos saberes entre sí: no se asimila ya a un saber, el derecho, sino a la conjunción de diferentes saberes en un punto de vista superior y recapitulador. Las referencias son múltiples, y en la justicia es donde deberán resolver los conflictos entre «mundos éticos» que se alejan progresivamente los unos de los otros. El juicio se convierte en el fruto de un proceder tanto como de un proceso. Se trata de un discurso abierto a otros discursos aportados por los actores más diversos. Se apela al juez, que se encuentra en la intersección de muchos mundos, para que desempeñe un papel esencial en esta búsqueda desfocalizada de sentido. Ya no se trata de un orden ideal, de un mundo utópico preexistente al que el derecho debería parecerse. Al enterrar toda coherencia *a priori*, nos vemos condenados a buscarla *a posteriori*. He aquí quizás una consecuencia suplementaria de la desaparición de los grandes sistemas de sentido y del derecho natural.

La unidad del derecho no se ha sacrificado, pero ya no se la busca de forma global en un sistema jurídico positivo nacional. El sentido se buscará de forma casuística, es decir caso por caso, en función de las dificultades que se presenten, al nivel del sujeto, del barrio, de la rama profesional, es decir de forma descentralizada. La coherencia sigue siendo el objetivo, pero no viene dada de entrada. La descentralización del derecho firma el declive de un único autor del orden normativo, como lo era el mito del legislador racional. En la sociedad moderna se plantea el problema, percibido ya por muchos, de la *cohesión* de los subsistemas. Como Sísifo, los jueces han de reconstruir incesantemente una coherencia que siempre se les escapa, tan estimulada se ve la imaginación por esta nueva configuración jurídica.

Un acto de juzgar contextualizado

El acto de juzgar se ha modificado profundamente. Se contextualiza. Esto se manifiesta de dos maneras: en primer lugar, el juez ha de tomar en consideración los recursos propios puestos a su disposición e interesarse a continuación por las consecuencias de su decisión.

No se juzga de la misma manera en París o en Mont-de-Marsan. Las decisiones del juez serán tributarias de los equipamientos locales, de la sobrecarga de los servicios de policía o, un día —¿quién sabe?—, del *numerus clausus* de la cárcel. ¿De qué sirve formar comisiones rogatorias o tomar medidas de aplazamiento si los servicios que han de ejecutarlas no pueden absorberlas? ¿No se corre el riesgo de descalificar aún más la justicia? Esta dependencia no es por supuesto de ayer, pero hoy se asume, o se reivindica, lo que permite distinguir mejor el papel del juez de primera instancia, necesariamente tributario del contexto, del papel del juez de apelación. Este ha de seguir mostrándose más jurídico y menos pragmático. La coherencia no tiene el mismo sentido en el interior mismo de la institución judicial entre la primera instancia y la de apelación. La idea de una prestación idéntica estaba íntimamente vinculada a una visión monolítica de la institución, típica del Estado providencial.

Esta consideración del contexto pone de relieve una segunda cuestión: ¿ha de tener en cuenta el juez las consecuencias que pueda llevar consigo su decisión? La cuestión sigue abierta: ¿ha de plantearse, en el momento de someter a examen a un gran patrono, las consecuencias de su acción para la empresa en su conjunto, para la situación de los asalariados, o sus repercusiones en el comercio exterior? Probablemente no, pero la cuestión se ha planteado con ocasión de los «casos». ¿No debe cuestionarse acerca de la proporcionalidad entre el hecho perseguido y las consecuencias de su acción para personas inocentes?

La explosión de los contenciosos ha transformado silenciosamente el acto de juzgar, hasta tal punto que ya no se sabe muy bien qué ha sido más determinante, si el desafío cuantitativo o el cualitativo. Este nuevo modelo de justicia tiene su origen tanto en una nueva razón jurídica como en la racionalización de las alternativas presupuestarias. Esta transformación del papel de la justicia no deja de estar vinculada a la crisis financiera del Estado providencial. La política descentralizada es tanto más necesaria cuanto que los recursos de nuestros estados son actualmente limitados. Hay que administrar no ya ante un horizonte de enriquecimiento permanente, como durante los «Treinta Gloriosos», sino por el contrario ante el de una penuria endémica que no es propicia para la justicia. El horizonte está encapotado.

Este nuevo modelo, que entierra un desarrollo infinito, procede de una nueva economía política de la justicia. Ya no hay que volverse hacia el Estado providencial y su burocracia sino hacia sí mismo, hacia los recursos propios del grupo social. La palabra *comunitario* reaparece con frecuencia. Estamos abordando probablemente una era de «desburocratización» de lo social y de la justicia que se manifiesta, entre otras cosas, en la preocupación por restituirle una parte de la soberanía a la sociedad civil y exigir instituciones que le den cuenta directamente de su trabajo, como los tribunales.

En la concepción del Estado providencial el derecho es material en el sentido de que se le pide que intervenga directamente para restablecer la igualdad, para atender, para enderezar. La nueva racionalidad jurídica se preocupa más por la eficacia y el realismo. En este sentido, es más *empírica* que *material.* Esta preocupación por el resultado se comprueba en la importancia que se le da a la *evaluación*, palabra clave de las políticas públicas y de los programas de mediación. Más que afirmar de forma ritualística unos derechos unilaterales, hay que conciliarios en una situación concreta. A defecto de atender a los individuos que se encuentran en grandes dificultades, contentémonos con permitirles vivir en sociedad. Se privilegia la adaptación por encima de la atención.[232] Esta forma de justicia estará más centrada en la *relación* que en la *persona,* como lo muestra el ejemplo de la mediación.

Este modelo corresponde asimismo a una nueva economía política de la autoridad. Nuestra democracia ya no tiene los medios para hacer que se respeten decisiones autoritarias venidas del centro y ejecutadas de forma voluntarista. Por eso es necesario buscar la adhesión de los interesados. Esto se comprueba tanto en cuanto a la acción del Estado como en cuanto a la acción de la justicia. ¿De qué medios dispone el juez de menores para hacer que se respeten sus decisiones? Los servicios de policía están desbordados e intervienen con desgana en cuestiones familiares. ¿Y el juez civil? Las sociedades democráticas ya no disponen de medios materiales (y aún menos cuando el Estado providencial está en quiebra financiera) ni simbólicos para hacer que

232 C. Ehrenberg, C. Barazer, «La folie perdue de vue», *Esprit,* octubre de 1994, pp. 29-40.

se apliquen decisiones autoritarias. Ha de sustituirlas un consenso. Este es el sentido de lo que los norteamericanos llaman *the compliance enforcement*, es decir una aplicación del derecho que descansa en la adhesión y la persuasión más que en la fuerza.

Cabría hacer comparaciones con los desafíos de la droga y del empleo: la perspectiva de una sociedad completamente libre de drogas o de una vuelta al pleno empleo ha abandonado por mucho tiempo el horizonte de nuestras democracias. Es más prudente aprender a «vivir con ello» y organizamos para limitar sus efectos devastadores. Quizás esta política descentralizada inaugura otro tipo de democracia en las relaciones directas entre periferias que ya no pasan por el centro. La justicia descentralizada es testimonio de una política desencantada pero también más realista, más pragmática: es el signo de una democracia más asociativa, más participativa y más deliberadora a la que hay que adaptar nuestras instituciones, empezando por el lugar del juez.

CAPÍTULO XII

ENMARCAR EL NUEVO LUGAR DEL JUEZ

La idealización actual de la justicia considera de buena gana al juez como desvinculado de toda pertenencia nacional, subjetiva o política. Los límites de la función de juzgar se perciben y denuncian raramente, y se instala insidiosamente un nuevo dogma de la infalibilidad judicial en nombre de la profundización de la democracia. En la incapacidad de cimentar su legitimidad, se justifica la preeminencia del juez por una necesidad antropológica que requeriría en toda sociedad el ejercicio de una función tercera para resolver los conflictos. El juez sería el tercero cuya palabra se considera soberana, es decir la última e indiscutible. El juez es así «naturalizado» por una antropología que vuela en ayuda de una teoría del derecho incapaz de fundar nuevamente su legitimidad.

Guardémonos de incensar al juez con la misma ingenuidad con que el positivismo celebraba ayer la norma. Agitar el espantajo del gobierno de los jueces es tan estéril como invocar de forma ritualística la independencia de la justicia. Al hipostasiar la distancia entre el juez y la comunidad política nos exponemos a la arbitrariedad, pero al negarla nos condenamos tanto o más. La democracia tiene necesidad de esta distancia interior, de esta función sacralizada, de esta abstracción deseada y concertada «para su respiración humana», dice Paul Ricoeur. «Los procesos de Moscú, de Budapest, de Praga y otros han sido posibles porque la independencia del juez no estaba asegurada técnicamente ni cimentada ideológicamente según una teoría del juez en tanto que hombre fuera de clase, en tanto que abstracción con figura humana, en tanto que ley encamada.»[233]

La posición de un tercero desencamado es tan ilusoria como la de un juez sin referencias. Las relaciones entre justicia y democracia cobran cuerpo, pues, en esta gran contradicción: *necesidad de un tercero, imposibilidad de un*

233 P. Ricoeur, *Histoire et verité, op. cit.*, p. 282.

tercero. Por otra parte, ¿no hay algo simétrico entre la lógica de los derechos subjetivos y la reivindicación de una independencia *absoluta* de los jueces en cuanto al poder político? Cada vez va por delante un crédito unilateral sin contrapartida, es decir sin servidumbre. La democracia reclama a la vez la afirmación y la negación de esta función que no puede ser completamente tercera y de este juicio que no puede ser enteramente racionalizable. Al no poder pretender una independencia radical, el juez no puede tener en una democracia más que el estatuto de *tercero incluso,* siempre responsable de sus juicios ante la comunidad política. Concebir un nuevo lugar para la justicia obliga a replantear nuestras disposiciones institucionales como un juego de *checks and balances* sofisticados, más allá de una adulación sin freno o de una sospecha infundada con respecto al juez.

Esta transformación de la democracia será consecuencia no solo de una reforma del sistema jurídico, es decir de nuestras leyes, sino también de una evolución de nuestra cultura jurídica, de una nueva consideración ante el derecho. Si se acepta la distinción que hace Lawrence Friedman[234] entre la cultura jurídica *externa* —el lugar de lo jurídico en una cultura determinada— y la cultura jurídica *interna,* compuesta por el conjunto de presupuestos compartidos por los profesionales del derecho, hay que constatar forzosamente que la cultura francesa, a diferencia de la anglosajona, no era jurídica. Pero se ve obligada a serlo para comunicar con los colegas extranjeros, al convertirse el derecho en la nueva gramática de las relaciones mundializadas.

Las garantías actuales no protegen totalmente contra los excesos del activismo jurisdiccional. Es cierto que concebirlas no es cosa fácil en tanto en cuanto ello exige pensar en el equilibrio más que en la separación, en la dependencia legítima más que en la independencia radical, en la justa distancia entre el privilegio aristocrático y la colusión populista. Contra la tentación redentora, revalorizamos la *imparcialidad*; contra la personalización de la función, rehabilitamos la *ética*; contra la deriva aristocrática, recuperamos la *representatividad.* Así pues, mejor que detallar unas reformas, son los lineamientos de esta nueva cultura lo que hay que captar: la nueva *concepción de la norma* que sugiere la cuestión de la imparcialidad, la *responsabilización de los actores* de la democracia, tanto jueces como periodistas, que traduce la regulación ética y la nueva idea del *interés general* en la que se basa la representatividad de los jueces.

234 L. M. Friedman, *The Legal System: a Social Science Perspective,* Russel Sage Foundation, Nueva York, 1975.

Tanto en la afirmación de las garantías constitucionales de independencia como en la disposición de espacios de encuentro es donde se halla la suavización de las difíciles relaciones del juez y la comunidad política. De ahí el favor de la mayoría de los países democráticos por la institución del *consejo superior de la magistratura* que, con expresiones distintas según los países, trata de proteger la imparcialidad de los jueces, asegurar su representatividad y garantizar su ética.

LA IMPARCIALIDAD REVALORIZADA

La cultura francesa, a diferencia de la angloamericana, ignora el «conflicto de intereses», es decir una situación en la que el individuo, debido a lealtades contradictorias, ha de sacrificar uno de sus intereses. Esta situación se caracteriza por la mezcla de géneros (politización de la administración, funcionarización de la política) y por la confusión de los papeles (decidir y controlar, por ejemplo) en el seno de un círculo restringido de dirigentes intercambiables. El pluriempleo no está prohibido, y el derecho solo sanciona los excesos cuando son patentes y en cuanto al resto se remite a la honestidad de los hombres. Uno de los rasgos de la cultura norteamericana es, a la inversa, la fragmentación del poder. En los Estados Unidos no existe un poder que no tenga un contrapoder. Comparada con la fragmentación norteamericana, la legitimidad en Francia se concentra totalmente en una fuente única. La democracia evoluciona aquí sin instancias de control. Así como hay demasiados contrapoderes en la democracia de los Estados Unidos, en Francia con casi inexistentes.

Este rasgo cultura se encuentra en una y otra parte del sistema jurídico francés: en el estatuto tan particular del Consejo de Estado, a la vez jurisdicción y consejo de gobierno; en el papel que se atribuye al presidente de la audiencia, que preside y juzga; en el juez de instrucción que ha de instruir en cargo o en descargo, o en el estatuto de la magistratura que agrupa a los miembros del tribunal y a los jueces de sala, procedentes de una misma escuela. El *paternalismo* de las instituciones francesas contrasta con el *legalismo* de sus homologas inglesas.[235] Una y otra vez se concentran en una misma persona física —o en un mismo cuerpo de Estado— papeles no solo diferentes, sino muy a menudo contradictorios.

Los casos recientes de corrupción han puesto de manifiesto esta misma «organización monárquica del poder en la empresa», según los términos de

235 A. Garapon, «Paternalism and Legalism in Juvenile Justice: Two Distinct Models», *The Liverpool Law Review*, vol. XII, 1990, pp. 115-127.

Jean Peyrelevade. El Presidente y Director General es el único señor a bordo, es quien administra y controla la gestión de la empresa. «Es quien designa a los miembros del consejo de administración, es decir a aquellos y aquellas que representan a los accionistas y se encargarán de vigilarla. Con las privatizaciones, el Presidente-Director General ha podido incluso elegir a sus accionistas —a la inversa del juego anglosajón, en el que son los accionistas quienes designan al presidente. Un grupito de amigos compone así los principales consejos de administración en la plaza de París.»[236] También aquí se enfrentan dos culturas: el paternalismo y el secreto francés por una parte y la transparencia de los mercados y la soberanía del accionariado de tipo anglosajón por otra. Obligadas a integrar el derecho en su estrategia, las empresas francesas están sometidas también a un choque cultural.

Esta confusión ha prevalecido hasta ahora y en este momento hay que exigirle al juez, más que a nadie, una auténtica imparcialidad.

¿Promoción de la imparcialidad o racionalización de la parcialidad?

La imparcialidad del juez puede consistir en racionalizar la parcialidad, haciéndola más leal, o en tender a una total neutralidad. Las dos hipótesis confluyen actualmente.

Una primera posibilidad institucionaliza la parcialidad pero la limita en el tiempo al ritmo de los cambios políticos. Es el *spoil system*, extendido en los Estados Unidos sobre todo, que determina que un cierto número de puestos importantes cambien de titular con cada cambio de mayoría. Así, en Francia, un fiscal del Tribunal Supremo reivindicaba recientemente, en su acto de toma de posesión, que representaba una sensibilidad política nueva, subrayando que desde hacía un siglo los fiscales del Tribunal Supremo habían cambiado dos veces más que los presidentes. Esta actitud no sorprendería si el paso de fiscal a primer presidente del Supremo fuese imposible, lo que no es el caso en nuestro país. Otro sistema es el que se practica en Italia con su principio de la *lottizzazione*, que consiste en reproducir en el seno del consejo superior de la magistratura la relación de fuerza política nacional. Esta actitud tiene el inconveniente de reproducir unas tensiones políticas en el seno de la justicia y de desconocer la profunda aspiración contemporánea de primar un espacio neutro para arbitrar en los conflictos.

Una segunda solución consiste en reconocer la parcialidad e intentar sublimarla. La nominación es abiertamente política (los jueces al Tribunal Su-

---

236 E. Israelewicz, «Gouvemer l'entreprise autrement», *Le Monde*, 21 de diciembre de 1994.

premo en los Estados Unidos, al Consejo constitucional en Francia), aunque ponderada por la conocida teoría de la «transfiguración», que incita al juez recientemente nombrado a cambiar de comportamiento y a limitar sus frecuentaciones públicas (sus viejos amigos políticos o las relaciones vinculadas a su antiguo gabinete de abogado). Según este espíritu, habría que mostrarse más exigente en cuanto a las cualificaciones jurídicas requeridas para una nominación al Consejo constitucional y prohibirles cualquier mandato electivo a los jueces. Por otra parte, hay que garantizar este sistema oponiéndose a la *dissent opinion* que hace pública la posición del juez y con ello su eventual ingratitud ante los que le han nombrado.

Una tercera actitud consiste en mantener a la justicia alejada de las influencias políticas y organizar la neutralidad de los jueces desde el reclutamiento hasta el final de su carrera de juez. Esta búsqueda de la honestidad, a diferencia de la posición anterior que se resignaba a ponderar la pasión partidista, rehabilita el profesionalismo y recompensa la neutralidad. Esta tercera posición responde mejor a las aspiraciones contemporáneas. La sociedad democrática necesita, en efecto, más que cualquier otra terceros verdaderamente neutrales. En una democracia más jurídica y menos republicana, ha de revalorizarse la calidad de tercero. Quien desee serlo ha de tener esa apariencia y pagar el precio —quizás alto— del compromiso de no ejercer nunca más otra función pública, con un respeto escrupuloso de la obligación de reserva y con un silencio mediático absoluto. Aunque la organización actual de nuestra magistratura hace difícil el ejercicio de una auténtica función de tercero.

Para conseguir esta imparcialidad no basta reformar una vez más el estatuto de la magistratura o la Constitución, hay que establecer una nueva consideración para la norma de derecho. El Estado de derecho es ante todo un Estado de normas. La nueva democracia pide menos leyes pero más principios, menos normas de fondo pero más normas de procedimiento, menos prohibiciones pero más sanciones, un derecho menos sacralizado pero más respetado. La solución no está en la multiplicación de las normas, porque «cuanto más compleja es la ley, más fallos tiene»[237]. Hay que salir de un cierto formalismo en nombre del respeto de la norma. Hacen falta menos controles pero más verdadero control. «La tradición francesa del pluriempleo y la mezcla de géneros impiden que exista un verdadero sistema de contrapoder a la americana. No existe control cuando el tribunal de cuentas y el Consejo de Estado son tigres de papel.»[238] En este sentido, el trabajo de la comisión presidida por

237 Y. Mény, *Libération*, de 19 de octubre de 1995.

238 *Ibid.*

Mireille Delmas Marty[239] anticipa esta nueva cultura, más atenta a establecer principios rectores que a promulgar formalismos que el juez debería asumir. Esta norma ha de reunir tres cualidades relativamente nuevas en nuestra cultura jurídica y administrativa: *claridad, realismo y respeto escrupuloso.*

Normas claras

Justice must not only be done but also be seen to be done[240] dicen los ingleses a justo título. Probablemente hay que ir hacia una concepción más objetiva que tenga en cuenta la *apariencia* de la imparcialidad en conformidad con una jurisprudencia europea constante. Esto se aplica tanto a la función del juez en el proceso como a su estatuto. Hay que distinguir la imparcialidad en las nominaciones de la imparcialidad en la función. Se ha dicho todo prácticamente acerca de la imparcialidad del juez en el proceso, y lo que necesitamos ahora son iniciativas políticas para emprender una verdadera reforma del procedimiento que se sigue esperando. Pero el procedimiento penal, con ser lo más visible, no es sin embargo lo único. Es el conjunto de nuestros procedimientos administrativo y constitucional. ¿Es normal que el comisario del gobierno asista a las deliberaciones del tribunal administrativo? ¿Que las audiencias ante el Consejo constitucional no sean públicas? ¿Que su toma de posesión no esté abierta a todos los ciudadanos?

La imparcialidad en la nominación es también problemática. Los vínculos entre la clase política y la justicia son a la vez *demasiado distendidos y demasiado próximos.* Demasiado distendidos porque a los jueces se les mantiene demasiado aparte de la política debido a sus funciones: no tienen ninguna experiencia del Estado, al que no pueden juzgar más que las jurisdicciones administrativas, y no tienen la misma familiaridad con los políticos que sus colegas de la alta jurisdicción administrativa. Hacen toda su carrera —y aún más desde la creación de la Escuela nacional de la magistratura— en el interior de un mismo cuerpo.

Pero los contactos con la clase política, cuando existen, no son objeto de restricción alguna. Nada impide que un presidente de una jurisdicción importante se convierta en director de gabinete de un Ministro de justicia y ocupe de nuevo un cargo importante como juez de sala. El caso Carlos es a este respecto muy revelador. Los magistrados de ayer se convierten en políticos, como el juez de instrucción convertido en portavoz de uno de los principales

239 La mise en état des affaires pénales, La Documentation française, 1991.

240 Literalmente: la justicia no solo se ha de hacer, también es necesario que se vea que se ha hecho.

partidos franceses o el jefe de la sección antiterrorista del tribunal de París de entonces, hoy diputado del mismo partido, polemizando con el antiguo fiscal del Tribunal Supremo, convertido a continuación en Ministro de justicia, y miembros de los gabinetes de Interior, asimismo magistrados, de los que uno de ellos volvió al Tribunal Supremo (!).

Este ir y venir es tanto más perjudicial cuanto que los antiguos magistrados convertidos en diputados siguen siendo jueces a los ojos de la opinión pública. La prensa no deja de referirse a sus antiguas funciones, cuando no sigue llamándoles «el juez X...». Habría que mostrarse más intransigente con esos ex jueces que siguen utilizando sus antiguas funciones para comentar la actualidad, o para dar validez o criticar determinada decisión judicial. Este abuso de autoridad, que desorienta a los electores, merece una sanción. ¿No sería oportuno elegir a partir de una cierta categoría jerárquica y prohibir a estos jueces el acceso a una carrera administrativa y política? ¿En qué otro país se ve a un juez yendo y viniendo tanto entre la justicia y la política? Este río revuelto sirve a los pescadores interesados en desprestigiar la institución judicial. La última arma de una defensa desesperada, como se sabe, es descalificar al juez cuando no se es capaz de hacer frente a los cargos.

En realidad, la ausencia total de comunicación entre el mundo de la política y los jueces no existe en ninguna parte y quizá no sea deseable. Cada sistema —comprendido el de Gran Bretaña— organiza a su manera la influencia de la política sobre la justicia. El problema es hacer que esa influencia sea transparente más que negarla virtuosamente. ¿Quizás haya que hacer que cambie en intensidad la exigencia de imparcialidad según las funciones ejercidas? ¿Debe exigírseles la neutralidad a todos los magistrados con el mismo rigor? Algunos están en contacto natural con la política. Hay funciones en las que el contacto ha de ser total y otras en las que, por el contrario, se requiere una neutralidad activa. Así, sería beneficioso diferenciar con claridad las funciones del tribunal, de la administración y de la jurisdicción.

Es posible transformar a un político en juez, pero con la condición de prohibirle que vuelva a la política. No es posible plantear una verdadera imparcialidad si el ir y venir entre la magistratura que juzga y la política comprometida no se reglamenta con rigor.

Normas realistas

Muchas de nuestras normas no se aplican sencillamente porque no son realistas. ¿No es ilusorio hacer que el tribunal sea totalmente independiente del poder ejecutivo? ¿En qué otro país existe semejante estatuto? ¿Es verdaderamente razonable que el gobierno pueda no disponer del control de la acción pública? Mejor que cerrar los ojos ante las intervenciones, ¿no sería preferible reconocerlas y darles un marco jurídico? La independencia total del tribunal no tiene sentido, si no es para reforzar el corporativismo y facilitar arreglos ocultos en casos delicados. Un enclaustramiento demasiado estricto puede llevar al poder ejecutivo a buscar medios de influencia más discretos. Sin duda sería más realista levantar acta de ese vínculo necesario y apartar a magistrados y jueces en dos cuerpos diferenciados. Esta solución parece más adecuada a las expectativas de nuestro tiempo, que gusta de la transparencia y nada le horroriza más que la hipocresía.

Normas respetadas

La norma, en Francia como en todos los países latinos, se considera menos reproducción regular de unos comportamientos que expresión de un deber ser ideal. Una ley investida de tal misión —expresar el querer vivir colectivo— solo puede ser muy general. Su aplicación supone ineluctablemente multitud de acuerdos, que deben mantenerse ocultos. El culto de la ley tiene como corolario negociar entre bastidores, asimilar el derecho vivido a un «derecho vergonzoso». Nada le es más ajeno al público francés que la posibilidad de transigir con la justicia para evitar una condena y escapar así a la confrontación con la ley. El reciente rechazo por el Parlamento del proyecto de ley sobre la transacción penal se inscribe de lleno en esta cultura. No se puede prescindir de la negociación, pero nadie se atreve a confesarlo por el temor de amenazar al conjunto del derecho.

De ahí un gran malentendido: si, como en los países de *Common Law*, hay que respetar una norma de juego para no falsear completamente el mismo juego, el ideal que contiene la ley en los países latinos se satisface por el contrario muy bien con la ineficacia, ya que su objetivo es una expresión simbólica más que su aplicación real. De ahí, en Francia, una relación tan paradójica con la regla que se expresa por medio de una distorsión entre la rigidez del derecho y la tolerancia con muchas transgresiones en la práctica. *Una norma rígida, una práctica blanda*, decía Tocqueville, a lo que responde desde el otro lado del canal de la Mancha: *una norma flexible, una observancia rigurosa.* «El Antiguo Régimen está ahí por entero... Quien quisiera juzgar al gobierno de ese tiempo por la recopilación de sus leyes caería en los errores más ridículos. Encuentro con fecha de 1757 una declaración del rey que condena a muerte a todos los que compongan o impriman escritos contrarios a la religión o al orden establecido. El librero que los venda, el comerciante que los transporte, deben sufrir la misma pena. ¿Habremos vuelto al siglo de Santo Domingo? No, son precisamente los tiempos en que reinaba Voltaire.»[241]

La imparcialidad solo se afirmará mediante la interpretación de los textos y de las garantías procedimentales. Forma parte de una cultura, se enseña, se valora, se remunera, se sanciona: es inseparable de una rehabilitación de la ética.

LA ÉTICA REHABILITADA

Tal sacralización de la ley tiene igualmente como efecto una desconfianza ante los hombres. No está hecha para ellos sino contra ellos. Por eso al jurista francés le cuesta tanto comprender los códigos de buena conducta de los anglosajones. No solo no puede satisfacerle una norma tan imprecisa, sino que sobre todo le es totalmente ajena tal confianza en cuanto a las personas. Totalmente al contrario, la norma en Francia se basa en la hipótesis del mal ciudadano que está siempre bordeando la ley (y con motivo, ya que la ley es la mayoría de las veces inaplicable). «La desconfianza en cuanto al individuo (potencialmente pecador y culpable) se traduce en la multiplicación de sutilezas y precauciones procedimentales hasta el punto de bloquear a menudo y disminuir siempre la velocidad del dispositivo. La maquinaria no puede moverse más que acomodándose a las normas promulgadas, las prohibiciones enunciadas, los procedimientos establecidos... El mismo funcionario, prisionero de un universo legal-racional, enredado en las normas, solo encuentra autonomía "interpretando" la norma. El sistema funciona con la complicidad y el arreglo.»[242] La cultura jurídica francesa no quiere ver la realidad de unos actores que negocian la norma, lo que llevaría a decir que los ingleses han teorizado la *equity* quizá sin conocerla y que los franceses han aplicado la equidad sin reconocerla nunca.

Todo el espíritu de Montesquieu, el fantasma revolucionario y lo quimérico del Código civil están ahí: en una norma que se basta a sí misma, en el sueño de una justicia cimentada por completo en la razón, en unos jueces a los que no habría que exigirles nunca honestidad. Es cierto que los redactores de los códigos tenían aún en su ánimo el recuerdo de los parlamentos del Antiguo Régimen. Pero ¿puede la República prescindir de guardianes del templo

---

241 A. de Tocqueville, *L'Ancien Régime et la Révolution,* cap. VI, Gallimard, París, 1967, p. 140.

242 Y. Mény, *La Corruption de la République, op. cit.,* p. 20.

a los que exigirles más, especialmente una vida privada sin escándalos? La consecuencia última de esta incapacidad de las normas para garantizar el Estado de derecho es la necesidad de pensar en la articulación de personas (de carne y hueso) y normas.

El rechazo de la ética de los sistemas inquisitoriales

A diferencia de los Estados Unidos, donde la cuestión de la ética judicial no es vergonzosa y donde incluso da lugar a una literatura abundante, a nuestra tradición jurídica le repugna abordar esta cuestión, cuando paradójicamente el buen funcionamiento de nuestro sistema judicial descansa ampliamente —más que otros sitemas— en ella. Muchas de nuestras garantías procedimentales (como la posibilidad de no declarar en la primera comparecencia ante el juez de instrucción, de pedir un aplazamiento para preparar la defensa o de aceptar que el contrario comparezca voluntariamente) no tienen otra garantía que la conciencia del juez: que este omita informar al acusado nadie, excepto el escribano o el inculpado, podría controlarlo. Rechazar esta cuestión es la paradoja de los sistemas inquisitoriales, mientras países en que los poderes del juez son mucho menos amplios (aunque su peso político sea infinitamente mayor) no dudan en abordarla. Nuestra tradición jurídica tiene por lo menos tres buenos motivos para negarle a la ética del juez el derecho de ciudadanía: en primer lugar su tradición positivista, la negación de toda autonomía al juez y, finalmente, el predominio del punto de vista doctrinal en el enfoque pragmático.

Es forzoso reconocer, pues, que el acto de juzgar no es completamente racionalizable y que una parte de la decisión le corresponde al mismo juez. A menudo lo que se espera del juez es más prudencia que ciencia. Nuestra cultura jurídica y política reconoce que es mejor levantar acta de esta parte irreductible de prudencia que ignorarla soberbiamente. Pero sin embargo esta evolución no es aceptable más que con la condición de tener en cuenta que la prudencia no es más que un remedio para salir del paso que debe animarnos a perfeccionar nuestros procedimientos y, a falta de algo mejor, a cultivar la honestidad de los hombres.

El incremento del poder de la justicia tiene como consecuencia conceder más importancia a la personalidad de los jueces, no siendo ya suficientes las leyes para garantizar la seguridad jurídica. Cualquier reflexión sobre la justicia ha de ir precedida por una evaluación de la calidad de los hombres, es decir de su selección y su control. «Ningún debate sobre la independencia del juez es útil si está separado de una reflexión sobre la altura intelectual y social del juez [...]. Entregada a un juez incompetente, irreflexivo, o incluso a un juez socialmente maltratado, la independencia sería poca cosa, y podría no ser más que el medio para la arbitrariedad, un arma para la mediocridad para un bienestar cobarde...»[243]

¿Cuáles han de ser las cualidades de un juez? ¿Cómo valorarlas? Hay que otorgar garantías a la función real que desempeñan los jueces. Mientras se dedicaban a aplicar textos legislativos, bastaba un doble control, jurisdiccional y jerárquico. Pero estos últimos años el juez ha pasado del estatuto de guardián del templo al de *buscador de derecho.* ¿Dónde encontrará el juez sus referentes para zanjar estas cuestiones? ¿En la ley? ¿En su propia subjetividad? Eso es inaceptable. ¿En su conciencia? ¿Quién la controlará? ¿En una adaptación razonada y transparente de los principios que sustentan nuestro derecho? Quizá, a condición de insistir en el rigor y en la honestidad intelectual. El juez ya no puede pretender una legitimidad exclusivamente positivista en un mundo que ha dejado de serlo. Para que pueda pretender ser censor de la ética de los demás ha de responder de su propia ética. Como subraya Pierre Truche, la reflexión sobre la responsabilidad de los jueces es tanto más urgente cuanto que «la irresponsabilidad es la norma y los términos establecidos no pueden censurarse»[244].

La referencia al juramento

Si solo el poder contiene al poder, solo otro tercero contendrá al tercero. Por tanto hay que *encontrar un tercero para el tercero*; en otros términos, administrar una cierta reflexividad para que sea la garantía de la autoridad. Hay que considerar la legitimidad del juez más en términos de *reflexividad* que de *soberanía.* Si la soberanía es el ejercicio de una voluntad del que no hay que dar cuentas, la voluntad del juez siempre ha de estar sujeta a recurso. Toda la dificultad del juez democrático está, pues, ahí, en esta reflexividad que no sabemos organizar. Sencillamente, no es justo pensar en la independencia como un crédito contra el poder político sin plantearse el corolario de la deuda así creada no con respecto al poder ejecutivo sino con respecto al Estado de derecho. La necesaria irresponsabilidad de los jueces ante las instancias de derecho común, porque ellos son sus guardianes, ha de estar compensada por una responsabilidad especial y suplementaria. ¿Cómo administrar esta responsabilidad en lo concreto?

El juramento abre el camino a este juicio de los jueces indicando a la vez su cimiento y su sanción. El juez moderno nace y no adquiere el derecho de

243 J.-D. Bredin, «L'indepéndance de la justice, c'est quoi?» *Libération* del 6 de mayo de 1991.

244 P. Truche, *L'Anarchiste et son juge,* Fayard, París, 1994, p. 181.

juzgar más que por su juramento, es decir con la condición de ser justiciable ante una instancia superior. El juramento de los jueces se dirigía en la Edad Media a Dios. Se inspiraba, como lo recuerda Robert Jacob, en esta frase de las Escrituras: «Cómo juzguéis, así seréis juzgados.» La función de juzgar debe considerarse a la vez como libertad y como responsabilidad, como un doble vínculo. Si bien se ve con claridad el primer vínculo entre el juez y el poder temporal, es más difícil entrever el segundo, es decir el referente interno del juez como lo fue Dios antaño, y luego el derecho natural. En lo sucesivo es este el papel de la ética del juez.

Una materia distinta del contenido jurídico de sus juicios

La interrogación ética abre a la reflexión todo un campo de prácticas hasta aquí inaccesibles porque eran inasequibles por la vía de la apelación. Un primer trabajo consiste en exponer estas prácticas, en hacer que surjan de lo no-dicho. Tomemos el ejemplo de la audiencia: los códigos de procedimiento civil o penal están curiosamente mudos a esta respecto. El presidente podría muy bien contentarse con la identificación del detenido y pasar inmediatamente al requisitorio y al suplicatorio. La manera de comportarse aquí, de plantear las preguntas, de reiniciar una instrucción pública en la audiencia es del dominio exclusivo del derecho consuetudinario. La transmisión de estas prácticas solo puede efectuarse informalmente. Es posible que la llegada masiva de jóvenes magistrados en los años setenta haya contribuido a embarullar esta transmisión.

La ética concierne al *comportamiento,* es decir a todo lo que no es codificable porque es demasiado evanescente, demasiado personal y demasiado espontáneo en apariencia pero que, en la realidad de la práctica, se manifiesta como de gran importancia. Existe, por ejemplo, una forma racista de dirigirse al detenido como extraño a la audiencia, aunque solo sea por la manera de pronunciar su nombre. Esta forma de ser escapa por definición a cualquier intento de control procedimental. La ética interesa también a la conducción del procedimiento por parte del juez, proceso raramente explicitado e incluso a menudo rehuido, como, por ejemplo, la presentación de los hechos o de las pruebas a la audiencia, la técnica de interrogatorio del juez de instrucción, y sus armas no codificadas por el derecho, como la presión psicológica, las amenazas a fin de cuentas legales (como la supresión de las visitas a un detenido, que escapa a cualquier recurso), la retención de información, etc.

¿Dónde ha de acabar este control? ¿Se le debe exigir al juez un nivel ético superior? ¿Quién lo decidirá? El principio de nuestras libertades públicas descansa en una separación clara entre la vida privada, por una parte, y la vida profesional o pública por otra. ¿No resulta problemática para el juez esta diferenciación? Si un buen cirujano que no paga sus impuestos no es por eso menos buen profesional, ¿se puede decir lo mismo de un juez? ¿Hay que ampliar a la esfera de la vida privada las exigencias éticas requeridas en la vida profesional? Por ejemplo, reglas bastante estrictas impiden que marido y mujer ejerzan ciertas funciones en un mismo tribunal: ¿hay que extenderlas a los que viven en concubinato (y exigirles así que se den a conocer)? O bien esta incompatibilidad carece de base y no hay motivo para mantenerla con los casados, o bien es una garantía para la correcta administración de la justicia y ha de aplicarse también a los concubinos.

¿Institucionalizar la ética?

Por necesaria que sea, la ética no deja de tropezar con serias paradojas. La paradoja de la *neutralidad,* en primer lugar: por supuesto que el juez ha de mantenerse alejado de las pasiones, pero no demasiado sin embargo; no existe buen juez que no comparta con aquellos a los que ha de juzgar una parte de la misma humanidad. Para juzgar bien ¿no debe haber conocido el juez la pasión y finalmente haberse desembarazado de ella? La paradoja de la *legalidad,* que etimológicamente le exige al juez que respete la ley; pero ¿qué hacer si la ley es injusta? ¿En nombre de qué podría su conciencia liberarle de esta obligación? Un exceso de legalidad transforma al juez en colaborador activo de gobiernos injustos. Paradoja finalmente de la *ética judicial* misma: para el juez la ética no puede ser esa especie de valor añadido a su acción como lo es para otras profesiones, ya que es la esencia misma de su acción. No se concibe división del trabajo moral para el juez: buscando demasiado la ética, se corre el riesgo de instaurar un control insoportable para la misma democracia, que sería una amenaza para la independencia y llevaría a lo contrario de lo que se busca. Un exceso de ética disuelve la ética.

En definitiva, la ética del juez solo puede descansar en un equilibrio, en una justa medida, en una prudencia, inscritos en el corazón de su misión. ¿Hay que renunciar a todo control de esta prudencia? Dado el caso, la responsabilidad se ha de poder sancionar. Es la presión pública lo que diferencia la norma jurídica de la norma moral. En un Estado de derecho nadie puede reivindicar que se le «haga gracia de su estatus». Ni siquiera un juez, si nos complacemos en repetir que el derecho descansa en la hipótesis del *bad man,* es decir del empleado chapucero, del comerciante de mala fe o del cónyuge veleidoso, un Estado de derecho ha de organizar sus salvaguardas sobre la base del *mal juez,* es decir del juez perezoso, caracterial, parcial, extremista.

Queda imaginar las formas que podría adoptar esta instancia en que se juzgaría a los jueces no ya por su aplicación del derecho sino por su ética. ¿Quién juzgará a los jueces? Ninguna democracia moderna ha resuelto aún verdaderamente esta cuestión. Es una de las nuevas funciones que han de ejercer las «estructuras de autonomía» de la justicia, como los consejos superiores de la magistratura. Este papel solo será aceptable con ciertas condiciones. ¿Cómo podría el consejo superior de la magistratura, por ejemplo, asumir un papel de tercero si está compuesto mayoritariamente por jueces? La composición de este consejo puede hacer de él una fuerza corporativista hostil a cualquier cambio o, por el contrario, una auténtica instancia garante de la independencia y de la calidad de la justicia. Hay que mantener el equilibrio entre la designación política y los representantes de la magistratura. Estos últimos debieran de ser de forma imperativa minoritarios. El funcionamiento de estas instancias ha de ofrecer las mismas garantías que una verdadera jurisdicción. La publicidad es un elemento capital: la ética del juez ha de ser objeto de debate y no ya quedar arrinconada como cuestión confidencial interna de la magistratura. Lo contradictorio es otra condición esencial: ¿cómo no podrían los jueces beneficiarse de las mismas garantías que ellos garantizan a sus conciudadanos?

La ética de los periodistas

Los jueces no son los únicos a los que atañe la ética. Ya que el activismo judicial está vinculado a los medios de comunicación, hay que plantear la cuestión de su deontología, especialmente en lo relativo al secreto de la instrucción.

No parece posible hacer que callen por una simple prohibición centenares de medios que difunden información a diario y se entregan a una competencia despiadada. Promulgar prohibiciones que no es posible hacer respetar es malo para el Estado de derecho. Debilita la norma jurídica y desacredita a su autor, en este caso el Parlamento. La legislación-espectáculo agota la posibilidad misma de promulgar nuevas normas. «Así como las leyes inútiles debilitan leyes necesarias, las que se pueden eludir debilitan la legislación. Una ley ha de tener su efecto, y no hay que permitir que se derogue por convención particular.»[245] La capacidad de crear derecho mediante simples leyes se ha agotado, y el Estado ha de recurrir a eso solo con parsimonia. Leyes hechas a la carrera y no respetadas refuerzan además la sensación de impotencia del político ante el mercado y ante la omnipotencia de la imagen. Parece preferible una aproximación que levante acta de una nueva concepción de la norma, de un nuevo método de regulación de las situaciones complejas, que descanse en nuevas instancias que gocen de una legitimidad nueva.

---

245 Montesquieu, *L'Esprit des lois*, libro XXIX, capt. XVI, *op. cit.*, vol. 2, p. 305.

Ha pasado a mejor vida la norma positiva, rígida, formal, preestablecida, que se planteaba *a priori* todos los casos posibles e imaginables. Son preferibles principios más flexibles pero que se marginan con menos facilidad. Necesitamos normas menos numerosas pero más respetadas, y necesitamos menos buenas intenciones que unas reglas del juego claras y aceptadas por todos. Quizá fuese más adecuado que el legislador reafirmase solemnemente los principios rectores del proceso que se imponen a todos, jueces, policías, abogados y periodistas (levantando acta de que estos se han convertido *de facto* en actores del proceso).

En una democracia nadie puede detentar un poder exorbitante si no se le reconoce una responsabilidad equivalente. ¿No habría, pues, que responsabilizar a los periodistas exigiendo de ellos, ni más ni menos, la *prudencia* que hoy se espera de cualquier profesional (médico, científico, gerente de empresa, etc.), dado que además ejerce un papel político? Más que una observancia formal y escrupulosa de las reglas del juego, habría que exigir a los periodistas que considerasen las consecuencias prácticas de sus escritos o de sus palabras. Que hagan frente al anatema público los periodistas que con la ausencia de la más elemental prudencia hayan perjudicado gravemente a una persona involucrada a cualquier título (parte, experto o juez) en un caso judicial. Esta nueva forma de regulación, que les exige a los profesionales que interioricen las reglas del juego, es cierto que reduce la seguridad jurídica, pero tiene la ventaja de estimular la elaboración caso por caso de un cuerpo normativo más adaptado a la complejidad económica y política de la materia, más flexible y más abierto a la enmienda que un cuerpo legal tradicional.

Una norma que nunca se sanciona no es una norma, y una norma que no se sanciona más que de tanto en tanto se hunde en la arbitrariedad. El punto en el que tropiezan todas las reformas relativas a los medios, tanto en Francia como en Europa, es el de las sanciones. No se sabe qué sanciones aplicar a aquellos que no respetan la norma. Este es el límite de los códigos de buena conducta, de la ética profesional o de otras normas deontológicas, es decir de todas las prescripciones sin sanción. La sanción penal clásica (multa, prisión) no se adapta ya a la materia. Sería más inteligente imaginar penas circunscritas al registro del mal causado, por ejemplo el honor. Así, toda falta de un periodista o de un órgano de prensa contra la ética profesional más elemental se reprobaría públicamente. Se le aplicaría al periodista el mismo trato que se le reprocha haber infligido a otro: un perjuicio para su reputación. La reprobación y sus motivos se harían públicos y se difundirían ampliamente, incluso en las cadenas de televisión en un lugar y a una hora elegidos por la instancia disciplinaria, a lo que los medios no podrían sustraerse bajo pena de fuertes multas. En los casos más graves o de reincidencia, procedería la retirada del carnet de periodista y de todos los privilegios relacionados con él. Además, la publicidad podría tener un efecto pedagógico para el público.

¿Quién valoraría esta responsabilidad? Para valorar una materia tan compleja no basta conocer el derecho, quizás haya que haber conocido la fiebre de las salas de redacción o las dificultades de una investigación. ¿Por qué no confiarle a un consejo superior de lo audiovisual renovado —más transparente y con un reclutamiento más democrático— un papel casi jurisdiccional en una materia a la vez muy técnica y muy delicada? ¿Por qué no dirigir hacia esta nueva estructura a toda persona que se considere víctima de un mal funcionamiento de los medios? Quizás habría asimismo, en el momento de una comunicación de masas, que abrir tal recurso a una especie de *class action*[246] en cuanto a las emisiones susceptibles de acarrear un perjuicio al conjunto de los telespectadores. La justicia solo intervendría como recurso contra las decisiones de este organismo.

Las evoluciones de la democracia llevan a mostrarse más exigente no solo en cuanto a la calidad sino también en cuanto a la honestidad de los hombres. ¿Podemos quedamos ahí? La salvación ¿vendría solo de comités de hombres prudentes? ¿No puede haber en la prudencia un aspecto antidemocrático? A este interrogante sobre la legitimidad ha de seguirle la cuestión de la representatividad del juez.

LA REPRESENTATIVIDAD RECUPERADA

Recordemos los sarcasmos de aquel parlamentario que se preguntaba hace unos años por qué extraña aritmética los nueve votos de los hombres prudentes del Consejo constitucional podían darle ventaja sobre los 15.714.598 de franceses que habían votado la mayoría parlamentaria. Pero ¿no hay algo especioso en colocar los nueve votos de los nueve hombres prudentes al mismo nivel que el de los electores? El poder es representativo, ¿y la justicia? ¿Hay que elegir a los jueces? La elección de los jueces ¿no es necesariamente el mejor medio de garantizar su representatividad? Por otra parte ¿de qué es representante el juez? ¿De una voluntad política o de un consenso social establecido sobre valores sólidos?

---

246 Una *class action* es una acción jurídica introducida no en nombre de una persona física ni de un grupo de personas identificables, sino en nombre de una colectividad o de un gran número de personas; por ejemplo, los usuarios del metro en caso de huelga o de disfunción grave del servicio público.

Un debate muy intenso sobre la falta de representatividad de la magistratura agita en este momento a la opinión pública británica. Se les reprocha a los jueces ingleses el ser demasiado masculinos, que hayan surgido exclusivamente de la alta burguesía y no reunir un número suficiente de representantes de las minorías culturales y étnicas; dicho en pocas palabras, de no ser suficientemente representativos de la sociedad inglesa. Por tal motivo en Inglaterra y en el País de Gales los *magistrates* se reclutan en número más importante entre mujeres, personas originarias de los países de la Commonwealth y minusválidos. También se produce un debate parecido en los Estados Unidos. Pero ¿se trata de una verdadera representación? ¿No choca esto con nuestra idea de la ciudadanía?

Dominique Turpin[247] recuerda que lo característico de un representante no es que se le haya elegido sino «querer para la nación» y que en este sentido al juez, que actualiza la voluntad general, puede calificársele de representante. El juez constitucional se expresa en nombre de la nación así como el juez judicial toma sus decisiones «en nombre del pueblo francés». Pero si cualquier juez es un representante, asimismo cualquier ciudadano es juez: esta es la gran herencia de 1789. Todo ciudadano es a este título detentador de una parte de la soberanía. Esta parte judicial de la ciudadanía merece que se la despierte en el momento en que las misiones de la justicia se diversifican, se banalizan y se despositivizan. El acaparamiento de la función de juzgar por parte del Estado nos ha hecho olvidar que, en la República, no es el jurado la excepción sino que más bien lo es el juez. Los debates revolucionarios insisten mucho en el hecho de que la justicia es una *función* y no un *oficio*, y menos aún un estado, y que yace en potencia en todos los ciudadanos. «Es sorprendente que, cuando se trata de producir, haya tanta diferencia entre el hombre instruido y el ignorante, y que haya tan poca cuando se trata de juzgar»[248].

Un antídoto contra la clericalización

Abrir la función de la justicia a una mayor representatividad puede ofrecer en principio una solución concreta a la crisis de medios de la justicia. No saldremos de los problemas de la justicia reclutando a millares de jueces profesionales suplementarios. La ciudadanía es el antídoto del desvío de la soberanía por una nueva clerecía de juristas. Si la profesionalización se concebía fácilmente cuando la justicia se ceñía al papel de «decir» el derecho

---

247 D. Turpin, «Le juge est-il représentatif, réponse: oui», *Commentaires*, verano de 1992, pp. 381-390.

248 Cicerón, *De oratore*, III.

positivo, se ve superada cuando la justicia se hace cargo de tantas otras misiones —como la magistratura del sujeto— y se basa en un sobresalto de la ciudadanía. Las funciones del juez de familia, del juez de menores o del juez tutelar puede ejercerlas no importa qué ciudadano normalmente dotado de inteligencia y atento a la cosa pública. Decir si tal práctica educativa pone al menor en peligro no manifiesta solo un conocimiento de la psicología ni deriva de la aplicación de normas técnicas, sino que se aprecia absolutamente. ¿Por qué las pequeñas sanciones no podrían administrarlas los ciudadanos como lo piden los distintos informes sobre la política ciudadana? ¿Por qué no hacer que controlen las sanciones internas de la cárcel —pronunciadas hasta ahora por el director del establecimiento ante una especie de tribunal de la prisión— unos civiles que irían a hacer justicia en la prisión? La cuestión no es tan extravagante, ya que la practican nuestros vecinos los británicos.

La función de la autoridad en la sociedad democrática, que no es ya revelada sino que se le reconoce a cada ciudadano, ya no ha de ser burocratizada, tecnificada o profesionalizada. Si la acapara un pequeño número de funcionarios de la ley, solo puede debilitarse. Es menos la función de decir el derecho lo que se ha de delegar que la administración de la función simbólica de autoridad lo que hay que delegar. Las dos no son antinómicas, como lo demuestra el ejemplo del jurado que se engarzar en el trabajo de los jueces profesionales.

Muchas personas juzgan en Francia sin ser juristas, como los jueces en el tribunal de comercio, los consejeros en el tribunal laboral en caso de conflicto, los jurados, los asesores en el tribunal de menores, etc. No derivan los jueces no profesionales su derecho para juzgar del conocimiento de la ley sino de otras cualidades. ¿Cuáles? De su interés por la materia, del conocimiento del medio o de su elección de una profesión como los consejeros del tribunal laboral. Estos jueces de un día refuerzan la legitimidad de la jurisdicción al llevar consigo la reputación de la que gozan en su sector de actividad. Esto se hace particularmente visible en los tribunales de comercio. La representación puede ser directa, como en la sala de lo criminal, o profesional, como en los tribunales paritarios, compuesta por un número igual de cada uno de los intereses en litigio. La norma que haga que se sienten en un mismo banco jueces profesionales y asesores no juristas parece prometida para un próximo futuro. Es la solución que se han dado nuestros vecinos alemanes en el tribunal correccional.

Una solución para la crisis de legitimidad

Una mejor representatividad de los jueces podría solucionar la crisis de legitimidad que padece actualmente la justicia. Una justicia moderna, para ser eficaz y por tanto respetada, ha de conocer admirablemente la materia que ha de juzgar. Al tratarse de regulaciones cada vez más complejas que ponen en juego intereses importantes, tanto políticos como económicos, ya no basta conocer el derecho, hay que empaparse de lo que hay alrededor, de la técnica y la «cultura» propia de la materia. De ahí el éxito del arbitraje y de toda justicia paritaria en general. Casos recientes han puesto de manifiesto el bache cultural que separa el universo de los patronos del de los jueces: diferencia de afinidades, de ingresos, de reflejos, de formación. Después de ignorarse durante demasiado tiempo, jueces y patronos, miembros de una misma comunidad política, deberán aprender a convivir: los primeros para conocer mejor la empresa, los segundos para integrar esta nueva cultura jurídica.

Una mayor representatividad quizá acabaría de una vez con el recurso salvaje a la opinión pública que caracteriza al populismo y que se alimenta de la tecnificación creciente del derecho. La opinión pública no puede reaccionar de la misma manera ante una sentencia pronunciada por jueces profesionales y ante una decisión adoptada por representantes directos del pueblo, es decir por ella misma. La legitimidad de la justicia ya no puede ser exclusivamente racional sino que ha de proceder de una *combinación* de muchos tipos de legitimidad: carismática, racional y representativa. El juez no solo ha de ser dueño de los conceptos jurídicos sino gozar de una autoridad personal y se le ha de permitir al grupo social que se reconozca en él. La legitimidad del juez depende ahora de su talla tanto como de su estatuto.

Una aproximación a la democracia

Todos los profesionales de los tribunales concuerdan en reconocer la gran seriedad con la que los jurados se entregan a su misión. ¿Cómo explicar si no que se hayan mantenido tanto tiempo en los países anglosajones? Esta capacidad de juicio es la base misma de nuestra ciudadanía, como lo recuerda el gran conocedor de los tribunales Henri Leclerq: Los jurados «se encuentran bruscamente en la situación de ciudadanos, y aquellos que en el bar del café de comercio despotricaban contra el crecimiento de la delincuencia y exigían mano dura para acabar con los malhechores, tratan de conocer el verdadero rostro de esos hombres que les hablan, se preguntan sobre lo justo y lo injusto, sobre la función de la pena. Hay pocos lugares donde se vea tan abiertamente la evidencia de la democracia. Es la responsabilidad social la que hace al ciudadano. El elector es más ciudadano que el encuestado, el consejero municipal que el habitante, el alcalde más que el consejero municipal. La consciencia ciudadana es más importante para juzgar que el profesionalismo»[249].

---

249 H. Leclerc, «Faut-il en finir avec le jury populaire?, *Esprit*, marzo de 1995, p. 45.

La representatividad beneficia tanto a la justicia como a la democracia. Si a aquélla le da legitimidad, a esta le da la ocasión de una experiencia ciudadana intensa. La participación en misiones de justicia les proporciona a algunos ciudadanos la ocasión —rara en una democracia moderna— de ejercer una verdadera responsabilidad, ¡y cuánta! Cuando los ciudadanos se quejan de que no tienen ya el control del funcionamiento político, la jurisdicción les ofrece la posibilidad de ejercer su juicio sobre los valores esenciales de la democracia en bruto: la libertad, la falta, la sanción. El retroceso del Estado ha de verse compensado por una mayor responsabilización de los mismos ciudadanos. Hay que espabilar un sentido cívico al que la dependencia y el bienestar providencial habían adormecido un poco. Esta es la respuesta de los comunitarios en los Estados Unidos contra la desafección pública, para quienes la crítica del Estado no es posible si no es con la condición de mostrarse capaz de una autoorganización susceptible de desplazarlo. Los términos en que está redactado nuestro código siguen tersos desde la Revolución pidiéndole al jurado que se comporte como «hombre libre», es decir como ciudadano capaz de hacer abstracción de sus prejuicios para hacer uso público de su capacidad de juicio.

El jurado enriquece la democracia por su virtud pedagógica. «El jurado sirve increíblemente para formar el juicio y hacer crecer las luces naturales del pueblo... Esta es, en mi opinión, su mayor ventaja. Hay que considerarlo como una escuela gratuita y siempre abierta, a la que cada jurado acude para instruirse acerca de sus derechos, donde entra en comunicación diaria con los miembros más instruidos y más esclarecidos de las clases educadas, donde se le enseñan las leyes de una forma práctica y se le ponen al alcance de su inteligencia por los esfuerzos de los abogados, los criterios del juez y las mismas pasiones de las partes.»[250]

Una nueva definición del interés general

Esta representación no se asimila a una representación electoral y aritmética sino que se aproxima a una participación activa que procede de un paso voluntario, de un compromiso ciudadano, como lo muestra la política de la ciudad. La justicia descentralizada se basa en un compromiso para ser mediador o participar en un comité de prevención de la delincuencia. De ahí el peligro de una especie de autoinvestidura que no deja de tener efectos perversos. El mejor ejemplo lo dan las asociaciones a las que se les reconoce el derecho de denunciar infracciones y suplantan a la acción pública.

---

250 A. de Tocqueville, *De la démocratie en Amérique, op. cit.*, vol. I, p. 376.

Tal delegación del derecho de hablar en nombre del interés general no tiene base democrática más que con la condición de mantener la convicción de que representar significa «querer para la ciudad» y no proteger intereses privados. La simple etiqueta «sociedad civil» no basta para ganar la respetabilidad. Defender al niño maltratado es una causa noble, hacerlo con menosprecio del derecho de los padres, descalificando el papel de la Ayuda a la infancia y atizando el odio contra los padres autores de malos tratos, no es conforme al interés público.

La justicia, como se ve, se convierte en un auténtico lugar de representación, lo que nunca hubiese debido dejar de ser. Adquiere el aspecto de un verdadero lugar político de confrontación de intereses y de deliberación. La representación de intereses tanto más firme cuanto es directa, casual y privada. Esta evolución es una auténtica revolución cultural: introduce donde no se la esperaba —por el desvío de la justicia— un reequilibrio de las fuerzas sociales. Hace que evolucione nuestra democracia, tradicionalmente centralizadora y unitaria, hacia una forma más deliberativa. El mismo interés general ya no es privativo de los servidores del Estado y deriva ahora del encuentro de intereses divergentes defendidos por partes privadas en un recinto de justicia. La soberanía se hace algo más compartido.

CONCLUSIÓN

La justicia no puede solucionar todos los problemas y decir a la vez la verdad científica, histórica, definir el bien político y hacerse cargo de la salvación de las personas. No puede hacerlo, y no debe, a riesgo de hacernos caer a todos en un infierno procedimental frustrante, estéril y destructor que nadie puede desear. La justicia nunca nos desembarazará de la confusión de la política, pero anima a inventar una nueva cultura política. Ha pasado a mejor vida nuestra vieja cultura republicana, que gustaba de promulgar leyes pero no de respetarlas y que ordenaba la práctica de sus instituciones sobre la hipótesis de un orden judicial débil y sometido. He aquí que los jueces, estimulados por un poderoso consenso, pretenden aplicar todas las leyes y ejercer plenamente su función. Toman al legislador al pie de la letra y quieren hacer que corresponda su papel real con su papel pregonado. Esta revolución cultural está en marcha, y quizá no nos damos cuenta de ello, como tantas veces, hasta el momento en que está parcialmente consumada. Las instituciones francesas están en medio del vado, y los vicios de nuestro sistema, más que proteger al Estado, aceleran más este giro judicial de la democracia. La salvación vendrá de nuestra capacidad para favorecer la claridad de los procedimientos, para encontrar la certeza de la norma y para estimular la responsabilidad de los actores.

Ante la incertidumbre de la norma, la política ha de empeñarse en hacer que se correspondan mejor las denominaciones, las misiones y los estatutos para acabar con la hipocresía actual. Esta perjudica solamente a las instituciones políticas: Causa un perjuicio al lenguaje mismo, es decir a la institución de las instituciones. El vocabulario de la democracia ha de recuperar su fuerza y su frescor originales: ciudadano, tercero, imparcialidad, falta, responsabilidad, norma... ¿Cómo lo hará? No faltan proyectos: la Comisión Delmas-Marty ha hecho un buen trabajo, lo mismo que los grupos parlamentarios, con la codificación. ¿A qué se espera para poner las cosas en marcha? ¿Cuántos políticos habrán de sacrificarse, qué consecuencias devastadoras para nuestra economía tendremos que esperar antes de que se pongan manos a la obra? La irrupción del derecho en un país que no lo tenía muy en cuenta se encuentra con tres obstáculos: trastorna a nuestras elites, confunde la posición de todos y cada uno en el tablero político y desvía el discurso político que no llega a adaptarse a este nuevo lenguaje de la democracia.

Unas elites atrapadas por sorpresa

Este éxito de la justicia trastorna a un país cuyo derecho no tiene elites y cuyas elites no hacen derecho, por lo menos privado. El Consejo de Estado ve que disminuye su influencia al alinearse su derecho con el régimen común, por la construcción de Europa, que no comprende los particularismos franceses, y por las lagunas que hay en su estatuto. Los universitarios están desamparados porque sus referencias positivistas se confunden hasta tal punto con un derecho de origen jurisprudencial, y no dejan de mostrarse interesados por la práctica privada. A la espera de una gran dirección del derecho en un Ministerio de justicia renovado que centralice las reformas necesarias, siguen siendo los etnarcas, practicantes del derecho con mayor dedicación al Estado que a la norma jurídica, los que toman la iniciativa de las reformas. El foso que existe en la actualidad entre lo privado y lo público le impide al Estado comprender las apuestas actuales a la vez que le priva de la coherencia de su derecho económico, que cede terreno ante el profesionalismo anglosajón.

La influencia de los abogados es débil por comparación con la del Consejo de Estado o la de la Universidad. La pérdida de influencia política de los gabinetes de abogados, relativamente reciente, es otra característica de la situación francesa. Estos últimos se ven obligados para sobrevivir a dedicarse masivamente al derecho empresarial y olvidan la defensa de las personas. Padecen la mayor parte de las reformas y no parecen aprovechar colectivamente este incremento del poder del derecho. La ausencia de elites judiciales ha entregado una presa fácil a las *law firms* extranjeras. El foso que se mantiene entre una nobleza de espada constituida por altos funcionarios, impregnada de poder público, y una nobleza de toga, comerciante y más próxima a la sociedad civil que encarnan los abogados, impide la función mediadora devuelta a los juristas, lo que quizás explica las crispaciones actuales en tomo a las evoluciones de la justicia.

La empresa, finalmente, después de haber aplaudido la desregulación al ver en ella una disminución del control del Estado, se inquieta por el giro que adoptan los acontecimientos. Ve en ello tres importantes inconvenientes económicos: en primer lugar su costo financiero, el riesgo de la reconstrucción de los monopolios, como los que adquieren ciertos grandes bufetes europeos, y finalmente la creciente incertidumbre de las transacciones.

Un debate político con frentes trastocados

El debate político no da con sus posiciones: estos últimos años ha opuesto a liberales y jacobinos según una línea de salida que pasa por todas las familias políticas. Entre los primeros, algunos, como Laurent Cohen-Tanugi, ven en el procedimiento una forma prometedora de democracia mientras que otros abogados, como Daniel Soulez-Larivière, dedican su atención al retraso de la reforma del procedimiento y a la arrogancia de ciertos pequeños jueces. Según la imagen del mercado que es su norma central, los neoliberales consideran que la justicia se regula espontáneamente y compensa por sí misma sus propios excesos. El punto débil de este planteamiento es la igualdad ante la ley en esta nueva forma de justicia que, de creer el ejemplo norteamericano, favorece a los ricos. El discurso republicano, y eso no sorprenderá a nadie, es nostálgico. Su debilidad es rechazar preguntarse acerca de las razones profundas de este incremento del poder del derecho. Tampoco dice cómo los jueces y los juristas en general podrían restituir espontáneamente el poder que se les dio en profundo consenso.

La posición de la izquierda es más compleja ya que este fenómeno la ha pillado desprevenida y se ha visto súbitamente desposeída de su papel alternativo y víctima de sus silencios. Al estar su programa organizado históricamente en torno de la defensa de las libertades individuales contra la arbitrariedad del Estado, se manifiesta incapaz de pensar en los contrapoderes. El espíritu reformista se ha detenido a medio camino, y una vez sobrepasadas la abolición de la pena de muerte y otras medidas simbólicas, no ha sabido plantear una reforma de la justicia. Ha prolongado —o acentuado— la estructura monárquica del Estado y ha renunciado a hacer que la República evolucionase. Se ha dejado arrebatar el tema de las libertades y le ha dejado a la derecha el discurso alternativo, al que se ha dado el nombre de «desregulación». Sorprende reclamando la censura, como en algunas emisiones de aires populistas en que se banaliza a la extrema derecha, y es la derecha la que ahora celebra la libertad. Hace unos años era al revés. Una misma evolución se constata en los Estados Unidos. La historia del sindicato de la magistratura es reveladora de esta inversión de posiciones: surgido de Mayo del 68 y de una crítica de la justicia de clase y de la ley burguesa, se ha convertido en el más ardiente defensor del activismo judicial.

La izquierda paga por fin el precio de sus errores: temiendo la inculpación de racismo, no sabe abordar las dificultades de la inmigración ni el desafío del multiculturalismo; obsesionada por el pacifismo que asimilaba de buena gana la violencia de las instituciones y la violencia sin más, no llega a comprender el desafío de la seguridad; influenciada por el desprecio marxista del derecho y sin haber hecho la crítica del totalitarismo, no ha revisado los cimientos monárquicos de la república; finalmente, marcada principalmente bajo la influencia de Foucault por la fobia del control social, sigue negándole a la cuestión de la justicia, de la norma y de la pena el lugar que le corresponde en la democracia actual.

Nuevos desafíos políticos

El Estado no puede confesar eternamente su impotencia en materia económica, o política, al reconocer que las decisiones esenciales se toman a nivel supranacional. Compensa esta pérdida de control con un repliegue sobre su obligación principal, la seguridad. Esta ideología seguritaria no es la de los años setenta sino que procede de un control de nuevo perfil e incidencias más sutiles. Se alimenta de una profunda incertidumbre, angustiosa y múltiple, que no se identifica con el miedo sino con una angustia tanto más paralizadora cuanto que el agresor potencial no tiene rostro. El terrorista no es forzosamente aquel del que se dice que lo es, el toxicómano quizá sea tu hijo o tu vecino. Los medios de comunicación impregnan nuestra imaginación con una violencia sin palabras ni lugar de enfrentamiento. El control social se dilata y navega entre lo mundial y lo íntimo. Esta nueva violencia anómica la alimenta la impotencia del Estado. Todo lo que no constituye debate, porque se ha remitido a expertos o jueces, acaba reapareciendo en forma de violencia o recelo ante el político. Se esperaba de la democracia jurídica un debate pacificado, pero lo que progresa es la violencia; queríamos la libertad y amenaza establecerse una nueva normalización; esperábamos la razón, pero parece aventajarla la pasión; valorábamos la transparencia, pero es más bien la ilusión lo que prevalece; creíamos avanzar en civilización, pero lo que se perfila es el retomo al estado de naturaleza; hemos militado por los derechos del hombre, y hemos legitimado la exclusión.

Mientras se subestime la novedad radical de estos desafíos, o se niegue, no será posible imaginar soluciones satisfactorias. Los altos funcionarios están evidentemente aparte de esta realidad y no consiguen comprender que la exclusión es mucho más que un desafío contra nuestra tecnoestructura. Es lo que fueron la esclavitud para Grecia y Roma, la clase obrera para el Estado liberal y la pobreza para el Estado providencial: a la vez el signo de su fracaso y el anuncio de su superación.

La exclusión lanza un gran desafío que obliga al derecho a reconsiderar su misión. Ya no puede contentarse con una aproximación formal que levantaba barreras en torno de cada individuo. Ha de saber también ser positivo e instituir el mundo común. La lucha contra una exclusión tan terrible que nos divide actualmente se librará de una forma no solo administrativa o caritativa sino también simbólica. Para eso la política se debe replantear no solo como una instancia de redistribución de riqueza sino también como la arquitectura de un espacio político común proveedor de identidad cívica para todos. Esta realidad inédita obliga a la política a renovar su proyecto articulándose con el sufrimiento del hombre moderno.

La pena que afecta el corazón de la función simbólica del Estado muestra que la multiplicación de los derechos formales no suaviza la cólera de los detenidos que piden que se les trate como sujetos políticos y no como objetos de compasión. Así, no es nuestra conmiseración lo que salvará a los excluidos de su condición, ni tan solo una democracia deliberativa formal —como creen los liberales— porque se quedarán fuera, sino una nueva política, un mundo común regenerado. La reacción ante estos desafíos no se encuentra en la reforma de las instituciones ni en un nuevo humanismo tan impotente para fundar un programa como lo humanitario para hacer las veces de política extranjera. La solución para la crisis de la justicia no se encuentra solo en el derecho sino en la política que ha de adaptarse a ese nuevo lenguaje de la democracia. Hay que concluir la imposibilidad de este proyecto democrático que coloca la justicia en su corazón si no se completa con un retomo de la política, es decir con la elaboración común de un destino colectivo a partir de categorías nuevas y de una nueva definición de la justicia social.

¿Qué es la política sino rechazar las regulaciones espontáneas de la naturaleza, es decir del mercado, de la higiene, de la fuerza, para hacerse promesas los unos a los otros? Somos hoy deudores de nuestros ancestros revolucionarios —y de tantos otros— por el pacto republicano que nos han transmitido, y nosotros a nuestra vez nos preocupamos de la posibilidad de vida de las generaciones futuras con las que estamos comprometidos. ¿Qué valor tendrían estas promesas si no se hubiesen conservado bien que mal durante generaciones? Nuestro siglo acaba con dos servidumbres voluntarias que no dejan de clamar: la del nazismo y la de la droga. La primera justificó la existencia de tribunales constitucionales —de los que puede fecharse el nacimiento el 10 de diciembre de 1948, cuando las naciones se comprometieron a prevenir el retomo de la barbarie totalitaria. Nos preguntamos acerca de la necesidad de despenalizar la segunda; pero el interrogante es siempre el mismo: ¿cómo puede la libertad elegir la alienación, la noche y la muerte? El juez —sea el de Nuremberg, sean más modestamente nuestros pequeños jueces de barrio— sigue ahí para recordarle a la humanidad, a la nación o al simple ciudadano las promesas que se hizo a sí misma, empezando por la primera de ellas, la promesa de la vida y de la dignidad. Los jueces guardan estas promesas pero no las atan: son sus testigos, sus garantes y sus guardianes. Les han sido transmitidas, ellos las han escuchado y las recuerdan, llegado el caso, a los mismos que se las habían confiado. ¿Cómo cabría reprochárselo?

BIBLIOGRAFÍA

Las obras de reflexión sobre la justicia son escasas. No se reseñan aquí sino los libros o los artículos relacionados directamente con la justicia.

Obras

ARENDT H., *Juger, sur la philosophie politique de Kant,* Pans, Seuil, 1991.

ARENDT H., *Eichmann à Jérusalem,* París, Gallimard, 1966.

ATIENZA M., *Tras la justicia,* Barcelona, Ariel, 1993.

BARA A., *Judicial Discretion,* New Haven, Yale University Press, 1989.

BARRET-KRIEGEL B., *L'état et les esclaves,* París, Payot, 1989.

BELL J., *Policy Arguments in Judicial Decisions,* Oxford, Clarendon Press, 1983.

CAPPELLETTI M., *The Judicial Process in Comparative Perspective,* Oxford, Clarendon Press, 1989.

CARDOZO B. N., *The Nature of Judicial Process,* New Haven, Yale University Press, 1921, reed. 1991.

CARIEN P., *Magistrates' Justice,* Londres, Martin Robertson, 1976.

COHEN-TANUGI L., *Le Droit sans l'État,* París, PUF, 1985.

COHEN-TANUGI L., *Les Métamorphoses de la démocratie,* París, Odile Jacob, 1989.

DRAÏ R., *Le Mythe de la loi du talion,* Aix-en-Provence, Alinéa, 1991.

DEL VECCHIO G., *La justice — la vérité, essai de philosophie juridique et morale,* París, Dalloz, 1955.

DWORKIN R., *Taking Rights Seriously,* Londres, Duckworth, 1977.

ESCHYLE, *Les Euménides,* trad. Mazon, París, Les Belles Lettres, 1993.

FERRAIOLI L., *Diritto e ragione, teoría del garantismo penale,* Roma, Laterza, 1989.

FOUCAULT M., *Surveiller et punir, naissance de la prison,* París, Gallimard, 1975.

FRAN J., *Courts on Trial, Myth and reality in American Justice,* Princeton (N. J.), Princeton University Press, 1949.

FRIEDMAN L. M., *Total Justice,* New York, Russell Sage Foundation, 1985.

GARAPON A., *L'Ane portant des reliques, essai sur le rituel judiciaire,* París, Le Centurion, 1985, reeditado Éd. O. Jacob, Collec. Opus, 1996.

GIRARD R., *La Violence et le sacré,* París, Grasset, 1973.

GROPHE F., *Les Décisions de justice, étude psychologique et judiciaire,* París, Sirey, 1952.

GRIFFITHS J. A. G., *The Politics of the Judiciary,* Londres, Fontana, 1981.

GUARNIERI C., *Magistratura e política in Italia, pesi senza contrapesi,* Bolonia, Il Mulino, 1992.

HOLLAND K. (bajo la dir. de), *Judicial Activism in Comparative Perspective,* Londres, Macmillan, 1991.

JACOB R., *Images de la justice,* París, Le Léopard d'Or, 1994.

KAFKA F., *Le Procés,* traducción d'Alexandre Vialatte y prefacio de Bernard Groethuysen, París, Gallimard, 1933, reed. 1978.

KRIEGEL A., *Les Grands Procès dans les systèmes communistes,* París, Gallimard, 1972.

LEGENDRE P., *Le Crime du caporal Lortie, traité sur le père,* París, Fayard, 1989.

LIEBERMAN J. K., *The Litigious Society,* New York, Basic Books, 1981.

MERRYMAN J. H., *The Civil Law Tradition: an Introduction to the Legal Systems of Western Europe and Latin America,* Stanford, Stanford University Press, 1969.

MONTESQUIEU, *L'Esprit des lois,* París, Garnier-Flammarion, 1979 (Cronología, introducción y bibliografía de V. Goldschmidt).

RAWLS J., *Théorie de la justice,* París, Éd. du Seuil, 1987 (trad, fr. de C. Audard).

RICOEUR P., *Le Juste,* París, Éd. Esprit, 1995.

ROBERT C. N., *L'Impératif sacrificiel, justice pénale au-delà de l'innocence et de la culpabilité,* Lausanne, Éditions d'en bas, 1986.

ROYER J.-P., *Histoire de la justice en France,* París, PUF, 1995.

SALAS D., *Le Procés pénal, pour une théorie interdisciplinaire du procés,* París, PUF, 1991.

SHAPIRO M., *Courts, a Comparative and Political Analysis,* Chicago, The University of Chicago Press, 1981.

THÉRY I., *Le Démariage, justice et vie privée,* París, Odile Jacob, 1993.

TOCQUEVILLE A., *De la democratie en Amérique,* París, Garnier- Flammarion, 1981 (biografía, prefacio y bibliografía de François Furet).

TRICAUD F., *L'Accusation, recherche sur les figures de l'agression éthique,* París, Dalloz, 1977.

VAN GERVEN W., *La Politique du juge,* Bruselas, Swinnen, 1983 (trad. F. Rigaux y B. Dejemeppe).

Artículos

BEINER R., «Hannah Arendt et la faculté de juger», *Hannah Arendt, Juger, sur la philosophie politique de Kant,* París, Seuil, 1991, pp. 29-217.

International Political Science Review, «Judicialization of Politics», 1994, vol. 15, nº 2.

BREDIN J.-D., «Un gouvernement des juges?», *Pouvoirs,* París, 1994, 68, pp. 77-87.

BREDIN J.-D., «Insupportable indépendance», *Le Monde,* 20 de noviembre 1987.

BREDIN J.-D., «L'indépendance de la justice, c'est quoi?», *Libération,* 6 de mayo 1991.

DI FEDERICO, G. (1989), «The Crisis of the Justice System and The Referendum on the Judiciary», *Italian Politics: A Review,* vol. 3, Londres, Printer, pp. 25-49.

DORITS, nº 9, *La fonction de juger,* 1989.

DE MUNCH J., «Le pluralisme des modèles de justice», *La justice des mineurs évolutions d'un modèle,* París, LGDJ, 1995, pp. 91-139.

GAUCHET M., «Les droits de 1'homme ne sont pas une politique», *Le débat,* 1980, nº 3, pp. 3-21.

GAUCHET M., «L'expérience totalitaire et la pensée du politique», *Esprit,* 7-8, 1976, pp. 3-28.

GUARNIERI C., «Justice et politique: le cadre institutionnel», Les cahiers français, *La documentation française,* París, 1994, nº 268, pp. 53-71.

La documentation française, París, 1991, nº 251.

Le Débat, nºs 43, 64, 74.

LAVAU G., «Juge et pouvoir politique», *La justicie,* PUF, 1961, pp. 59-92.

OST F., «Juge pacificateur, juge arbitre, juge entraineur. Trois modèles de justice» en *Pouvoir judiciaire et fonction de justice,* Éditions des facultés Saint-Louis, Bruselas, 1983, pp. 1-71.

OST F., «Jupiter, Hercule, Hermes: trois modeles du juge», *La Force du droit,* Éd. Esprit, 1991, pp. 241-272.

PELTASON J. W., «Judicial Process: Introduction», *International Encyclopedia of the Social Sciences,* McMillan, New York, 1968, pp. 283-291.

Pouvoirs, París, Seuil, 1995, nº 74.

RAYNAUD, P., «Le juge, la politique et la philosophie», *Situations de la démocratie,* París, Gallimard-Le Seuil, 1993, pp. 110-120.

RAYNAUD, P., «La démocratie saisie par le droit», *Notes de la Fondation Saint-Simon,* nº 74, París, 1995.

RICOEUR P., «Le juste entre le légal et lo bon», *Lectures 1,* París, Seuil, 1993, pp. 176-196.

DE MAILLARD J., «Les maux et les causes. A propos de la crise du droit pénal», *Commentaires,* 1994, 67.

TURPIN D., «Le juge est-il représentatif, réponse: oui», *Commentaires,* 1992, 58, París.

Juez y Democracia
Una reflexión muy actual
de
ANTOINE GARAPON
se imprimió en la República Argentina en
abril de 2021.

Made in United States
Orlando, FL
04 November 2026

90218266R10152